"十二五"国家重点图书
出版规划项目

《东南亚研究》第二辑

柬埔寨文化概论

JIANPUZHAI WENHUA GAILUN

钟 楠 主编

中国出版集团
世界图书出版公司

图书在版编目（CIP）数据

東埔寨文化概论/钟楠主编. —广州：世界图书出版广东有限公司，2014.12

ISBN 978-7-5100-9114-8

Ⅰ. 柬…　Ⅱ. ①钟…　Ⅲ. ①文化—概况—柬埔寨　Ⅳ. ①G133.5

中国版本图书馆CIP数据核字（2014）第283418号

柬埔寨文化概论

项目策划：陈　岩
项目负责：卢家彬　刘正武
责任编辑：程　静　李嘉荟
出版发行：世界图书出版广东有限公司
（广州市新港西路大江冲25号　邮编：510300）
电　　话：020-84459579　84453623
http：//www.gdst.com.cn　E-mail：pub@gdst.com.cn
经　　销：各地新华书店
印　　刷：虎彩印艺股份有限公司
版　　次：2014年12月第1版
印　　次：2020年5月第3次印刷
开　　本：787mm × 1092mm　1/16
字　　数：320千
印　　张：16
ISBN 978-7-5100-9114-8/G·1754
定　　价：64.00元

前 言

东南亚是指亚洲的东南部地区。根据地理特征，东南亚可以分为中南半岛和马来群岛两部分，包括位于中南半岛的越南、老挝、柬埔寨、泰国、缅甸和位于马来群岛的菲律宾、马来西亚、文莱、新加坡、印度尼西亚、东帝汶共11个国家。东南亚大部分地区位于北回归线以南，跨越赤道，最南抵达南纬11°，最北延伸至北纬28°左右。该地区北接东亚大陆，南邻澳大利亚，东濒太平洋，西接印度洋，是沟通亚洲、非洲、欧洲以及大洋洲的交通枢纽，也是中国从海上通向世界的重要通道。

由于地理位置上的邻近、民族关系的密切和文化上的相通，早在两千多年前东南亚各国就与中国建立了较为密切的政治、经济和文化联系。新中国成立后奉行睦邻外交政策，我国与东南亚各国的友好关系有了新的发展。进入21世纪后，中国政府明确提出了“与邻为善，以邻为伴”的思想，制定了“大国是关键、周边是首要、发展中国家是基础、多边是重要舞台”的外交方针，进一步强调“积极开展区域合作、共同营造和平稳定、平等互信、合作共赢的地区环境”。

本着这一精神，中国与东南亚国家展开了各种双边与多边合作，形成了多方位、多层次的合作框架，增进了彼此间的信任。随着2011年11月中国—东盟中心的正式成立，中国和东南亚国家间的务实合作关系得到了进一步提升，呈现出强劲的发展势头。世界上，像中国和东南亚这样，在两千多年时间里绵延不断地保持友好关系、进行友好交往的实属罕见。这种源远流长的友谊，成为双方加强合作的基础。

作为多样性突出地区，东南亚各国在民族、语言、历史、宗教和文化等方面五彩缤纷，各具特色。加强东南亚国别与区域研究，可以更好地帮助国人加深对东南亚的了解。为此，解放军外国语学院亚非语系集东南亚语种群自1959年办学以来之经验，在完成2012年度国家出版基金项目《东南亚研究》第一辑的基础上，与世界图书出版广东有限公司一道，继续申报了2014年度国家出版基金项目《东南亚研究》第二辑并获得了成功，本丛书便是该项目的最终成果。

参加本丛书编写工作的同志主要为解放军外国语学院东南亚语种群的专家学者。北京大学、北京外国语大学、南京国际关系学院和云南民族大学的部分专家学者也应邀参加了本丛书的编写。丛书参编人员精通英语和东南亚语言，有赴东南亚留学和工作的经历，熟悉东南亚文化。在编写过程中多采用第一手资料，为高质量地完成丛书奠定了基础。我们希望本丛书的编辑出版有助于读者加深对东南亚国家国情文化的认识，有助于促进中国与东南亚国家间的交流。

由于本丛书涉及面广，受资料收集和学术水平诸多因素的限制，书中的描述与分析难免存在疏漏与不足，恳请同行专家和广大读者不吝批评指正。

解放军外国语学院亚非语系
《东南亚文化概论》编辑委员会
2014年10月于洛阳

目　录

绪　论　基本范畴

本书是柬埔寨文化的概论。在篇章展开之前，有必要就全书的基本范畴、涉及范围、基本宗旨等问题进行一个简要的说明。

当前任何专论“文化”的著作，都绕不开对其概念进行界定。然而任何一本专著，在进行这一界定时，都难免踏进数百种角度、数百个方面组成的“文化矩阵”当中而难以自拔。为了免于陷入这一概念泥淖，我们尽可能地避繁就简，择取文化概念中与柬埔寨社会历史相契合的部分，归纳其基本的意义，以利于掌握运用。谈及文化，势必包含文化的概念、形态、结构、功能等诸多方面，但与柬埔寨文化发展的历史脉络和当前形势结合来看，我们当着重介绍柬埔寨文化的形态及其功能，以帮助我们更好地读懂这个世人知之甚少的国度。

一、“文化”界说

在西方各民族的语文系统中，基本都能找到与“文化”相对应的词，例如德文的“kultur”，英、法文的“culture”等。从语源的角度分析，一般认为它们都来自拉丁文的“cultura”，其原形是动词，含有耕种、居住、练习等意思。从这一语源不难看出，关乎人类社会生息繁衍的农业生产和定居生活在人类社会历史上占据了根本性的地位。从较早的新石器时代开始，人类在经过了蒙昧与野蛮的时代之后，在各种偶然的生产方式中寻找必然，发明了农桑渔猎，继而又建立了整套的农业文明。从事农业的民族最早定居下来，创制语言文字，发展理性思维与道德观念，并以此为基础建立了人类社会。

在汉语中，“文”、“化”二字连用成词，较早见于《易经》：

天文也，文化以止，人文也。观乎天文，以察时变。观乎人文，以化成天下。[①]

① ［魏］王弼、［晋］韩康伯注，［唐］孔颖达疏：《周易正义》，阮元校刻《十三经注疏》影印本，北京：中华书局，1980年；点校本，北京大学出版社，1999年，第37页。

这段话里的“文”，本义指各色交错的纹理，引申至观察时序的变化，在事物错综复杂的各种交往中观测其规律，以寻求其中的秩序感。而“化”的功能则奠定了中华文明研究利用文化的基调，它就是化育天下的教化与德育功能，这始终是中国历史文化的侧重点。

通常认为英国人类学家爱德华·泰勒（E.B.Taylor）是最先给“文化”下定义的。其在1871年出版的《原始文化》一书中对“文化”进行了列举式定义：“文化或文明，就其广泛的民族学意义来说，乃是包括知识、信仰、艺术、道德、法律、习俗和任何人作为一名社会成员而获得的能力和习惯在内的复杂整体。”[①]这之后，泰勒的文化定义常常作为经典被援引。

从文化的性质与特点来定义“文化”概念的代表人物有英国的马修·阿诺尔德（Mathew Arnold）和美国学者鲁本·本尼迪克特。马修·阿诺尔德对文化的定义有过如下表述：“……文化完全是企图接近那完美、文雅和发展的事物。”[②]鲁本·本尼迪克特提出：“文化是通过某个民族的活动而表现出来的一种思维和行为模式，一种使该民族不同于其他民族的模式。”[③]这一概念把文化理解为人类思维与行为模式，强调和偏重于人的精神活动方面，包括语言、风俗等相关方面。此外，它还强调了民族的文化特性，是某一民族不同于其他民族的特有的表现。

英国著名历史学家阿诺德·汤因比（Arnold Joseph Toynbee）则从历史与构成的视域来定义“文化”概念：

我同意并采用P.巴格比（Bagby）对文化所下的定义，即文化是“一个社会成员内在和外在行为的规则，但那些原本是明显遗传下来的规则不算文化”。巴格比附加的：由于文化是“在历史中业已成型或重复出现的成分”，所以“文化是历史可被认知的一面”……怀特海说：“世上每一个因具有高级活动而闻名的时代，在其项峰阶段，以及在造成这一项峰阶段的代表人物中间，都能发现某种深刻、普遍的特征，它们被不声不响地接受，在人们日常发生的行为上打下自己的印记……”如果依从怀特海的说法，我就应在精神的意义上给文明一个定义。它也许可以称之为创造一种社会状态的努力，在这个社会状态中，整个人类成一个无

① 徐行言著：《中西文化比较》，北京大学出版社，2004年，第11页。

② Gordon Mathew：*Global culture/individual identity：searching for home in the cultural supermarket*，Routledge.2002，pp.1-2.

③ ［美］鲁本·本尼迪克特著，张燕、傅铿译：《文化模式》，杭州：浙江人民出版社，1988年，第45～46页。

所不包的大家庭的成员，将在一起和谐地生活。我相信，这就是迄今已知的所有文明一直有意无意追求的目标。①

汤因比将文明或是文化视作一种和谐的“大家庭”式的社会状态，这只能算是一种理想化的定义，并不是文化的基本定义。这种理想的社会状态目前并未能在所有的民族与国家中实现，但不能因此就说现在就没有文明或是文化。但这一定义值得赞同的是，它将文化与社会状态联系起来，避免了对文化过于狭隘的理解，能从更广泛的意义上来理解文化，即从社会生活的多层次、多角度来理解文化。

文化应该是人类社会具有独立特性的一种综合体系，它主要包括社会生产和生活方式形态、社会组织形态与精神意识形态三大层次，这三大层次是互相关联的。文化也就必然是人类的行为与精神活动的总体。从本质上说，这是一种文化的总体性构成的观念，这种类型的观念在文化研究中相当普遍。正因为它流传非常广，也就顺理成章地成为大多数人最常使用的概念，在各种研究文化的论著中经常能看到，虽然各有不同之处，但基本内容是相近的。②

二、文化的层次与结构

“文化”是一个庞杂的认识对象群体，对于身处一种文化当中的人们而言，他们所见的是文化的种种形态，所感的是文化的种种功能。但对研究者而言，如果不能够将某种文化的结构条分缕析出来，那么对这种文化的认识应该始终是浅表的。关于文化的层次与结构，有“物质文化与精神文化两分说”、“物质、制度、精神三层次说”、“物质、制度、风俗习惯、思想与价值四层次说”、“物质、社会关系、精神、艺术、语言符号、风俗习惯六大子系统说”，等等。我们在这里以“四层次说”为主要标准展开论述。

文化的第一层次，是由人类对自然进行加工、创制各种器物而构成的物质形态文化层。它既包括人类的各种物质产品，也包括生产这些产品的活动总和，它的内容是可感知的、具有物质实体的文化产品，这构成了整个文化创造的基础。物质形态文化直接反映人类对自然界认识、把握、利用、改造的程度，反映社会

① ［英］阿诺德·汤因比著，刘北成等译：《历史研究》，上海人民出版社，2000年，第19页。
② 方汉文著：《西方文化概论》，北京：人民大学出版社，2010年，第10页。

生产力的发展水平，以满足人类最基本的生存需要（衣、食、往、行）为目标。

文化的第二层次，是由人类在社会实践中建立起来的各种社会规范所构成的制度文化层。人的物质生产活动是一种社会的活动，只有结成一定的社会关系才能进行。人类在创造物质产品与财富的同时，还会创造一系列处理人与人相互关系的准则，并将其规范化为经济、政治、法律、社会、宗教、教育、科技、艺术等一系列制度，用以约束家庭、民族及至国家。

文化的第三层次，是由人类在社会实践，尤其是人与人的交往中约定俗成的习惯性定势所构成的行为文化层。这类文化以民风民俗形态出现，具有鲜明的民族、地域特色。

文化的第四层次，是人类在社会实践和意识活动中，长期构建而成的价值观念、审美情趣、思维方式等精神文化层。这一层次是文化的核心部分，它包括人们日常的精神状态、思想面貌等纯意识的领域（包括心理、心态、信念、观念、思想等），也包括经过系统加工的理论化、对象化的社会意识领域（包括政治理论、法权观念、哲学、文学、宗教、艺术等）。

随着人类历史不断向前，每一时代、每一地域、每一群体对文化结构的看法、视角是各不相同的。为避免陷入理论的旋涡，也为了使本书在学术性的基底上不至于显得没有可读性，我们尽量选择一种适中的层次划分，以便于大家理解、掌握和分析。书中对柬埔寨文化的研究会涵盖以上四个层次，但我们选择的最具特色和代表性的文化构成要素主要体现在宗教、民间信仰、节会文化、生活习俗和艺术等方面。

三、关于“概论”

关于“概论”，有人常常将其理解为一般性的介绍（introduction）、泛论，或是将概论看成是基本知识的铺陈罗列，这样来理解“概论”当然是不合适的，因为“概论”并不是泛论，也不是基本知识或历史常识的陈列，更不能变成历史知识百科全书。如果将“概论”理解为简介或是文献资料，将不利于我们从理论上把握研究对象的实质。“概论”不应排斥理论性，因为理论是在现象基础上的认识深化，它将会以理性分析的方式来把握对象的本质与变化规律。

我们强调“概论”首先是一种“论”。认可其理论面貌，就是要体现“论”与

“史”的不同。“论”以观念、关系、论证为重点，“史”则以事实陈述为特点。我国古代学者刘勰曾有过“论如析薪，贵能破理”的形象比喻，即论说的方式如同用锋利的斧头来劈木柴一样，势不可挡、直达目的。因而我们认同“概论”应该就是这样的一种理论形态的研究，它的要点是对于某一学科基本原理的分析阐释与本质特征的把握，所以“概论”之要义应落实在“论”而非“概”上。

四、本书的研究内容

本书名为《柬埔寨文化概论》，就是关于柬埔寨文化基本原理的研究，是对柬埔寨文化体系的基本构成、本质特性与发展规律的揭示。这就决定了它不是一般的文化史，而是对柬埔寨文化历史过程的理性观照。同时也请读者朋友们看到，“史”与“论”之间是无法完全对立的，理论须建立在众多文化现象的分析之上，历史过程总是最根本地先呈现为现象。没有历史事实的“概论”是空洞的，而单纯现象的描述同样绝对不可能取代理论阐释。故此，史论结合是一种理想的途径，也是本书所努力的目标。

当代的文化研究，往往容易逾越过文化的现象层面和内在结构，而更多地谈及其“软实力”、“巧实力”、“硬实力”等表现层面，尽可能多地进行其功能和使用的前瞻性研究。这可谓是当前文化研究界的一种潮流，也是文化史研究的一种转型，这对于借助全球范围内文化的广泛交流与交融来推动世界发展进步，无疑是应景而致用的。但这类研究放在柬埔寨国家和高棉民族身上，似乎与其历史的厚重感相去甚远，格调迥异。其实这背后更深层的原因，就是它作为中南半岛上后进国家的历史负累。它需要很好地去分析探究，解读其国民性、民族性中间的文化符号与话语，更好地认清自身，才能更好地投身于全球化、文化融合的洪流中去。

因此，这本《柬埔寨文化概论》，主要内容包括柬埔寨文化产生的自然地理环境、民族历史与现状的情况综述、文化发展历史阶段的分期与历史进程、民族宗教、民间信仰、生活状况、传统习俗、艺术等相关方面的分析。对这些内容进行“史”的梳理和“论”的探究，所要达到的目的在于：通过对柬埔寨文化的历史进程及现状的研究，加深对于柬埔寨文化本质特性的理解，认识世界各民族文化的多样性和相对性，学会和掌握与异民族和外国的交往、相处之道；为我国进一步加强与柬埔寨的睦邻友好合作，促进不同文化之间的融合与汇通，提供有一定学术价值的参考。

第一章　文化地理环境

一个国家、一个民族的文化的形成会受到多种因素的影响，如地理环境、经济以及外来文化，等等，在这其中，地理环境当居首位。地理环境与文化尤其是物质文化有着密切关系，是人类赖以生存和发展的物质基础，又通过物质文化与行为文化、制度文化同精神文化发生联系。它对于人类文化的产生和走向有至关重要的影响。

柬埔寨文化产生和发展的地理环境，是指柬埔寨进入文明社会以来的整个历史时期的地理环境，即历史地理环境。地理环境可分为自然地理环境和人文地理环境。一般来说，自然地理环境，如气候、地形、地貌、水文、植被、海陆分布等，发展变化的速度比较缓慢，有时其变化需要相当长的时间才能被觉察。人文地理环境，如疆域、政区、民族、人口、城市、交通、农业等方面，因为有人这一能动主体的干预，其变化速度要比自然地理因素快得多。地理环境总体上是在不断发展变化的，历史上的地理环境不同于现在的地理环境，因此我们在考察柬埔寨文化的产生和发展时，必须将其放在当时的地理环境条件下。注意研究地理环境对文化发展的影响，才能加深对柬埔寨文化的理解。

第一节　疆域、行政区域与人口

一、疆域

柬埔寨建国两千余年，是东南亚最早的古国之一，有过辉煌的文化。一般历史学者多把柬埔寨的历史划分为扶南时期、真腊时期、吴哥时期、吴哥后时期和法国殖民统治开始后的近代时期。这五个时期，统治疆域的范围变动很大，有时地区颇广，有时境域很小，都城也常有变动，但其历史和文化的连续性和传承性并没有受到太大的影响。

柬埔寨最早的国家——扶南王国（约1—6世纪）的历史尽管还没有完全得到

考古发现的证实，但可以确定扶南国最初的版图大部分位于湄公河三角洲地带，不全在今日的柬埔寨境内，大致相当于今日的柬埔寨和越南的南圻（越南南部地区）。随着国力的强盛和扶南统治者的扩张，领土又有所扩大，到了扶南极盛的范氏王朝（3世纪），疆土已包括了东到今越南东南沿海，向北包括了今老挝南部的一些地方，西北可能伸延到暹罗的东北，西边可能达到暹罗的西部或缅甸的东南部，南部疆界甚至到了今马来半岛的南部。随着海上贸易路线发生变化，主要依赖港口贸易繁盛强大起来的扶南王国到了5、6世纪时逐渐衰弱，领土也逐渐退小。

6世纪，扶南属国真腊逐渐兴起。真腊国位于扶南北面，疆域最北约至上丁以北的湄公河中游，中心位于今老挝南部的巴塞地区。从550年前后起，真腊开始了对扶南的逐步兼并，到了伊奢那跋摩在位期间（约615—635年），最终完成了对扶南的征服，定新都于伊奢那补罗城（今三坡波雷库一带）。但在这一漫长的过程中，真腊并未能使所有原扶南的属国屈服于自己并将其全部纳入自己的版图，因而丢失了部分扶南领土，如马来半岛的盘盘、赤土、狼牙修以及湄南河沿岸的孟族国家堕罗钵底等。值得注意的是，由于认识到内陆稻米种植对于国际贸易的重要性，真腊统治者开始将国家的政治文化中心由近海地区向内陆湄公河盆地迁移。

大约710—717年间，真腊因王位继承问题而发生政治动乱，最后分裂为南北两国：南部因靠海而被称为水真腊；北部因多是山地而被称为陆真腊。9世纪初，阇耶跋摩二世（802—950年在位）统一了水、陆真腊，迁都吴哥地区，建立了吴哥王朝。统一后的疆域至少包括了今柬埔寨和越南南方的湄公河三角洲区域。国都吴哥城位于洞里萨湖的西北岸附近，具有水上、陆上的交通优势，稻田种植潜力巨大。经过几代国王的开疆拓土，吴哥王朝成为了一个空前强大的帝国，在苏利耶跋摩二世统治时期（1113—1150年）其版图达到最大，北与中国相接，南至中国海（即从今越南芽庄到马来西亚的万伦港），东起占婆，西抵缅甸的蒲甘王国。吴哥王朝也成为真腊历史上乃至整个柬埔寨历史上最辉煌灿烂的时代。

13、14世纪，吴哥王朝日渐衰落，邻国泰国开始对真腊王国发动侵略战争，攫取了柬埔寨大片领土。17世纪末，占婆国被并入越南的版图，越南的疆界向南延伸，与真腊毗邻。在此以后的100年间，当时越南南方的广南阮氏在政治上和军事上不断对真腊国施加压力，两国间的战事始终未断。到18世纪上半叶，湄公河三角洲地区（包括现在越南南方的美荻、嘉隆、西贡、河仙、塑庄、茶荣等地）完全并入了越南的版图，居住在这个地区的高棉族居民成为越南的一个少数民族。18世纪末，国力继续衰落的柬埔寨又将西北地区靠近扁担山脉以南的马德望、暹粒、诗梳风三省割让给了泰国。这三省面积达3万多平方公里，盛产大米，渔业发达。泰国在这一地区统治了几百年。

19世纪末，法国殖民者控制了柬埔寨，并企图染指泰国。1893年，法国强迫泰国同意划湄公河西岸25公里和马德望、暹粒二省为中立地带，泰、法两国均不得驻军。1907年3月23日，法、泰两国签订了一项新的协定，规定泰国放弃马德望、暹粒和诗梳风三省，把它们交给法国。泰国和当时统治柬埔寨的殖民宗主国法国以条约规定，泰柬边界以扁担山脉分水岭为基准划定。第二次世界大战期间，泰国与日本结盟，趁法国在第二次世界大战中沦陷之机，入侵柬埔寨，并在日本的干涉下，又夺走三省（吴哥窟除外），柬埔寨因此丧失了三分之一的国土。第二次世界大战结束后，重返印度支那半岛的法国殖民者才于1946年迫使泰国交还上述三省，柬埔寨的疆域才基本确定下来。

1953年11月，西哈努克带领柬埔寨人民经过不懈努力，终于摆脱法国殖民者的统治，建立了柬埔寨王国。随后，柬埔寨又先后经历朗诺政权、红色高棉时期以及柬埔寨共和国时期。最后到1993年，柬埔寨在联合国主持下举行大选，国内政权此后一直保持稳定，国家的疆域也没有再发生大的变动。目前，柬埔寨国土面积为181 035平方公里。东部和东南部与越南交界，边境线长1 270公里；东北部与老挝接壤，边境线长540公里；西部和西北部与泰国相邻，边境线长805公里；西南濒临暹罗湾，海岸线长435公里。南北最长处约612公里，东西最宽处约579公里。

二、行政区域

行政区域（政区）是国家行政管理的区域性组织系统，是将地理和人口面貌政治化的一种措施。它的出现要以国家的建立为前提。但并不是说国家建立以后就必须要划分行政区域。如扶南国的第一个王朝“混氏王朝”的国王混填就采用了分封制，“分王七邑”，从上到下“分土而治”。该王国主要由一些分布于湄公河沿岸的村落组成，国王和各级诸侯的直接统治区都很有限，自然不需要什么分级管理。当然，统治区域的局限并不是缺乏区划管理的根本原因，即使在拥有庞大疆域的极盛的范氏王朝时期，也仍然没有进行区划管理（至少在相关史料未找到依据）。有学者提出："早期的高棉人首领们学会的为其统治权力辩护的办法，就是把其统治权力放在一个世界性祈祷的氛围之中，这样就可以充分吸纳其信徒们的宗教热情，获取他们的忠心。"①因此，在整个扶南时期，统治者们似乎没有太多地域和文化上的边界意识。

真腊时期，柬埔寨的疆域面积虽然不及扶南，但君王们的领地意识有所增强，对于国家治理有了更强制的举措。伊奢那跋摩国王为巩固其统治地位，极力削弱地方诸侯的势力，同时大力加强中央集权，开始采用类似郡县制的管理体制。②在中央，国王钦定五名辅助国王的大臣以及各级行政官吏。在地方，设置30多个省，各省行政长官由国王直接任免。尽管采取了诸多集权于中央的措施，但仍有一些势力较大的诸侯存在于地方，比如在今特卜克蒙（Thbaung-khmoum）地区一带就存在一个较大的世袭领地，后来的吴哥王朝也由此兴起。

9世纪起，柬埔寨人的政治生活开始以吴哥为中心。囿于资料，我们无法清楚地知道吴哥王朝的行政区划，但通过这一时期大量碑文的记载，我们可以管窥吴哥王国的社会、政治组织形式。我们发现，依靠宗教信仰来神圣化其统治的吴哥君王们，非常重视地方寺庙的建造和捐赠，因为这不仅可以带来宗教功德、经济收益，最重要的是可以作为对集权管理的一种宣示。通常被当地民众认可的领袖并不是国王，而是修建或组织修建当地寺庙重要人物。国王通过授予这些早已存在的地方领袖以官衔、赋予他们"新"的权力（如国家行政机构中的地方官）的方式，来实现对地方寺庙、稻田及劳动力的集中控制，并可以通过这种控制实现大型宗教建筑项目、水利工程项目的建设以及征兵参战的军事行动。庙宇是土地和农民的主要监管者，也是将土地及其产出物全部纳入政府管理体系的一个工具。庙宇控制着土地、土地上的劳动力以及土地上的物产，这对地方政治一体化进程有着非常深刻的影响。地方寺庙及其财产附属于遍布王国战略要地的中央庙宇。从地方庙宇收集来的物产中的一部分被转交给中央庙宇。作为回报，地方寺庙中的祭司通过定期参加中央庙宇的祭祀而获得王室对他们在功德或地位上的认可以及一些实物回馈。当然，除了中央寺庙，还存在世俗的政治机构对各级寺庙

① ［新西兰］尼古拉斯·塔林等著，贺圣达等译：《剑桥东南亚史》，昆明：云南人民出版社，2003年，第129页。

② 陈显泗著：《柬埔寨两千年史》，郑州：中州古籍出版社，1990年，第191页。

进行控制。但在缺乏中央集权化的官僚体系为国库筹集财政收入的情况下，庙宇被视为重要的经济积累的中心。就这样，统治者通过集中兴建的庙宇群（无论是印度教的还是佛教的），把土地、人口与国王的都城联系到了一起，再加上一些世俗的政治机构，构建成一个高效、严密的行政管理体系。

柬埔寨现行行政区划是以1993年第一届王国联合政府的设置和划分为基础，经过部分修改[①]形成的。全国共划分为西北、西南、东北、中部四个大区，共23个省。西北地区有马德望、奥多棉吉、班迭棉吉、柏威夏、暹粒、拜林6个省，总面积约1.8万平方公里。西南地区有磅清扬、磅士卑、干丹、国公、菩萨、西哈努克、白马7省，总面积约2.6万平方公里。东北地区有磅湛、桔井、蒙多基里、腊塔纳基里、上丁5省。中部地区有干丹、波罗勉、柴桢、磅同、茶胶5省的全部和磅士卑、磅清扬、菩萨、马德望、暹粒、上丁、桔井、磅湛等8个省的部分地区，总面积约8万平方公里。省之下设有县、乡，乡下设村、组等。除了每个省的省会外，柬埔寨还有金边市1个直辖市。据2008年柬埔寨人口统计数据显示，全国共有185个县、区，1 621个乡、分区，14 073个村。

三、城乡与人口

城市作为人口聚居地，是人们从事交换、贸易及加工的重要场所，是建筑、艺术、宗教的交汇之地，同时也是思想和文化相互碰撞的场所。在柬埔寨的历史上，就曾出现过毗耶陀补罗、伊奢那补罗、吴哥通等人口众多的城市，这些城市最终演成为柬埔寨文化的一个重要体现，在柬埔寨历史上留下光辉的一页。

受到印度教的影响，古代柬埔寨的城市（都城）布局有明显的宗教特征。据我国南朝《南齐书·扶南传》记载：扶南都城毗耶陀补罗（位于今波罗勉省的巴普农与巴岚附近）的中心是神庙，神庙往往建在一座小山或人为垒成的土丘之上。国王有自己的宫室，有木栅围挡，木栅外还有壕沟环绕，沟内养有长2丈、齿如利刃的鳄鱼。城门外圈有猛兽，以增加皇城的安全和威严感。由于对水利灌溉工程的重视，整个都城内水渠纵横交错。居民住宅区房屋多傍水而建，底部用木桩支撑，以大箬叶盖顶。居民住宅区也是商业活动集中的区域，在海上贸易发达的时期，可以推测，在都城内一定会有一个货色齐全的商贸市场。

① 2008年12月，西哈努克、白马、拜林撤市建省。

真腊王国的都城伊奢那补罗建在与湄公河平行的森河岸边，人们利用河水浇灌附近的农田，也用河水为城内居民的生活服务。据我国唐朝《隋书》记载，伊奢那补罗(《隋书》叫伊奢那城)拥有2万余户人家，以一家5口计，应当是一个有约10万人的城市。[①]

到了吴哥王朝时期，城市的规模已有了很大程度的扩大。12世纪的吴哥通王城及周边就有大约一百万人口[②]，比任何一个中世纪的欧洲城市人口数量都要多，与那个时代中国和阿拉伯的大型城市人口数量相当。有碑文显示，在阇耶七世建造的塔普贤罗姆寺就居住着好几千居民："那里有400名士兵、18位高僧、2 740位一般和尚、2 232名助手，包括615名舞女，这些有资格住的人总计12 640人；(另外还有)66 625名男女为神效劳，使居民总数达到79 365人，其中包括缅甸人、占人等。"与此类似，附属于波列甘寺(即"圣剑寺")的人，即那些被迫提供稻米和其他服务的人，总数接近10万，他们来自5 300多个的村子。碑文还列举了那些依靠先前寺庙资助生活的人，他们来自1.35万个村子，人数超过30万。吴哥时期数百年相对稳定与和平的政治社会环境是人口保持高增长率的重要原因。在王朝处于强盛时期时，国内局势安定，通过自然因素和移民都会使人口迅速增长。

吴哥王朝衰败后，柬埔寨人口数量减少，增长率也大幅降低。综合了一些较为合理的数字以及19世纪更加可靠和丰富的推算，新加坡国立大学亚洲研究所所长安东尼·李德认为，1600年前后柬埔寨人口总数约为123万，人口密度约每平方公里4.5人。[③]由于历史和自然地理条件的原因，柬埔寨人口大多集中在湄公河两岸和洞里萨湖区的几个重要的贸易城市和大米产区。除此之外的其他地区人口稀少，人们在无边无际的丛林中，在斜坡不太陡峭的地方从事着轮耕农业。阻碍人口增长的因素有很多，如：轮耕农业使农民承担着较高的劳动强度；一个家庭生育一个以上的孩子就无法外出劳动；人口出生率也因淋病的高病发率而受到极大的影响，没有限制婚前性行为被认为是造成淋病高发的重要原因；而泛灵论盛行的事实也可以看作人口出生率低下的重要证明[④]；更重要的原因可能是战争及战争带来的自愿的或强迫性的迁居；新耕地的开垦以及强迫劳役等造成的居住的不稳定性，等等。

---

① 陈显泗著：《柬埔寨两千年史》，郑州：中州古籍出版社，1990年，第191页。

② Craig A.Lockard：*Southeast Asia in World History*，Oxford：Oxford University Press，2009，p.39.

③ [新西兰]尼古拉斯·塔林等著，贺圣达等译：《剑桥东南亚史》(Ⅰ)，昆明：云南人民出版社，2003年，第379页。

④ 同上，第278页。

1954年独立后，柬埔寨全国人口约400万。至1962年全国人口普查柬埔寨人口增至570万人。1981年中期，估计人口为696万。据金边政权1985年对其控制区内户口登记册不完全统计，全国人口为738万。据联合国统计，柬埔寨人口在20世纪90年代初约为870万。1993年王国政府成立后，将全国人口普查的周期定为十年一次。在联合国人口基金组织协助下，柬埔寨分别于1998年、2008年进行了两次大规模的全国人口普查。2008年的数据显示，柬埔寨全国人口为13 388 910人。其中男性为6 495 512人，女性为6 893 398人。人口密度每平方公里75人，城市人口占19.5%，较1998年增加了1.9%。2013年的后续普查显示，柬埔寨人口为1 468万，城市人口占到总人口数的21.44%。目前，柬埔寨平均人口密度为每平方公里76人。在柬埔寨全国24个省市中，人口最多的是鱼米之乡的磅湛省，占全国人口的14%左右。首都金边人口密度最大，每平方公里3 448人。人口密度最小的省份是蒙多基里省，每平方公里只有2人，人口只占全国人口的0.3%。柬埔寨是一个城市化程度很低的国家，但近几年来，城市人口的比例正在不断上升。

如今，柬埔寨城镇主要服务于周围乡村，是在方圆一定的地域范围内的中心。典型的城镇是由商业区、行政区和周围的居民住宅区组成的。政府机关、华人店铺、中心市场和其他商贸建筑物，大多是砖结构，两三层楼高。近年来在一些较大的中心城市也出现了作为酒店或商贸中心的高层建筑。一般居民房屋是平房，多用砖瓦，也有以木板为墙，以瓦盖顶的简易房。在较大的城市，柬埔寨人、华人和越侨分族而居，如在首都金边，在中央市场周边形成了华人聚居区。城镇中的华人担负着城乡经济交流的角色，一方面把农村需要的日用品和副食品供应到农村；一方面对农民生产的农产品、稻米、玉米、烟叶等进行收购，并集中到城镇，或加工成商品供应城乡之需，或出口国外。

由于地广人稀，农村居民村落与村落之间距离比较远，但从聚居的数量和方式来看，仍多属于密集型农村聚落。传统上的柬埔寨村庄多是受血缘关系、宗教习俗的影响聚集而成的，由一个大家庭数百成员聚居在一起，过着自给自足的生活。高脚屋的周围多有园地，用来种蔬果和花草、饲养牲畜。由几个村庄组合而成的村社或乡县，柬埔寨人称“斯洛克”（Srok）。每一个斯洛克村社都有佛教寺院，并在寺院办学校供村社的男童读书识字。同时还设有一个市集和开设一些固定的商店，供应村社工业日用品和副食品。村民们日常的基本物质需求和精神需求都可以在村庄或村社中得到满足。在柬埔寨一些山区林区也会有半聚集型农村聚落存在，这类村子相对分散和孤立，户数多的不超过十几户或二十户，少的不过三五户人家。这类村落形式的出现主要是受自然条件的限制，如山区中耕地面积不但少，而且比较分散，有的地方供水有限等。

过去，由于商品经济的欠发达，使得大多柬埔寨农民专注于耕种只够维持一家生活的土地。所以每天工作量不多，中午时烈日晒顶，餐后便长时间休息，或在家纺织、修理工具或家具。农忙时，全家大小全力以赴，一起下田劳动。柬埔寨农村居民具有互相帮助的传统，在村长或族长的组织下，大家轮流互相帮助播种或收割，乃至建造房屋等。农村的婚礼和庆典大都在农闲时进行。目前，随着城市现代化建设进程步伐的加快，也吸引了许多农村的年轻人到城市务工。

第二节 民族

现代学者在解释“民族”的意义时，越来越倾向于从文化角度来分析。英国学者巴克(Ernst Barker)认为，种族是一种血统的、体质上的现象，而民族却是一种传袭的、文化上的现象。前者是体质上的共同类型，后者是文化上共同的模式。[①]这就是说，在我们探讨柬埔寨文化的历史成因时，要看到“种族”的因素，同时更重要的是要看到“民族”的因素，即在长期的历史过程中，随着时代的演进和各部族的长期努力所共同形成的基本相近的思想、感情、意志和心理等文化模式和文化的整合格局(当然，不排除少数民族自己独特的文化心理传统，但这只是同中之异)。在柬埔寨历史上的各个阶段，民族关系的和谐一直是主流，并在文化、政治和经济等基本要素及其构成的社会环境中贯穿始终，也是柬埔寨多样而和谐共处的文化形成和发展的重要基石。因此，本节所讨论的内容将包括柬埔寨境内民族的构成与和谐共处的问题。

一、民族的构成

柬埔寨是一个多民族国家。高棉族是柬埔寨的主体民族，从有历史记载时开

① 李中华著:《中国文化概论》，北京：中国文化书院，1987年，第21页。

始，高棉族就一直居住在柬埔寨。几个世纪之后，又有马来人、泰国人、越南人和华人相继移居到这一地区。几百年中，高棉族与生活在柬埔寨的其他民族在不断地融合，这些民族也几乎都没有完全离开过柬埔寨。除高棉族外，柬埔寨还有一些生活在山区的少数民族土著部落，被统称为“山地高棉人”，他们保留着较原始的耕种方法和文化习俗，与主流的高棉人社会相距较远。

（一）高棉族

根据在今柬埔寨莫卢波雷（Melouprei）、三隆汶（Samrongsen）、隆波劳（Longprao）以及马德望、上丁、磅湛、贡布等省发现的公元前4000年至公元前500年新石器时代遗址可以准确判定：柬埔寨民族的祖先，至少在新石器时代，就已扎根柬埔寨，成为这片土地上的主人。但谁是柬埔寨民族的祖先，学术界曾有过不同的争论。一种观点认为，高棉人就是从印度迁徙过来的印度人，这一观点有部分历史文献可以支持。根据文献记载，在公元前543年左右，这些高棉人为了躲避战乱，迁徙到柬埔寨定居。但是，人类学家通过对高棉人与印度人在体质上进行比较发现，二者在体质特征有本质区别，在体型上相差也很大，进而否定了第一种观点。第二种观点认为，高棉人的祖先发源于吉蔑人和昆仑人，吉蔑人和昆仑人最早生活在西北高原，而后逐渐迁徙到中国云南，由于汉族势力的挤压，在5—6世纪左右或者更早的时候到达了柬埔寨，并与当地的原住民相互融合，最终形成了高棉族。20世纪90年代问世的《剑桥东南亚史》也明确支持此观点。第三种观点认为，高棉族是东南亚的土著民族，可能是美拉尼西亚人与印度尼西亚人混合产生的一个民族。现在，大多数人都比较认可这一观点，现今柬埔寨人的主体民族高棉族是孟—高棉（吉蔑）族（Mon-Khmer）中的一支。在公元前的若干世纪，孟—高棉族人群从北向南迁移，即从中国云南沿着湄公河慢慢的向南移动，逐渐到达湄公河上游和孟河的交汇地区。在这里停留了一个相当长的时期后，一部分孟—高棉人继续留在孟河流域生活，成为今天老挝卡黑人的祖先；另一部分则分为两支继续向前移动：一支沿孟河向西南移动，到达了湄南河流域及至马来半岛，后来建立起林阳、得楞、顿逊、盘盘、狼牙修等孟族人的国家；另一支则沿湄公河往东南到了今柬埔寨和越南南部一带，成为这一区域的主体民族，即高棉族。这之后随着自身的扩张、迁移和其他民族的迁入，高棉族融合了包括早在此地生活的土著人在内的其他民族，不仅在数量上高居首位，而且在经济文化上保持着总体上的优势，成为柬埔寨民族的主体和核心。

自古以来，高棉人大部分集中在地理条件相对优越的湄公河沿岸、洞里萨湖平原周围以及过渡性平原和沿海地带，因此也被称为“平原高棉人”。他们耕种方便灌溉的稻田，驯养黄牛和水牛，开始使用金属器具，妇女拥有相对重要的地位，有泛灵信仰，采用瓮葬和石冢葬。可以说，高棉人较东南亚其他民族更早跨入了文明历史的门槛。水稻种植也被高棉人视为一种崇高的职业和美德世代传承下来。高棉族在历史上创造了灿烂的文化，在文学、雕刻、诗歌、民间音乐、舞蹈等诸多方面均取得丰硕的成就。现代社会中，高棉人笃信小乘佛教，男性大多当过和尚，有过寺院生活。社会上有慈善、敬老、和睦、忍耐、团结互助的良好风俗。这些都与高棉人普遍拥有的佛教观念分不开。

（二）山地高棉人

“山地高棉人”是长期生活在柬埔寨土地上的土著居民。“山地高棉人”是对所有居住在柬埔寨山区和高原地区的土著族群的总称，由卜侬（Phnong）、圭依（Kuy）、布佬（Brao）、斯汀（Sting）、东奔（Tampuan）、比尔（Pear）、嘉莱（Jarai）、拉德（Rade）等诸多族群部落组成。其中，除拉德人和嘉莱人属南岛语系外，其他族群均属南亚语系，是高棉族的近亲族群。过去，高棉人会用带有贬义的“卜侬”（phnong）或“萨姆尔”（smre）来称呼这些居民。因此，柬埔寨政府在20世纪60年代起用了“山地高棉人”（the Khmer Leu，直译为“上高棉人”）一词，希望借此来拉近山地部落和平原地区高棉民族的关系，构建高地土著民族与高棉族的民族认同感。这些部落族群称谓比较复杂，没有进行过系统的民族识别。如分布在柬埔寨东北部山区小村落中的卜侬族，就以“民族”相称；而散居于东北部柬老边境地区的嘉莱、拉德、圭依人，豆蔻山北部一带的比尔人，桔井南部的斯汀人等，都仍被看作是一个个小型部落。尽管这些族群的起源尚不清楚，大多数学者认为其中的南亚语系的族群，如卜依人、圭依人、布佬人、斯汀人、东奔人、比尔人是长期以来逐渐从西北方向迁移至柬埔寨的。而南岛语系的族群，如拉德人和嘉莱人，则明显是先到达越南沿海一带，再逐渐向西边迁移，最后融入南亚语系族群中间。现在的山地高棉人主要集中在柬埔寨东北部的腊塔纳基里省、上丁省、蒙多基里省和桔井省，人口数量约20万。

山地高棉人各族群在文化、风俗、传统、语言等方面互不相同，但由于有相似的生存环境，在生活习俗上也有许多共通之处。比如：主要以刀耕火种的初级农业和游猎为生，通过伐木焚林来开辟土地进行种植，辅以采集野果、打猎、捕鱼和饲养动物等行业来维持生计。他们在山坡或山顶的小块地上劳作，使用粗陋的手持工具，如斧、长刀、点杆、锄头等；焚烧草木为灰肥，补充植物生长所需的养料；所种植物多为旱稻、玉米、薯、芋类植物，收获量低。采集对山地高棉人来说具有重要意义，割树胶、采树漆、松香都是重要的经济活动。某些龙脑树上采到的树胶可以用来浸泡火把，制作照明工具。这些树胶还可作为清漆的发光添加剂，涂塞木船缝隙和涂竹编、藤编器具，可防止漏水。森林中还有许多果实和根、茎可做染料或入药。山地高棉人一般无固定住所，交通不便。许多山地高棉人的社会生活中尚保留着相当多的原始公社制度残余，村社中的首领或年长的尊者拥有崇高的威信。山地高棉人有自己的信仰体系，他们多为泛灵论者，认为山河、森林、天体都是神灵之所在，拥有巨大的威力，必须对其加以敬拜；拜神可得到神的庇护，若是言行冒犯了神灵，就会受到生病甚至死亡的惩罚；祭祀被认为可以安抚被触怒的神灵，巫师或通灵师则是祭祀仪式的关键人物；由于相信万物有灵，山地高棉人患病时，不愿意求助现代医疗，多以巫医巫术救治。另外，特殊的地理气候条件对山地高棉人的生理方面也产生着影响，他们大多身体强悍，极有耐力。

圭依人（约3.8万人）是柬埔寨最古老的土著民族之一，自古就生活今柬埔寨磅同省北部和柏威夏省一带。圭依人有自己的语言——圭依语。圭族人以种田、采树脂、拔野藤、砍柴伐木、捕猎为生。在从事种植活动时，圭依人会采用一种特殊的工具——长竹筒。把长竹筒一头削尖，播种时用竹筒的尖头把地面戳出坑，通过竹筒把一撮种子撒入坑内，抽筒培土即可。在居住方面，圭族人多采用的是迁徙的方式，在同一个地方生活最多不超过4年或5年。村中的尊者会受到神灵的“启示”，为村民们寻找一个新的住所。这也是为了保证土地的肥力，是与自然环境相适应的一种生活方式。圭依人是所有山地高棉人中文化程度较高的族群，在吴哥王朝衰落，文化中心南迁之前，圭依人的文化发展程度是与高棉民族齐头并进的。至今，圭依人还传承着引以为傲的铁匠和竹匠技艺。如他们用竹编的像筐一样的容器，制作工艺非常精湛，盛水不漏。

东奔人（约有3.1万人）分布在柬埔寨东北省份腊塔纳基里省的西南角山林中，有自己的语言——东奔语，但其书写系统已经消失。21世纪初，为更好地保存东奔语，一个非政府组织在高棉文字的基础上创建了一套东奔语书写系统，并有《东奔语—高棉语—英语辞典》出版。[①]但除了一些居住地靠近省会城市的东奔人可以接受高棉语教育外，大部分东奔人都不识字。东奔人的村寨多建在平地上，村民数量从100～400人不等，村寨以一个公用的房屋（东奔语中称“朗”raon）为中心。现在，很多村庄还有公用的水井、碾米厂等。村寨的房屋以干栏式建筑为主，房屋多用竹子编织，辅以茅草屋顶；现在也有一些比较富裕的东奔人会用木头建房，辅以瓦楞状钢架屋顶。东奔人的婚姻制度为母系制度，家庭姓氏和继承权都依母系传承。传统上，东奔人在14～18岁之间结婚，婚后前三年住在妻子家，后三年住在丈夫家，此后，这对夫妇才被认为有资格自己开始经营自己的农田。重婚是允许的，但不常见。东奔人信仰万物有灵，在近十多年中也有一些东奔人成为了基督教徒。东奔人喜爱音乐，擅长民族提琴、五弦琴、鼓、锣、长笛等乐器。锣是他们最重要的乐器。东奔人的锣是由青铜锤炼制成的，五个一组或八个一组可以演奏出好听的旋律。击锣被东奔人视为一个重要的公共事务，不论是农闲或是节日庆典，只要人们聚在一起，都会击打锣鼓尽情欢唱。

墨侬人（有约2万人）和斯汀人（有约6千人）以及与他们近似的比埃特人、布诺尔人等，生活在柬埔寨东部靠近柬越边境的湄公河区域。他们与越南南部的山地高棉人在生活方式和文化方面十分接近。农业生产以种植旱稻为主，社会重男轻女，婚后从夫居。政治组织非常松散，每个村庄都有自己的领袖和法庭。斯汀人有自己的语言——斯汀语，属南亚语系孟高棉语族巴拿语支（the Bahnaric group）。

布佬人（有约1万人）以及与其近似的克伦人（Kreung）、克维特人（Kavet）主要居住在腊塔纳基里省和邻近老挝的柬埔寨东北边境地区。这三个讲不同方言（都会讲高棉语）的民族有非常相似的文化，传统上奉行母系制度。布佬人的村庄通常以一个全村共享的大房屋为中心修建。他们种植旱稻，擅长陶艺。文化上更多是受到佬人文化的影响。

卜依人（约2万人）主要居住在蒙多基里省。村庄多为长屋，每个长屋被分成多个隔间，可容纳核心家庭。他们主要种植旱稻，也培育蔬菜水果和其他有用的作物。至少有两个亚族具有母系血统（建立在母系血缘关系上的社会组织）。一夫一妻制是他们婚姻的主要形式，通常是从妻居。财富的多少是由在葬礼或婚礼上

① Crowley, James Dale, Vay Tieng & Wain Churk: *Tampuan Khmer English dictionary: with English Khmer Tampuan glossary.* Cambodia: EMU International & National Language Institute of the Royal Academy of Cambodia, 2007.

用来祭祀神灵所用的水牛的数量来衡量的，这也是寻求社会认可的重要手段。

比尔人（有1万多人）属跨境民族，部分分布于柬埔寨西北部，部分居住于泰国东南部地区。在柬埔寨的比尔人主要分布于柬埔寨西部谷地的马德望、奥多棉吉、暹粒、国公一带。在不同的区域的比尔人有不同的名称：在柏威夏省的比尔人保持原称，在马德望省的比尔人又叫萨姆雷（Samray），在泰国东部的比尔人称仲人（Chong）或仲—萨姆尔（Chong-Samre），在贡布省的称萨奇人（Saoch）、在菩萨省的称萨美人（Samre）、在磅清扬省称索伊人（Suoi）。比尔人主要从事耕作山地，种植旱稻，狩猎和采集为补充，善于使用猎枪。比尔人是大约6世纪从老挝迁移到柬埔寨的，其语言和习俗与柬埔寨境内其他族群的语言差异较大，是现仍存在用图腾命名的氏族。婚姻在幼年时期就可以定下，婚后可从妻居，直到第一个孩子出生，或是像萨奇人那样从夫居。村社领袖是最高政治领导，通常由父系血统继承下来的人充当村寨首领。萨奇人还有由长者组成的村社理事会，评判违背传统法典的行为，以及两个地位很高的巫师。萨奇人丧葬习俗为火葬，而非高棉族的土葬。

嘉莱人（有约2万人）是山地高棉人中属南岛语系的群体，在人种学上属蒙古人种，但在他们的形体中混有尼格罗—澳大利亚人种特征：肤色较暗，身材较矮，头发卷曲，呈黑色或褐色，脸毛和体毛较长。嘉莱人身体强健，勇敢彪悍，曾积极参加民族解放运动（FULRO）并担任运动中的领袖，一直是柬埔寨军队的重要兵源之一。这个民族也是跨境民族，从越南延伸到柬埔寨东北部地区。嘉莱人村寨多为长屋，最长者可达61米，里边住着一个母系家族的十来户小家庭。一般住房也要隔成好多间，客人住房在中间，设一个小火塘。嘉莱人家庭以母权制为基础，婚后从妻居，按母系续谱。遗产传女不传子，女人娶亲。这些山地民族还保留着从前以图腾命名的氏族名称，主要是动植物名称。

表1　柬埔寨山地高棉人族群列表

民族	柬文名	英文名	人口数量（年份）	地区
圭依	គួយ	Kuy, Kuay	37.700（2007）	柬埔寨东北部；柏威夏省全省，暹粒省东部，磅同省北部，上丁省和桔井省西部均有分布。

续表

民族	柬文名	英文名	人口数量（年份）	地区
东奔	ទំពួន	Tampuan, Campuon, Kha Tampuon, Proon, Proons, Tamphuan, Tampuen, Tampuon	31.100（2006）	腊塔纳基里省中部和东北部边境地区
嘉莱	ចារាយ（ជារាយ）	Jarai, Cho-Rai, Chor, Chrai, Djarai, Gia-Rai, Gio-Rai, Jorai, Mthur	20.200（2006）	腊塔纳基里省，特别是波盖县、安隆米赦县、奥雅道县及柬越边境的东北区域
卜侬	ព្នង	Central Mnong, Budong, Bunong, Phanong, Phnong, Phong	20.000（2002）	柬埔寨东北部，腊塔纳基里省的百分之八十县区
格楞	គ្រឹង	Kru'ng , Kreung	18.400（2006）	上丁省、腊塔纳基里省靠近柬老边境地区
布佬	ប្រៅ	Braou, Brou, Lave, Laveh, Love, Proue	7970（2006）	柬埔寨东北部地区，腊塔纳基里省北部，特别是达万县和色三河地区
斯汀	ស្ទៀង	Stieng(Bulo), Kajiang	6060（2006）	桔井省桔井县东部地区，蒙多基里省南部地区
仲	ជង	Chong,Chawng, Shong, Xong	5000	菩萨省柬泰边境地区
萨姆雷	សំរែ	Samray	4000（2005）	马德望省、菩萨省
卡嘉	កាចក់	Kaco', Kachah'	3370（2007）	腊塔纳基里省的安隆米赦县和汶塞县
克维特	កាវែត	Kavet, Khvek, Kowet, Kravet	2380（2006）	上丁省，腊塔纳基里省的柬老边境地区
格佬	ក្រោល	Kraol	1960（1996）	桔井省
比尔	ព័រ	Pear, Por	1670（2002）	柏威夏省（过去在磅同省）
拉曼	ល្មាំ	Lamam, Lmam	1000（1981）	柬越边境东北部地区
索依	សួយ	Suoi	930（2005）	磅清扬省，金边的西北部和中部地区
萨美	សំរែ	Samre	200（2000）	菩萨省
萨奇	ស្អូច	Saoch, Saotch, Sauch	180（1996）	贡布省西南海岸地区
古拉	កុឡា	Kola	100—500	拜林东部

（三）占族

占族人是柬埔寨境内除高棉族群体以外人口最多的民族群体，属南岛语系。占族有悠久的历史文化。2世纪，马来人的一支——占婆人从海岛地区来到在今柬埔寨东部和越南的中部和南部部分地区建立了占婆国，中国史书先后称其为“林邑”、“占城”等，他们接受了印度教文化。10世纪起，占婆国遭到越南封建王朝的侵略，最终在17世纪被越南吞并。这期间，有许多占族人迁移到了柬埔寨。原来信奉婆罗门教的占族人，后来又与从马来半岛和印度尼西亚北迁来的穆斯林混居，逐渐改信伊斯兰教。今天柬埔寨的占族人多为从越南移民来的占婆遗民与北上的马来人混居融合后形成的。现居住在洞里萨湖与湄公河之间水净华半岛上的一支占族人，据说就是15世纪来自苏门答腊的米南卡保人（马来人的一支）的后裔。后来来自马来西亚的马来人主要分布在西哈努克城至磅同地区。其中可能还有来自爪哇的家庭。这些占人支系全都信奉伊斯兰教，这也是他们今天融合为同一个民族——占族的一个重要的文化因素。

柬埔寨的占族人构成比较复杂。大多数占族人主要分布在湄公河流域和洞里萨湖周围地区，其中在磅湛[①]和磅清扬两省最为集中。这些占族人又被称为“平原占人”。他们主要从事捕鱼、纺织、经商、航运以及种植等，尤其在畜牧业方面比较发达，饲养的肉牛有很好的国际声誉。占族的另一支就是前文提到的生活在柬埔寨东部和越南交界的山林地带的埃德人和嘉莱人，又被称为“山地占人”。占族人是柬埔寨伊斯兰教的主要信奉人群，几乎所有占族人都信奉伊斯兰教，因此又被称为“穆斯林高棉人”。但占族人有其自己对伊斯兰教义的理解，他们一周做一次礼拜，而不像传统伊斯兰教徒一天做五次礼拜。因宗教信仰不同，占族人一直完整地保持着本民族的特性，但这并不影响占族人与高棉人的友好关系。另外，传统穆斯林社会是父系社会，而占族社会为母系社会。占族有自己的文字，是从婆罗门文字演变来的，写法与高棉语、泰语、老（挝）语相似，但是这种文字正面临着快要消失的危险，目前只有少数上了年纪的人还懂得这种文字。

（四）华人

柬埔寨的华人都是从中国移民过去的，最早的移居年代无法确切考证。但根据元朝周达观所著《真腊风土记》的记述“余乡人薛氏，居番三十五年矣”，可以

① 磅湛在柬埔寨语中的意义即“占族人的村庄”。

大致推测，周达观是在1296年随元朝使团访问真腊的，并居留一年有余。据此可推算，薛氏是在1261年左右移居到柬埔寨的。因此，最晚在13世纪中期，就已经有华人在柬埔寨定居了。随后到约17世纪70年代（清康熙年间），一批明朝的移民由于抗清失败，移居到柬埔寨。到20世纪20年代后期，为了逃避战乱，南方沿海地区人民掀起了向国外移民的浪潮，这股浪潮一直持续到新中国成立初期，这股移民浪潮奠定了柬埔寨华人的民族基础。在柬埔寨的华人族群中，人数最多的是潮州籍，其次为广州籍、海南籍、客家籍、福建籍。

20世纪60年代之后，受国际国内政治运动的影响，柬埔寨华人华侨经历了数次打压甚至是生死浩劫。20世纪60年代末期，一些华人在柬埔寨“闹革命”，引起柬埔寨当局的极大不满，掀起了大规模的排华浪潮，所有华文报刊被查封，华文学校被禁，中文成了受孤立和敌视的语言，华人在经济领域也受到严重限制。20世纪70年代中期，民主柬埔寨政府成立后，推行一条极左路线，华侨华人又一次遭到持续时间更长的打击。商人身份的华人都被划入“资产阶级”阵营，在物价削减、取消货币等政策中陷入一无所有的境地。逮捕城市华人、农村进步侨胞及华侨教师的事件不断在各个省份发生。在民主柬埔寨政府执政的3年8个月零20天里，柬埔寨华人数量从1970年代初的70万锐减至30万左右，一半以上的华人病死、饿死或惨死在遍布全国的167个监狱和343个屠杀场中。1979年越南占领柬埔寨后，柬埔寨陷入长达十多年的战争，这期间华侨华人继续受到迫害。直到20世纪90年代，柬埔寨社会政治和经济秩序趋于稳定，华人数量才逐渐回升。

据柬埔寨华社领导人估计，现在柬埔寨华人约有70万，这里并不包括新华侨（即指在柬埔寨投资实业的中国大陆及港澳台地区的投资者），目前居住在柬埔寨的新华侨大约有3万人。华人主要分布在首都金边及马德望、干丹、贡布、磅湛、磅同、菠罗勉、茶胶等省，其中居住在金边市内的华人最多。他们大多经营小本生意，种植蔬菜。在首都金边，一些华人在商业、工业、金融和服务业等领域获得成功，政府税收的相当部分来自华人企业。柬埔寨华人继承了华夏儿女吃苦耐劳、团结勤奋的精神，在柬埔寨奋力拼搏，勤奋置业，乐善好施，完全融入了主流社会，成为柬埔寨国家经济和社会发展的主力军。由于文化背景、宗教信仰和生活习惯比较接近，移居柬埔寨的华侨华人历史上一直保持着与其他民族的融洽关系，与当地人通婚的不少。在表现吴哥窟战争场面的壁画上，柬埔寨军队的行伍中，也有打扮类似华人的士兵。华人移民应征入伍，参加柬埔寨的对外战争，为柬埔寨领土的开拓和巩固作出了自己的贡献。

（五）越南人

越南人（京族）是在柬埔寨古已有之的外来民族。越南人大量移居柬埔寨的历史是从17世纪末开始。在占婆国完全被越南占领后，越南便开始蚕食柬埔寨土地，越南人也随之开始移居柬埔寨。19世纪中叶，越南阮氏王朝侵占了柬埔寨大片领土，并在占领区推行殖民同化政策，向这些地区大量移民。19世纪末，柬埔寨、越南和老挝相继沦为法国殖民地。为解决柬埔寨劳动力不足的问题，法国殖民当局招募了许多越南人到柬埔寨的橡胶园和胡椒园劳动，形成越南人移居柬埔寨的又一次高峰。到20世纪70年代，柬埔寨越侨和柬埔寨籍越南人约有40万人。民主柬埔寨政府执政期间，这一数字有所回落，大量越南人被杀害或被驱逐出境。1978年越南入侵柬埔寨之后，大量越南农民、渔民和手工业者也随之进入柬埔寨，在柬埔寨的越南人因此大量增加，据说最高峰时达到100多万人。但实际数字是多少，现在尚无法确定。

柬埔寨的越南人多聚居于金边、柬越边境的波罗勉省和洞里萨湖畔以及湄公河沿岸。在湄公河和洞里萨湖地区的越南人多以打鱼为生，住在船上，成为水上人家。居住在城镇的越南人主要从事建筑、汽车和电器修理。越南人的信仰比较复杂，除了信仰大乘佛教外，还信仰天主教、基督教、道教等。由于宗教信仰、风俗习惯等与高棉人明显不同，越南人大都保持着自己的活动圈子，与高棉人来往较少。而高棉人由于历史上屡次遭受越南人的入侵，对越南人一直没有好感，一般也不与越南人通婚。

此外，柬埔寨还生活着一些人数较少的外国侨民集团，其中主要是欧洲人（法国人、俄罗斯人和东欧国家的人）、印度人、缅甸人、泰国人和老挝人。

二、民族间的和谐关系

在漫长的历史进程中，柬埔寨各族人民密切交往，相互依存，共同推动国家发展和社会进步，民族关系在文化的不断交融中逐渐实现和谐，又在和谐共处中共同创造了柬埔寨悠久的历史和光辉的文化。历史和现实表明，国家统一、民族团结，则政通人和、百业兴旺。尽管在近代出现过短暂的民族压制和排斥的黑暗时期，但整体而言，柬埔寨的民族和谐状况在地区及至全世界来看都是让人称道的。

物质生产活动是民族形成和发展的伟大力量。一个民族的内部凝聚力，是通过人们在物质生产活动过程中所形成的统一的社会关系而表现出来的。柬埔寨各民族彼此依存共生的团结关系，归根到底是由各民族的社会经济生活所决定的。最先在高棉民族中产生、确立和发展起来的农业经济，不仅是建立国家的经济基础，而且曾是维系和发展统一的多民族国家的重要纽带。高棉族与华人、占族等后到来的外来民族在劳动工具、生产活动以及社会生活等方面，表现出相互影响和相互渗透的特性，并在相互交流影响的过程中共同创造了辉煌的柬埔寨古代文化，为多元一体的柬埔寨民族文化的发展奠定了基础。而农业经济在一定的条件和时间范围内，又为商业的发展打开了方便之门。商业的发展，不仅增强了平原地区各民族居住地之间的经济联系，而且促使他们开始同山地民族之间的经济交流，在一定程度上促进了山地少数民族地区的经济发展。一个种族集团不可能完全处于与世隔绝的状态。对绝大多数民族来说，发生相互接触与影响是不可避免的。在茂密无际的大森林里原本远离“尘世”的种族集团，也已经开始逐渐受到现代文明的浸染。在相互接触过程中，既相互排斥，又相互融合与吸收，形成一种与原来有所不同的新的文化。这种过程就是文化的整合作用。

柬埔寨各民族的生存空间，也非常有利于各民族和谐共处。从地理上看，柬埔寨根据地势，可自然分成北部、东部、西部和中部四大区域。整体而言，地域相接，四周又有天然屏障，自成一个完整的地理单元。从民族的分布来看，高棉族、越南人、华人等主要居于中部地区，分布在洞里萨盆地和湄公河平原和沿海地区，经营较为先进的集约农业，工具除犁锄外还有机械，作物产量高，经济相对发达。山地少数民族主要分布在北、东、西部高原地区或林区，森林、矿产等资源十分丰富。山地少数民族早在采集经济和初级产食经济盛行时代就生活在这里。虽然民族群体小、流动性大、社会生产水平极低，但世代积累的经验使得他们非常适应山区林区的自然环境。正是这种特殊的地理特点和区域经济的自然分工，形成了平原高棉人与山地土著之间相互共存、相互容忍、稳定牢固的民族关系。

作为最具富强力的政治实体，国家拥有国家机器、舆论控制力、法律政策体系，有条件同时也应该在各自的国家领域内实现民族和谐和文化的整合。民族构成的不均衡性，决定了多民族国家主要是保护和促进国内少数民族文化的多样性。柬埔寨王国政府所推行的民族政策是民族关系进一步和谐发展的重要保障。除了在宪法和法律上明确规定各民族一律平等，保障各少数民族的合法权益外，柬埔寨王国政府对山地少数民族地区的发展帮扶与文化保护，以及对华侨华人的开明政策尤其引人瞩目。鉴于山地民族发展的具体困难，为改善少数民族的生活水平，早在20世纪80年代至20世纪90年代初期，柬埔寨就开始通过设立"东北地区巩固和发展委员会"来进行总体部署。通过委员会的筹划推动，柬埔寨少数民族在教育、能源、建筑等多个领域都得到了帮扶和提高。1993年全国大选之后，柬埔寨王国政府设立了"跨部门委员会"，用以配合联合国在制订少数民族发展计划中的相关项目。"跨部门委员会"以乡村发展部作为主席和执行机构，随后又成立了"少数民族发展管理处"，附属于乡村发展部。为有效推动各领域的发展，王国政府又于2009年专门制订并通过了"关于发展少数民族的国家政策"。在政府的这一系列政策支持下，少数民族地区的基础设施、卫生条件、教育水平、生活环境等都得到了较大的改善。很多少数民族已经告别了以往的刀耕火种的生活，少数民族的经济、社会、文化得到了较大的发展，人民的生活水平也得到了切实的提高。

柬埔寨王国政府对待华人华侨的开明政策和宽容态度也被视为其"民族和谐"政策的一个典范。从上世纪80年代起，金边政权就开始纠正前政府歧视华人的政策，恢复了华文学校、华人风俗习惯。1993年以来，柬埔寨新政府继续执行民族和谐政策，华人和其他少数民族一样被看成柬埔寨社会不可分割的一部分。政府允许华人说华语，出版华文报纸；允许在商店招牌上写中文店名；允许华人担任公务员，参加政府、军警招募等。此外，柬埔寨官方办的晚报还特别新开了一个中文版，在官方的巴戎电视台开设了每周两次的华语节目，等等。柬埔寨华人理事总会会长杨启秋曾经表示："我走过世界上不少国家，柬埔寨华人目前的处境可算是各国中(除中国以外)最好的。"[①]

柬埔寨民族对于民族融合的自觉性，在某种程度上已经根植于它的民族性当中，这使得在别的国家看来较为棘手的问题，在柬埔寨国内却表现出某种令人难以置信的宽容性，也在某种程度上影响了它的国内外政治策略。以柬埔寨人对境内越南人的态度为例，许多柬埔寨人认为生活在洞里萨湖上的越南人占据了柬埔

① 邢和平著：《柬埔寨民族和谐政策惠及华社》，载《高棉经济》，2013年第11期。

寨的优势资源，而由人民党统治的王国政府对越南非法移民的现象却视而不见。近年来随着整个半岛资源的日趋紧张，柬埔寨周期性的反越运动屡见不鲜，但其实质还是欲参加竞选的反对党领袖用来诟病现任政府的武器。从民众层面而言，尽管柬埔寨人普遍对越南人没有好感，但远没有上升至民族仇恨或民族冲突的高度。

在世界各国处理民族问题、解决民族矛盾的实践中，各种策略林林总总，不一而足。从当今世界的格局和全球化推进的速度看来，民族融合或是某种程度上的整合是大势所趋。自上而下推动的整合可以为消除冲突、保持民族文化的多样性提供理想的格局，但整合不是指分离与割据，不是指各民族各踞一方，彼此不相接触，不引发冲突。整合要求各民族在文化交流中要进行动态的整合，整合不但可以保持民族文化的主体地位和尊严，还能促进民族文化间的彼此吸纳和借鉴，从而促进文化多样性的发展，它所追求的是民族文化和谐发展的状态和目标。柬埔寨国内外民族的融合历史是光辉的，但至今仍停留在自发的层面，我们所能期待的是，这个国家的政治能够逐渐成熟起来，在半岛的民族问题上占据自觉的主动，为柬埔寨乃至整个半岛的发展作出积极的贡献。

第三节　地形、地貌与气候

一、地形、地貌

柬埔寨地形成簸箕状，三面高、一边低，东、北、西三面为高原和山地，中部是以洞里萨湖为核心，以湄公河及其支流为脉络的冲积平原，南部则一直延伸到暹罗湾，海岸线长约443公里，海岸曲折，多岬角、海湾和岛屿。其中最大的是磅逊湾，宽30多公里，深入内陆60多公里，湾口排列着一串规模不等的岛屿，构成了磅逊湾的天然屏障。柬埔寨平原、高原、山地分别占到全国总面积的46%、29%和25%，根据地势，可以将柬埔寨分为北部、东部、西部和中部四大区域。

柬埔寨北部地区以山地为主，面积约1.8万平方公里，与泰国接壤。有柬埔寨最大的山脉唐勒山脉，平均海拔约500多米，因形似扁担又被称为扁担山脉。东部地区以倾斜平缓的高原为主，与老挝和越南接壤，面积约5.2万平方公里。

在这里的多乐高原、东部高原、上龙川高原、磅湛高原上分布着肥沃的红土壤，是柬埔寨最重要的旱地农业区。西部地区也是山地，与泰国相邻，面积约为2.6万平方公里。该区域内山脉有豆蔻山脉和象山山脉。豆蔻山脉平均海拔1 000米左右，柬埔寨第一高山奥拉山（海拔1 813米）和第二高峰莫奇山（海拔1 744米）都位于该区域。豆蔻山脉长数百公里，向东南方向延伸，地势逐渐走低，连接象山山脉。这两大山脉在西部地区成为柬埔寨与泰国暹罗湾的西南屏障。中部地区是由湄公河泥沙长期冲积形成的平原，包括洞里萨盆地和湄公河平原，面积约8万平方公里。该地区湖滨平原平坦、广阔，土地肥沃，河道纵横，其间多沼泽地，且林地茂密，和湄公河三角洲一起组成了柬埔寨“中部大平原”，是重要农业区及稻米产地，鱼产也很丰富。

柬埔寨境内河流湖泊众多，主要的河流有湄公河、洞里萨河以及一些流程较短的小河、小溪，主要的湖泊有东南亚最大的淡水湖泊洞里萨湖。由于受到三面高原和山地环绕地形的限制和影响，主要河流都是自北向南流向呈中央碗状的平原盆地区。

湄公河是柬埔寨最大的河流，发源于中国，流经缅甸、泰国、老挝、穿过柬埔寨，在金边附近分成两支，大体并行向东南流经越南南方而注入南中国海。其中一条称后江，又名巴萨克河；另一条称前江，是金边出海口的主要通道。湄公河在柬埔寨境内长约500公里，是柬埔寨的主要水道。湄公河构成了柬埔寨最主要的水系网络，绝大部分河流最终都汇入湄公河。在柬埔寨北部的上丁省，有三条较大的湄公河支流：其中一条叫公河，发源于越南承天—顺化省西部，流经老挝的色拉湾省，在上丁省省会上丁市附近汇入湄公河；另一条叫桑河，发源于越南嘉莱省西部；第三条叫斯勒波克河，有两个源头，发源于越南的多乐省和嘉莱省；这三条支流在上丁附近合为一条，汇入湄公河。此外，还有几条支流也值得一提：一是普雷克里恩河，二是德尔河，三是川龙河，四是普雷特纳河。前三条河发源于柬埔寨西部的蒙多基里省，最后一条即普雷特纳河发源于磅清扬省的奥拉山附近，在金边以南约100公里的干丹汇入湄公河。

洞里萨河是湄公河在柬埔寨的最大支流，也是连接洞里萨湖与湄公河的一条重要河流。其流程155公里，由西北向东南延伸，在金边附近汇入湄公河。主要支流左边有奇里奥河，右边有森河和芝尼河。流入洞里萨湖最终又经由洞里萨河汇入湄公河的主要河流，有发源于泰国庄他武里府东部的蒙哥比里河，发源于柬埔寨西北部扁担山脉的土灵河和圣塔纳河等。这几条河最终合为一条，从西北部汇入洞里萨湖。发源于菩萨省的当特里河和三勇河，西南至东北流向，分别注入洞里萨河，而发源于暹粒省的奇克伦河和发源于磅同省的士尊河则是东北向西南流向，分别注入洞里萨湖。注入暹罗湾河流都比较小，值得一提的有发源于豆蔻山脉的普农潘河，以及在戈公附近入海的阿伦河以及磅逊河和贡布河等。

洞里萨湖是柬埔寨最大的湖泊，位于中南半岛东南部、柬埔寨西部。洞里萨湖由三部分组成：泥沼平原、小湖和大湖。泥沼平原是一块面积广大的沼泽地。小湖在泥沼平原的北部，长35公里，宽28公里。大湖在小湖的北部，长75公里，宽32公里。洞里萨湖通过洞里萨河与湄公河相连，成为湄公河的天然蓄水库，每年枯水季节，湖水经洞里萨河流入湄公河，补充了湄公河水量的不足，湖面长150公里，宽30公里，面积达2 700～3 000平方公里，平均水深仅1米左右。每当雨季来临，湄公河暴涨之时，汹涌的河水又经洞里萨河倒灌入湖中，从而减轻了湄公河下游的泛滥。此时的洞里萨湖湖面扩大到 1万平方公里以上，湖面宽100公里左右，平均水深常10米以上，最深处为11.5米。除湄公河外，洞里萨湖的补给主要靠周围汇入的河流，其中主要河流有森河、斯伦河、蒙哥博雷河、马德望河、菩萨河等。洞里萨湖也是东南亚最大的淡水湖，湖中生活着大量的鱼虾，无论旱、雨季都出产甚丰。目前洞里萨湖是柬埔寨北部的主要“肉食仓库”，湖的周围有三百万以上居民直接或间接地以渔业为生，发酵及盐渍的鱼是柬埔寨人的主食。雨季时，藏匿无数昆虫及微生物的杂草沉入湖底，成为滋养鱼类的天然饲料。旱季时洞里萨湖露出的湖底淤泥，成为农民播种旱稻的肥沃良田，农业水稻种植十分发达。居住在洞里萨湖的居民，都是住在高脚木屋内，随着雨季来临，湖水变化，房子可以“整间”用船拖走或是用卡车搬走。湖畔的村落有住家、学校、商店、邮局甚至是教堂，街搭建在水面上，形成特殊的聚落景观。近年则因上游国家纷纷在湄公河上筑起水库以供灌溉、防洪之需，湖水面积有越来越小的趋势。

柬埔寨的历史时期从扶南王国建立起只有两千多年，但在局部地区，由于自然和人类活动的相互作用，地形、地貌也已经发生了不小的变化，最明显的表现是柬埔寨的森林覆盖情况。20世纪70年代以前，柬埔寨是东南亚绿地最多的国家之一。1965年，柬埔寨森林面积为1 322.71万公顷，覆盖率达73.4%。树种超过200种，包括贵重的热带林木如柚木、铁木、紫檀等。森林一直是与柬埔寨人民生活密不可分的一个部分。人们从生到死都离不开木材的使用：一个木制或者竹制的摇篮，一间木屋，一具棺木或是火葬仪式上的一方燃木。森林也是人们赖以生活的一种基本资源，为人们提供食物和医药。而这一绿色的民族宝藏在随后的20年内战中遭到了极大的毁坏。1970年到1975年，美国战机对丛林地区进行了狂轰滥炸。1975年到1978年民主柬埔寨执政期间，城里人被遣送到乡村。而在乡村地区，人们也被命令从一个地区迁到另一个地区。数以百万公顷的林地被清出以供耕种或者用来让新迁移来的人们建造新村。从1979年至今，随着国家缓慢地复苏和发展，森林又遭到大规模的砍伐，毁于内战期间的基础设施——数以百计的桥梁和数以千计的房屋、寺庙和学校得到重建，用于生产的成百万木制农具也被制造出来。20世纪90年代，随着柬埔寨的对外开放，森林也受到越来越多的开发。全国各地都有新的木材工厂，沿海则开凿了大量的养虾池，为此许多红树林遭到毁坏。一方面随着经济的发展，木材需要量无限增长，另一方面营造新林区的土地却非常有限。到了2010年，柬埔寨森林面积已经减少到1 033.9826万公顷，覆盖率只有56.94%。

目前柬埔寨已设立29个森林保护区，约占国土面积的25%，主要是保护原始森林和野生动植物资源。政府已与一些国际组织建立起近2 000公顷的合作研究基地，繁殖树种、培植树苗及保护野生动植物资源。尽管政府多年来致力于合理利用和保护林业与野生动植物资源，但效果不理想，存在乱开发、盗伐和走私等问题，并且依然忽视植树造林。柬埔寨的生态环境因大规模的毁林已经受到严重破坏，食物短缺愈加严重，生物多样性受到了威胁，降雨规律遭到破坏，导致越来越多的干旱和洪水自然灾害的发生。另外，自古以来生活在林区的土著族群的传统生活方式也受到了侵犯。如位于柬埔寨北部的中南半岛上面积最大的低地干燥常绿森林——白朗森林（Prey Lang），占地面积达3 600平方公里，是大部分柬埔寨土著居民的衣食来源，森林中还生活着数十种珍稀和濒危动植物物种，如马来熊、老虎和亚洲象等。目前白朗森林正面临着非法砍伐、橡胶工厂及矿场的侵蚀和威胁。2011年，圭依人保护白朗森林的行动引起了世人的关注。

二、气候

柬埔寨位于北回归线以南，属于热带季风气候，雨量充沛，空气湿润。年平均气温达到29℃～30℃，终年如夏。由于受从海洋吹来的季风影响，雨季和旱季分明。一般说来，每年的5～10月为柬埔寨的雨季，平均降水量占到全年降水量的90%，达到1 800毫米左右，每月降水量都超过了200毫米。降水量最多的是9月、10月两个月，降水量最少的是1月份。每年11月至翌年4月为旱季，由于从北边吹来的干燥的东部季风，雨水变得相对稀少，阳光充足。柬埔寨旱季雨季分明的气候特点对于史前的人类来说，具有非常重要的意义。近六个月稳定的旱季适合倾向于常青性质的季风雨林大面积生长，雨季结束后留下的肥沃土壤条件，加上充足的阳光，特别有利于稻谷的成熟，容易形成灌溉农业发达、人口相对稠密的地区。

柬埔寨的气候在不同地域有着不同的特点。地处内陆的北部地区由于受海洋季风影响小，降水量相对少，气温变化大，属于典型的高原气候。地处柬埔寨盆地中央的中部平原地区由于地势低，气候比较干热，雨量较少。西南沿海地区受海洋季风影响很大，降水量充沛，西南沿海的豆蔻山、象山临暹罗湾一侧年均降水量高达4 000毫米以上，卜哥山年降水量更高达5 473毫米，是年均降水量最高的地区，气温变化较少。

气候的变化会产生复杂的后果，对经济的开发、民族的迁移、人口的增长、文化的传播，以至于社会的治乱和王朝的兴衰都起着或大或小的作用。根据过去的实地调查与新的考古发现，专家推论：吴哥王朝的都城吴哥消失的根本原因是气候变化带来的水资源危机，这使得古城无法维持城内约75万居民的生存而最终导致废弃。

目前，由于应对气候灾害能力差，柬埔寨被列为最容易受到气候变化负面影响的国家之一。柬埔寨约有80%的人口都靠农业维生，其中大多数为生活贫困的农民，他们靠着足够的雨水来增加稻米产量或者提早耕种，以维护家庭的生计，干旱和洪灾是他们最大的敌人。而根据柬埔寨环保部提供的数据显示，过去40年里，柬埔寨的气温已升高了0.8℃。如今的旱季较雨季的时间还长，农田缺水严重；而进入雨季，暴雨不断，常常造成严重积水现象，致使农田淹水，严重影响到“靠天吃饭”的农民的生活，致使许多贫困农民的生计受到影响。2010年，由于气候变化，柬埔寨洞里萨湖地区的水文条件发生了改变，旱季平均水位上升达7～25厘米，洪水期最大面积增加达181平方公里。在2013年年底公布的《2014—2018年国家战略发展计划》报告中，柬埔寨政府对未来5年经济展望列出了三个不确定因素，“气候变化”名列其中。

第四节 地理环境对柬埔寨文化的影响

一、地理环境对柬埔寨文化形成和延续的影响

柬埔寨地理位置优越，三面环山，一面濒海，将近一半的土地为平原，境内水资源丰富。早在公元前三四千年以前，就有柬埔寨人在中南半岛的湄公河和洞里萨湖地区生息繁衍，创造出早期文明。湄公河冲积平原土壤疏松、养分含量高，在生产工具简陋的情况下，易于清除天然植被和开垦耕种。旱雨季分明的气候特征带来充沛的雨水和充足的阳光，也特别有利于稻谷的生长和成熟，非常适宜农作物的生长和人类的繁衍生息。湄公河和与其相连接的洞里萨湖也为这里优良的自然条件锦上添花。旱季时，这个湖泊是湄公河的天然储水库，而到了洪水季节，湄公河下游的洪水便倒流到湖中，使下游免去了洪水之灾。当河水倒灌入湖时，湖面面积会猛增3倍，湖四周的平地浸泡于水中；等雨季过去，河水消退，洞里萨湖又恢复原貌。河水退去后的土地极为肥沃，因此湄公河冲积平原地区就成为先民生存和繁衍最适宜的地区。不论历史上柬埔寨的疆域发生着怎样的变化，这一地区都是柬埔寨社会经济最为发达的地区或是文化中心地带，对柬埔寨的发展具有举足轻重的意义。

农业在柬埔寨的发展有着极其悠久的历史和相当辽阔的耕种地域。主要受益于地理环境的因素，湄公河平原最早形成了大片的农业区。扶南时期的柬埔寨已经有了发达的农业生产，中国史籍《梁书》称其地“土地洿下而平博”，而且“有大江广十里”，这里的大江所指就是湄公河。扶南人善于利用大自然提供的种种优越条件，除了天然之利外，人们还兴修了规模很大的水利工程。从考古发掘得知，在以扶南王国都城毗耶陀补罗（今柬埔寨波罗勉省的巴普贤农与巴岚附近）为中心的湄公河三角洲地区曾有过庞大的水利系统，由密网式的小运河组成，它将城市、乡村及至海洋连结起来。这个水利系统长达200多公里，能使该地区受益。特别是在离海不远的俄厄港[①]附近，人工开凿的小运河纵横交错。这个人工水利系统既能将原存于低洼地的污水排掉，又能在旱季灌溉雨季排涝，还有航行

① 俄厄港的繁荣开始于1—2世纪，到6世纪毁于湄公河的洪水。

之利，甚至海船也能在这块平原地带航行，故而有了“航经扶南”的说法。到了真腊时期，真腊人继承了先辈的这种传统，充分利用自然条件，兴修水利工程来维持其经济和社会发展。9世纪初，真腊的君王们开始选择吴哥地区作为其政治中心，其原因也与自然条件密不可分。吴哥地区处在几条大河交叉所在的冲积平原上，土地肥沃、物产丰富。东北部的荔枝山脉给都城吴哥提供了天然的屏障，而都城南部的洞里萨湖为吴哥防御了从海上来的外敌。不仅如此，智慧的真腊人还发现这同样是一个以水利系统支持发展农业的理想区域，并修建起一个以荔枝山为中心的水利管理系统。荔枝山靠近暹粒河的源头，这条河流从这里流下，穿越吴哥城流入洞里萨湖。人们修建了一些小土坝组成水网设施调节着该河上游从荔枝山到吴哥城的河水流量。吴哥城内也建有多个小型简易的土木工程来引导水流进入土造池塘，这些池塘将水蓄积起来供以后使用。水利系统使得原本肥沃的土地发挥出最大的效益，最大限度地获取丰收。据瑞士学者亨利·斯蒂宁（Henri Stierlin）估计，在吴哥1 000平方公里的土地上，每年可收获大约15万吨大米，除供80万人食用外，还可剩余40%用于运往外地。[①]

自然提供和人工创造的优越条件促进了农业的发达，发达的农业促进了人口的增加、经济的繁荣、社会的稳定，从而为柬埔寨民族创造灿烂的民族文化提供了有力的物质保证。在柬埔寨占主导地位的民族文化，无论是物质的还是精神的，都是建立在农业生产的基础上的。它们形成于农业区，也随着农业区的扩大而传播。一些高棉族人从湄公河流域迁往南方和东北各地，文化上的优势和数量上占多数使这些移民最终成为迁入地区的主体人口，他们所传带的文化自然也成为迁入地的主体文化。在这一过程中，尽管传统文化也吸取了山地民族或其他外来民族文化的精华，但由于农业生产的基础始终没有改变过，这种吸收便都以适应农业文明的需要为前提。这就为柬埔寨文化的延续提供了稳定的物质基础。

二、地理环境对柬埔寨文化多样性的影响

在生产力很低的情况下，地理障碍对人类活动有时往往起了完全隔绝的作用，例如海洋、大江、高山、丛林、沼泽都曾是先民难以逾越的地理障碍。

在人类社会的早期，利用和改造自然条件的能力非常有限，一般只能被动地

① 陈显泗著：《柬埔寨两千年史》，郑州：中州古籍出版社，1990年，第435页。

适应自然环境。今天看来，以洞里萨湖为中心的湄公河平原地区土壤肥沃、水利条件优越，确实是柬埔寨境内最适合生活的理想场所。但是这些地方的开垦利用只有在生产达到一定水平时才有可能实现，甚至是在人们懂得役使畜力以后的事。湄公河平原地区的雨季从5月一直持续到9月，如果没有集约的排水操作，这种地区也是无法居住的。此外，早年的柬埔寨低地地区还流行瘴疠，危害人的健康和生命。因此早期柬埔寨人在相当长时期内选择在山坡、山顶开阔通畅的地方生活，凉爽干燥的气候条件不易滋生蛀虫诱发疫病，资源丰富的山区丛林也为靠采集经济生活的人们创造了条件。通过自然选择而适应了山区自然环境的柬埔寨土著居民——也就是山地高棉人——在长期适应一种地理气候环境的过程中，不仅形成了自己独特的文化体系，而且在生理方面也有相应的适应。因此尽管故土条件艰苦，山地民族也不愿轻易离开和改变。虽然迁徙频繁，但他们绝大多数情况下都是横向移动，基本不离开他们习惯了的海拔高度和同一气候环境。

与土地平整、水源充足、排灌方便的平原地区水稻农业不同，生活在柬埔寨山区丛林的部族多从事一种古老的比较原始的农业生产方式——迁移农业(shifting cultivation)。这种耕作方式没有固定的农田，农民先把地上的树木全部砍倒，对一些大树有时先割去一圈树皮，让它枯死，然后再砍倒。已经枯死或风干的树木被火焚烧后，农民就在林中清出一片土地，用掘土的棍或锄，挖出一个个小坑，投入几粒种子，再用土埋上，靠自然肥力获得粮食。当这片土地的肥力减退时，就放弃它，再去开发另一片新的土地，所以称为迁移农业。柬埔寨山地部族种的多是薯类、玉米、旱稻等。迁移农业的耕作是十分粗放的，在一片土地上种的作物的品种不一，种植的方式杂乱无章，不成垄也不成行，作物长的有高有矮，看上去是一种落后现象，但这其实也是对热带雨林环境的一种适应。热带雨林雨量大，雨点密集。混杂种植，作物高矮不齐，高的植株遮盖和保护了下面低矮和脆弱的植株，多层植物又逐层地阻止了热带暴雨对作物及对地面的袭击和冲刷；另一方面，多种作物混杂，成熟的时间各不相同，可供食用的时间先后交错，避免了储存粮食的困难。

与不同的生产方式相适应，各地的社会、政治、行政制度也不相同。以洞里萨湖为中心的湄公河平原地区较早建立中央集权政权，实行统一的行政区划。而在西部、东北山区的土著民族惯于依靠优越的自然条件，随季节迁移，居住极其分散，长期游离于王朝的统治之外。有些地区为多山的地理环境所封闭，不仅生产技术落后，社会进步也相当缓慢，有的地方很晚才脱离原始社会，许多山地高棉人的社会生活中尚保留着相当多的原始公社制度残余。

不同的地理环境与物质条件，使人们形成了不同的生活方式与思想观念。即使是原来属于同一种群的人们，也会由于地理的隔绝而被分割到相对封闭的“小”生态系统中。久而久之，各自在语言、经济生活、文化等方面，形成了不同于外界而内部相同的特色文化。在衣食住行方面，柬埔寨各地就存在较大的差别，并形成了各种不同的风俗习惯。农业民族对农业的重视和对土地的依赖，发展成重农轻商和安土重迁的观念；但生活在海滨的人民却把海洋看作生活的必需和财富的来源，不但把渔业、盐业作为主要产业，还会致力于海上交通和与海外的联系；在山区的民族生存条件比农业民族较为严酷，只能以传统条件的农业和游猎迁徙来对付自然环境，尽管他们也可能接触到了平原地区高棉族的文化，但在物质文明方面并没有全盘接受。对宗教信仰的接受程度和表现形式也因地区不同而存在较大差异，比如山地高棉人大多有自己的信仰体系和禁忌习俗，多为泛灵论者，不同的族群部落都有自己的精神殿堂。总之，强烈的地域特点使得柬埔寨文化具有明显的多样性特征。

三、地理环境对柬埔寨文化吸收性的影响

柬埔寨在世界文化史上书写了绚烂的一页，但在柬埔寨文化中，可以看到很多外来文化的影响，这与地理环境的影响密切相关。

印度与中国之间已知最早的海上贸易路线主要是沿海岸进行的。但为了避免绕行马来半岛1 600公里的路程，人们会选择大约在孟加拉国湾和马来半岛交界最狭窄处的克拉地峡处中止其海上航程，通过陆路将货物运往暹罗湾，再在那里重新开始他们向北的海上航程。由于海风的关系[①]，旅行者常常被迫在港口作长时间停留，有时长达5个月之久。这就对所停港口的食物供给提出了现实要求。相对于暹罗湾其他沿海小港而言，柬埔寨早期国家扶南的俄亥港是暹罗湾海岸向内最靠近湄公河的地方，把暹罗湾与湄公河的主要水道连在了一起。这里的地势和

① 有半年的时间，海风从大陆吹向海洋，这里人们可以从中国或印度驶向东南亚各个港口。但在风向发生变化开始吹向大陆之前，人们不能再驶往中国或是印度。这样，无论旅行者去往何方，来自不同方向的船只大致都在相同的时刻到来，在相同时候离去。参见[新西兰]尼古拉斯·塔林等著，贺圣达等译：《剑桥东南亚史》，昆明：云南人民出版社，2003年，第159页。

土壤优势使得人们只需依靠已有的非水渠灌溉方法（利用河流中的自然流水来灌溉稻田）就能种植出大量的水稻和其他粮食，为旅行者提供数月的食物。湄公河下游平原天然和人造的水渠也为货物的转运提供了便利。俄厄港拥有了暹罗湾其他小港完全无法企及的剩余农产品供应能力和运输能力，具备了对外交流的决定性地理优势。东西文化经此相互传播，货物由此转运，使节、商贾、僧侣也经由这里往返。这使得扶南成为东亚、南亚、东南亚各国间商贸往来、文化交流的一个重要桥梁。而扶南发达的造船业和先进的航海技术又进一步为其主动吸收外部先进文化，特别是中、印两大文明古国的先进文化提供了可能。在古代的南海上，扶南大舶（大船称为“舶”）是很有名的，与中国、印度等国的船齐名。长90多尺，宽5尺，能载上百人。扶南商船能直接往来于印度和中国之间进行贸易，发达的海外商业贸易也是维持扶南这个强大帝国体制的重要基础。扶南国这种地理上的特殊优势一直到350年左右[①]开始逐渐被新的陆上竞争通道打破，到了5、6世纪时南方巽它海峡一带海上信道的竞争基本上取代了扶南在国际贸易中占据的主导地位。但早期的柬埔寨国家已凭借其极佳的地理位置大量吸收了中、印两国的先进文化和文明，为柬埔寨文化的发展奠定了良好的基础，中、印文化也因此在柬埔寨文化中留下了深刻的烙印。

中国和柬埔寨的民间往来很早就开始了。从三国时起，扶南的商船就经常到中国进行贸易。双方贸易地点主要在广州以及交州、泉州等地。两国官方的朝贡贸易和民间的经济交流，起了促进“对外贸易传播文明”的作用。在物质文化上，中国的许多特产如丝绸、瓷器通过贡品回赠进入柬埔寨。一些柬埔寨没有的物种也随着双方交往而传入柬埔寨。中国陶工还将技艺传授给柬埔寨人民，在荔枝山遗址中出土的小口窄颈反唇罐就与广西西村窑中的同类罐相似。金边和暹粒等地已出土了中国古代铜鼓、铜镜、瓷器和古币等，这些都是中国人在柬埔寨留下的历史痕迹。在民间习俗上，柬埔寨受到中国文明的影响。康泰、朱应出使扶南时，扶南“国人犹裸，唯妇人着贯头”，扶南王采纳了中国使者提出的“男子着横幅”的建议，这就是沿用至今的柬埔寨古老服装——“干曼”。中国火葬的习俗，从扶南时期开始传入柬埔寨，并作为主要的丧葬形式保留下来。明代时中国赠予柬埔寨的大统历，对柬埔寨古代历法也有一定影响。在艺术文化上，中国文化也在柬

① 历史学家们将通往中国的新通道的形成时间定为350年左右。参见[新西兰]尼古拉斯·塔林等著，贺圣达等译：《剑桥东南亚史》，昆明：云南人民出版社，2003年，第160页。

埔寨文化中留下了烙印。吴哥寺的浮雕中，出现了具有中国风格的云朵图案和老虎像。在巴扬寺浮雕中多次出现中国式平底帆船和载有中国乐师的游船。中柬交往还使得在中国古籍中保存了大量关于柬埔寨的史料，这些史料成为研究柬埔寨历史的重要依据。如周达观的《真腊风土记》，第一次将吴哥壮丽的建筑和精美的艺术介绍给了中国人民。当16世纪吴哥古迹湮没后，《真腊风土记》对于各国的研究者而言，"就像一把金钥匙，帮助人们打开了这座艺术宫殿的大门"。

柬埔寨在古代东南亚是最先深受印度文化影响的国家之一。早在扶南建国之前，就有印度商人到扶南经商，还有婆罗门教、佛教僧侣以及逃离印度本土的王室贵族流寓于此。有说法认为扶南的开国君主混填就是来自印度的一位贵族。而跋摩王朝的旃檀、憍陈如本人就是印度人。印度文化随之传入扶南，使扶南文化中留下了很深的印度文化的烙印。相对于作为伦理性文化的中国文化对柬埔寨潜移默化的影响来说，来自印度的宗教及其衍生文化能起到精神支柱的作用，是更受新兴统治阶级推崇的，被柬埔寨文化吸纳后会表现出更多显性因素。因此，在很多人看来，印度文化在柬埔寨的传播面影响面也更为深入和广泛。具体表现如：在文字使用上，从3世纪起，从印度传来的梵文就成了扶南宫廷的官方文字，扶南时期的很多碑铭都是用梵文书写的。在印度文字基础上发展出来的高棉文字在字母排列、发音上也都保留了源文字的特征。印度文学对柬埔寨古典文学、佛教文学的创作也产生了重要影响，其题材风格、人物形象、所宣扬的理念等都能在印度文学中找到相似的内容。宗教信仰方面，婆罗门教与佛教长期并立，统治者利用群众对它们的信仰，来满足自己政治上需要。国王使自己成为神佛的化身，以让人民产生敬畏之情。如9世纪初，国王阇耶跋摩二世信仰婆罗门教的两大主神毗湿奴和湿婆神，他将湿婆神的象征"林伽"作为自己的象征，建立林伽崇拜。他把存放林伽的神庙建在庙山之顶，庙山被认为是宇宙的轴心，神庙顶端则为国王与天神接触的境界。这种崇拜的实质是要显示国王是整个世界的王和神，对人民有绝对的统治权。此外，为使自己的统治稳固，历代国王们都遵守了印度的《摩奴法典》和其他婆罗门的政制、法规，它们都坚决维护统治阶级的利益，保护上层的特权。这也是印度文化深入柬埔寨社会生活的一个例子。

柬埔寨所处的地理位置在很大程度上决定了其对外来文化的吸收性。外来文化的影响一直贯穿了柬埔寨文化发展的始终。但柬埔寨文化并不是外来文化的附属物，它具有自己的风格和个性。这一方面是因为柬埔寨人在受到外来文化的冲击之前，已发展了一定程度的文明。而在接受外来文化的过程中，他们也没有简单地吸收和重复，而是根据自身政治、经济、文化发展的需要，有选择地进行接纳和改造，并在这一过程中，有所发展和创新，创造出一种属于本民族的独特的文明。因此我们说，柬埔寨自开国以来，便形成了一种在保存自己固有文化的基础上摄取外来优秀文化要素的社会机制和文化传统。

第二章　文化发展沿革

我国著名的东南亚史学者陈序经先生曾指出："东南亚不只有文化，而且有过很高的文化，不只有历史，而且有很长的历史。"这是熟悉东南亚文化和历史的学者的内行话。贺圣达在《东南亚文化发展史》中也提到，"这样的见识，已为越来越多的人所赞赏，甚至连英国史学大师汤因比在其最后一部史学巨著《人类的大地母亲》中，也给予东南亚古代文化较多的注意和很高的评价"。东南亚历史和文化在世界历史和文化中的地位与作用正日益得到学术界的重视与推崇。本书研究的重点并不是东南亚文化，而是柬埔寨文化或高棉文化。但是柬埔寨文化的研究必然应置于东南亚文化的研究框架之下，既做横向比较，又做纵向分析。在此引用陈序经先生的判断，目的是想说明柬埔寨是东南亚历史与文化（尤其是东南亚古代历史与文化）中最具代表性的国家之一，因此我们完全可以将陈序经先生的判断修改为："柬埔寨不只有文化，而且有过很高的文化，不只有历史，而且有很长的历史。"熟悉柬埔寨历史和文化的学者，相信都不会对此有太大疑议。

柬埔寨有两千多年的历史，是东南亚地区历史最为久远的国家之一。翻开柬埔寨的历史，这片土地上记录着辉煌强盛，衰落颓废，甚至是血腥丑陋。早期的柬埔寨繁荣发达，到了吴哥王朝更是盛极一时，在其统治的几个世纪中，柬埔寨是整个地区当之无愧的霸主，创造过璀璨的文明，为后人遗赠了宝贵的文明遗迹，其中包括享誉世界的吴哥窟建筑群。然而，从13世纪开始，随着邻国的逐渐兴盛，柬埔寨的颓势显现出来。到了20世纪，这个国家更是动荡多难。残酷血腥的内战结束后，红色高棉对柬埔寨实行了集权统治，给国家带来史无前例的灾难。今天的柬埔寨摆脱战乱时间还很短暂，政治、经济、文化各方面还处在逐渐复苏的阶段。尽管柬埔寨的国家综合实力在地区内还处在末流，但从历史与文化的角度而论，它曾在整个地区中占据过翘楚的地位。甚至有学者评价，"人类历史的曙光，正是透过柬埔寨这个窗口，而射入这个地区的"。

本章将主要探索、研究柬埔寨文化发展的阶段划分以及各阶段的特点，适当讨论柬埔寨文化发展在整个东南亚文化发展中的地位与作用；另外本章的文化研究旨在突出柬埔寨的特质，在显示出与柬埔寨历史相匹配的独特文化的同时，也尝试将其置于东南亚文化圈的整体性当中，作为与东南亚历史一脉相承的主流文化的一个方面来进行描写。

第一节　三个需要说明的问题

研究柬埔寨的历史文化，需要解决几个无法绕过的问题：一是高棉民族的起源问题，即高棉族从哪里来？二是柬埔寨文化的溯源问题，在印度文化影响进入柬埔寨之前，柬埔寨是否已存在稳固的本土文化？三是柬埔寨文化主体性问题，即柬埔寨文化与印度等外来文化，何者为主，何者为辅？这三个问题贯穿于柬埔寨文化发展的全过程，对于充分把握其各个历史阶段的文化特质具有十分重要的意义。

一、关于高棉民族的起源

高棉民族起源的问题十分重要，正是这一起源造就了柬埔寨后来的全部文化和文明。多年来，学术界围绕这个问题进行了广泛的研究和讨论。总体而言，讨论的焦点主要集中在“外来说”和“本土说”两者之上。“外来说”一度比较流行，其主要观点是：高棉民族是从印度来的，甚至与印度人同族，侵占了原属于马来亚—波里尼西亚人居住的地区。这一观点存在多种变体，但总体内容并没有太大变化，只是在细节上有所出入。持“外来说”观点的，不仅有外国学者，也有柬埔寨国内的学者，他们得出该结论，主要依据的是柬埔寨文化与印度文化的紧密联系，包括从语言、文字、风俗习惯、宗教信仰、历史文献记录等方面寻找到的证据。但后来人类学家在将高棉人与印度人的体质进行比较后发现，二者在体形特征上存在很大差别，基本上没有同源同种的可能性，这就无异于借助科学依据否定了“外来说”。随着更多考古资料的发现和科学研究的深入，越来越多的学者开始倾向于“本土说”，即认为高棉族是中南半岛的土著居民。所谓“本土说”，并不排除人口的流动和迁移，包括从其他地域的迁入，本土之意是相对意义上的土生土长。法国东方学家赛代斯认为：“高棉族是受到印度影响的卜侬族。”指高棉人是产生于黄金半岛（古时称马来半岛为黄金半岛）土地上的一个民族，是从史前时期至今，经过“印度化”机制而繁衍生息的土著居民。

随着时间的推移和研究的深入，历史学家发现，中南半岛上的人，从云南沿红河、湄公河等高地陆续而下，进入半岛地区，并且相互融合，而后建立了美拉尼西亚人和印度尼西亚人部落及高棉人部落。孟人在半岛西面建立居所，高棉人在半岛东面定居，这两个民族是共同的文化之友，在风俗、语言、文字等方面拥有许多相似之处。后来，孟人成为了缅甸人，而高棉人则一直保持着原有的族群。奥利威尔（G.Olivier）认为："孟—高棉—孟达人一起从西藏往下迁徙，不知什么原因，来到印度，随后又来到印支地区。"而拉兹（L'asie）则认为："孟人和高棉人被人侵犯和压迫而离开印度。"这些书籍记录了相似的过程，即最初孟—高棉—孟达人都起源于西藏高原，一起南下到印度，受到欺压后，孟—高棉人才来到印支地区，而孟达人是少数民族，并没有跟随孟高棉人一起南下，而是生活在印度，被称为"柬埔寨族"。考古资料显示，最早来到印支地区的是孟人、高棉人和占人三种，最早到达海岛地区的是马来人、爪哇人，而泰人、老挝人和越南人都是寄生在东南亚半岛地区的民族。因此，高棉族无疑是中南半岛的土著居民，并且史前时期就已经定居在半岛地区了。根据近一个世纪考古学的考证，史前时期和历史时期高棉人祖先使用物品的一致性显示出高棉族文化具有连续性，从古至今隶属于孟高棉族的高棉人一直控制着该地区。比较肯定的是，高棉人迁入今柬埔寨地区之前，这里已经有土著居民存在，后来高棉人与土著居民一起，共同创造了柬埔寨的史前文化。

二、柬埔寨文化溯源

对高棉民族起源的探讨，有助于我们解决柬埔寨文化起源的问题。我们都知道印度文化对柬埔寨文化影响很大，曾有人将古代柬埔寨冠以"黄金半岛上的第二个印度"之称，古代柬埔寨与印度两者间文化关系之密切可见一斑。印度文化于1世纪开始在柬埔寨国内广泛地流传。这个时期以前高棉人是否拥有文字无法考证，但这个时期之后高棉人开始使用印度文字却是足以论证的。因此，我们可以将此前的时期称作"史前时期"，此后的时期称作"历史时期"。对柬埔寨文化进行溯源，可以此为界限，但关键在于弄清"在印度文化影响之前，高棉人有没有形成自己的文化"？如果有，那么柬埔寨文化的根源就是由高棉人自己创造的；如果没有，那么柬埔寨文化就可能是在印度文化基础上创造的，甚至于还可能就是印度文化的一个分支。

对于这一关键问题，学术界也没有达成一致意见。赛代斯就曾认为：“高棉文明，没有特别之处。因为高棉人完全受外国影响。”他是在“高棉族即是因印度而拥有文明的卜依族”的判断之下而得出结论。基于这种观点，一些外国学者不认为柬埔寨是一个以“高棉”为名的国家，而只不过是跟随印度的文明城邦。他们认为，柬埔寨是因为印度文化的影响才使得在历史早期就具有宗教、生活方式、风俗习惯和知识体系。以Groslier为代表的法国学者则认为，柬埔寨有自己的特殊文化，但是却产生于印度文化。Groslier解释称，柬埔寨是山国，有水和稻田，而这些并不是柬埔寨产生文化的原因，仅仅是作为接受印度文化在此播种的条件，即成为印度文化植根柬埔寨的土壤和苗圃。印度文化在柬埔寨生根发芽，渐渐地带上柬埔寨的特色。归根结底，Groslier的观点与赛代斯关于柬埔寨文化起源的看法是一致的，那就是柬埔寨文化是外来文化，而非本地文化。但是一些史前时期遗址的发现，特别是磅清扬省内三隆森（សំរោងសែន）、安龙普道（អន្លង់）遗址等的发掘，使柬埔寨乃至整个东南亚史前史的研究迈出了重要的一步。这些遗址中发现了一些由铁、铜、青铜、石砖、打磨石头、动物骨头等制成的物品，比如凿子、锤子、刮子、刀、杵、梭、钩、镰刀等以及一些由螺等制成的饰品。由此可以看出，那个时期的高棉手工艺已经具备较高的水平，高棉人已经会烧制石砖、炼铜、纺织等。柬埔寨和国外的历史学家认为，这些物品大致生产于公元前300到公元前200年，这些物品及之后陆续的其他考古发掘显示出，史前时期的柬埔寨经历了旧石器时代、中石器时代和新石器时代，直至金石并用时代而发展到金属时代。同时也显示出，史前时期柬埔寨已经具备了稳固的文化。

还有学者将生活在这些文明之下的高棉人划入“南亚文明人”范畴，因为该时期的高棉人具备同期“南亚文明人”的全部特点，包括：(1)具有信仰，信奉神仙、鬼怪、祖先，以母为大；(2)会下葬尸体；(3)会使用牛来种田、种地；(4)会冶炼铜铁；(5)敢坐船沿大海航行。高棉人完全具备这些特点，因此这也表示该时期的高棉人是如同“南亚文明人”一般的文明人。“高棉人早在同印度人发生接触之前就已创造了自己的古代文明，这种文明不同于印度文明，有自己的特征。无可否认，高棉人确实曾受了印度文化的影响，这在语言文字、风俗习惯和宗教信仰诸方面都明显地看得出来，但这是较后的事，而且仅仅是一种影响。”[①]到目前为止，“高棉人在印度文化影响进入之前，已经存在稳固的文化”这一观点已逐

① 陈显泗著：《柬埔寨两千年史》，郑州：中州古籍出版社，1990年，第5页。

渐为人所熟知和接受。

三、柬埔寨文化的主体性

自1世纪起，高棉人正式开始接受印度文化对柬埔寨文化的影响。这种影响是巨大而深入的，上至国家体制，下至人民生活，方方面面无所不至。我们知道，在整个东南亚历史开始以前很久，即包括柬埔寨在内的东南亚国家还没跨入历史的门槛之前，印度和中国就已经是公认的文明大国。那么印度文化无疑比柬埔寨的原始文化先进许多，所以印度文化的到来可以看作一种先进文化影响落后文化的强烈文化运动。人们不禁要问，在强势文化的全方位影响之下，史前时期形成的柬埔寨文化发生了什么样的变化？是印度文化中带有一些柬埔寨特色，还是柬埔寨文化中带有一些印度特色？甚至于是完全变为了印度文化，还是保留了柬埔寨文化的显著特色？这也就是我们要讨论的柬埔寨文化的主体性问题。在这个深远的文化运动中，究竟是哪种文化占主导？柬埔寨文化与后来的印度文化，何者为主，何者为辅？

在以往的研究中，许多学者看到了印度文化对柬埔寨文化的强烈影响，因为这是最为显而易见，同时也是毋庸置疑的部分；但是却有部分学者过分地夸大了印度文化的影响，从而得出了错误的观点。比如赛代斯所言，“高棉文明没有特别之处，完全受外国影响”。有学者据此进一步认为，高棉文化或柬埔寨文化就是印度的附属文化。庆幸的是，越来越多的柬埔寨学者已认识到，研究或书写柬埔寨历史的人，只提到印度化的“舶来”方面，反而对柬埔寨早期文化保持缄默，这是无视历史的关联谱系，忽略了有关柬埔寨文化与文明的最基本事实，即柬埔寨早期文化确实是柬埔寨文化的滥觞这一事实。可以断定，尽管印度文化对柬埔寨文化影响深远，但也只是外部影响而已，还远没有达到令柬埔寨文化改弦易帜的程度，印度影响下的柬埔寨文化仍旧是柬埔寨文化，而不是别的文化，它只不过吸收了印度等外来文化的营养。这并不是空谈，我们有证据可以证明，今天的柬埔寨文化中仍然带有显著的原始柬埔寨文化的痕迹。比如：许多高棉人尤其是山地高棉人至今保留着泛灵信仰，信奉祖先、鬼神；柬埔寨民间舞、野牛舞、高戴莱舞（កន្តៃរ៉ៃ）、德洛舞（ត្រុដិ）等至今受到柬埔寨人广泛喜爱，这些都是原始文化遗留至今的产物；再比如柬埔寨社会中还保留着“女性为大”的深厚色彩；现在的柬埔寨语言文字中有许多由“មេ”（Mee）开头的词汇，表示“某某长官，某某领导之意”，比如村长（មេភូមិ）、乡长（មេស្រុក）、（家庭中的）主人（មេផ្ទះ）、水神（មេទឹក）、风神（មេខ្យល់）等，“មេ”的原型就是表示“女性”意义的“ម៉ែ”（Mai）。此外，高棉人结婚的时候，男方应该按女方的要求去向女方提亲，给女方送礼，以及去女方准备仪式。这些都体现出“女性为大”的特点。古时候，准新郎应当去女方父母家干几个月农活，直到结婚。如果准新郎品行不良，服务不周，女方父母就可以拒绝婚事，将其驱赶出门，这个风俗至今还存在。依据语言的特点也能够看出明显的区分，柬埔寨语属孟高棉语族，而印度语属于印欧语族。柬埔寨语有自己的特点，少音节语言，没有数字，而印度使用的巴利语、梵语是多音节语言，有性别和数字。另外，即使是柬埔寨文化中确认受到印度文化影响的部分，也并不是照搬照抄，而是在吸收中创新，比较突出的体现就是雕刻和塑像。柬埔寨雕刻和塑像中的形象与特点，与印度文化的雕刻和塑像技艺并不相同，具有自身的独特审美和特点。从古至今，高棉人的思想总是与一大批奇特的形象连接在一起，比如湄公河、山、大象、神仙、鬼怪、祖先等，这些人们都不能从柬埔寨文化基石中分割开来。这说明，柬埔寨文明是具有连续性的，并没有被印度文化取代。

可以看出，柬埔寨文化并不是部分学者所提的属于印度文化的附属，柬埔寨文化的主体仍是高棉人的本土文化，高棉人对印度文化进行了合理的吸收与同化，并没有照搬照抄或完全复制。融合发展之后的柬埔寨文化仍旧保持着高棉族自己的标签，并不是印度文化的标签。与之类似，在对待历史上中国文化、越南文化等其他文化的渗入时，高棉人都采取了类似的吸收策略。

文化总是与历史保持着大致相同的发展曲线，国力昌盛的历史年代，文化的水平相应地符合历史发展的水平，会呈现出相对繁荣的景象。但是文化和历史的发展节奏不会完全一致，所以文化分期和历史分期并不等同。本章的其余小节，我们将回顾柬埔寨文化从史前时期至今的主要发展历程，结合每个历史时期突出的文化特点和文化发展趋势，尝试对柬埔寨文化进行分期划分。

柬埔寨的文化发展沿革可划分为如下几个阶段：

一、原始文化萌芽与孕育期（公元前后）

二、早期文化发展与初创期（公元1—8世纪）

三、古代文化繁盛与成型期（公元9—13世纪）

四、多元文化冲击与变革期（公元14—20世纪）

五、传统文化复苏与机遇期（公元21世纪至今）

第二节 原始文化萌芽与孕育期（公元前后）

原始文化萌芽与孕育期，是柬埔寨文化发展的起点。这一时期见证了高棉人由蒙昧走向文明的历史性过程。这个时期在整个柬埔寨文化发展过程中历时最长，发展速度最为缓慢。但正是这“一小步”的跨越，使柬埔寨文化乃至东南亚文化迈进了“一大步”的文明，实现了“从无到有”的质变，从而开启了柬埔寨文化和东南亚文化发展的新纪元。

原始文化萌芽与孕育期，主要指柬埔寨的史前历史时期。这段时期的历史缺乏文献记载，主要依赖考古学方面的进展来进行推测，历史学家也难以准确考证出具体的时间跨度，但是依据早期的建筑和人骨遗迹，人们可以推知其年代是十分久远的。根据在当前泰国、越南南部和柬埔寨等地出土的一大批遗址中的最新发现测算，柬埔寨的史前时期应始于公元前100万年左右，到1世纪为止。在这漫长的时期内，高棉人不会书写，一直到1世纪初期，高棉人才学会使用文字来记载不同的事件。尽管柬埔寨史前史并不像一些有200万年史前史的非洲国家那样悠久，但在柬埔寨最早被发现的石器的历史大约在100万到68万年之间——这使得它也能与世界其他一些国家的古老程度比肩。

但是无论是史前时期，还是历史时期，都不意味着文化的缺失。正如前面提到的，史前时期的高棉人已经具备了“南亚文明人”的全部条件。他们并不愚昧，已不是由动物变成的野人，而是具备某些知识的皮肤黝黑、头发卷曲、身材结实、体形中等的一群人。正是这一群人凭借着自身的智慧，创造出了柬埔寨的原始文化，使之在东南亚各民族的行列中较早地跨入文明历史的门槛。虽然史前时期并没有文字记载的历史，但是通过考古学及相关领域的发展研究，我们可以肯定的是，柬埔寨史前时期的时间跨度很大，包含了从旧石器时代到金属器时代等全部阶段。同时，柬埔寨史前时期是印度、中国及周边其他国家的影响到来之前，柬埔寨本地文化孕育的关键时期，在这一时期形成了柬埔寨文化的早期基础。

最初，人类区别于动物的地方是人类会使用各种工具。喜好或发明这些物质工具表明，人类会思、会想，即充满智慧。因此，探索每个族群的文明起源，史前学者依靠的是纯种人生产的古代工具。依据对全部古代使用工具的发掘，尤其是在泰国朗邦（ឡាំប៉ាង）和柬埔寨莫多姆斯莱索波（ម្លុំស្រៃសម្បូរ）一带，我们可以推断出，在柬埔寨土地上，从史前时期开始就有人居住，并且高棉族是在自己土地上产生的。此外，根据当前柬埔寨领土内的考古发掘结果可以推断，高棉史前时期是从旧石器时代开始发展至金属器时代，这与世界其他国家是基本一致的。

由此再次可见，高棉人的“文化—文明”之源，产生于印度影响以及地区内的外来族群到来之前，后者给首领监督领导制下的小型柬埔寨社会带来了启迪。通过对比石器时代使用的全部工具，柬埔寨史前时期大致可划分为三个主要阶段：

一、旧石器时代

旧石器时代历时最久，但整个时期文化发展十分缓慢。我们可以将旧石器时代进一步划分为初期、中期和后期。

旧石器时代初期，大约在公元前100万年到公元前68万年之间，这个时期同时也是高棉文明的初期。早期的人类文化是非常简单的，比如觅食，人饿的时候就用手或身体的力量去抓捕动物或者摘取果实。后来在觅食的时候，人类学会了使用工具和技术，最早的工具就是石头，人们用石头去捕杀动物或挖掘树根。最初使用的石头，并不锋利，捡的时候是什么样子，用的时候就是什么样子。在这个时期内，人类使用大小同手腕、脚腕粗的石头或大块石子作为武器或者工具。用作器具的大块石头，大多数是沿不同河口或河床捡到的普通石子。后来人类学会了挑选锋利的石头作为工具，随后又慢慢学会通过加工，让石头分裂以得到锋利的面，用作斧头或凿子等。在旧石器初期，人们还不会种树摘果实吃，或者喂养牲畜来获得肉食，高棉人也还不会用火，他们只会抓捕野生动物，用牙齿撕裂动物皮，生吃肉，或者沿森林采树叶或挖树根。

旧石器时代中期与初期不同，初期人们只能选择自然的石头来劈为两块或三块，将其中锋利的部分作为武器，将小碎块制成刮子等工具，用来刮动物皮毛或做其他东西。旧石器时代中期，开始出现对石头的粗加工，可以制作成各种不同形状的工具，比如人们曾发现过该时期内生产的三角、四角或多角形状的斧头。从置于尸体旁边的工具，及诸如动物骨头之类的剩余食物的发现，表明当时的高棉人已会尊敬、祭拜自己逝去的祖先。这个时期，高棉人以小团体沿高原和山腰聚居，通过射杀动物、采集果实和在居住地周围种植少量树木等维持生计，渐渐形成了部落。对发掘物品所进行的研究表明，在这个时期，人们还不会深加工石头器具、纺织、喂养动物或者种植谷物等，部落也大多依山形而居。

旧石器时代后期，大约是公元前12000年到8000年，此时的文化继承自早期文化。在一些洞穴里，人们在泥土中发现了与成人骸骨散置一处、由石头制成的物品。这个时期的人类体质已接近现代，那些与现在卜侬族人或高棉族人体质特征无异的人类就是当前高棉人的祖先。这一时期的文化产品也与从前并无大异，只不过品质较之过去更为优良。研究还显示，早期高棉人或者孟高棉人已经开始用泥土烧制锅具，只是那些锅具质量还较为粗糙而已。在旧石器时代末期，仍旧没有打磨石器的出现，更不会冶炼金属来制作工具。

二、新石器时代

新石器时代，从公元前6000年到公元前4000年。高棉人从高原和山腰上的洞穴里迁居下来，开始生活在平原地区以及生活资源丰富的河流沿岸，沿河岸而居的高棉人村落出现。新石器时代人类的活动更为丰富，高棉人已经开始从事采收果实、种植粮食、驯养动物和用土制作锅具等活动。这个时期高棉社会的发展较为迅速，其中最大的特点是人类已经开始使用磨制石器，另外还会建造简单的房屋，并有了各种手工业的雏形。新石器时代比旧石器时代的文化发展更加迅速，到了新石器时代后期，已经基本形成了村社文化和部落文化。这些文化直到近现代还大量存在于许多农村地区，特别是山区。

三、金属器时代

柬埔寨金属器时代可作如下分期：公元前4000年到公元前2500年，是青铜器文化产生时期；公元前2500年到公元前2000年，是青铜器文化鼎盛期；公元前2000年到公元前1500年，是铁器文化产生时期；公元前1500年到公元前600年，是使用铁器的早期；公元前600年到公元前100年，开始全面使用铁器，到1世纪，最早的柬埔寨国家扶南正式建立。

通过近年来的考古发掘，用铁制成的武器、生产工具和饰品陆续出土，其中包括剑、矛、犁、镰、刀、项链和手镯、脚环等。可见金属器，特别是铁器在柬埔寨甚至东南亚曾经有过鼎盛期，取得过辉煌的成就。有人将铁器的使用视为继农业之后的“第二次革命”，因为铁器不仅能够帮助生产劳动，也能提高抵御风险的能力。生产工具的革新，大大提高了生产效率，推动了柬埔寨社会的加速向前发展。

在与残酷自然作斗争的过程中，高棉人逐渐积累了捕食的经验，形成了部落，发展了各自的信仰，并最终形成了高棉早期文化的基础。文化产生于生产生活经验的积累与传承，经过了旧石器时代、新石器时代及金属器时代，高棉族究竟形成了怎样的原始文化？有学者认为公元前高棉人或者孟高棉人形成的文化本质包括：1.相信灵魂、鬼神和祖先，2.女性为大，3.灌溉农田，4.驯养动物，5.将尸体葬于大石头之下或瓦罐里，6.语言里有了中缀。简单总结起来，就是高棉人在史前时期已经有了初步的信仰、阶级观念，并且发展了农业（种植、灌溉）、形成了丧葬习俗，具备了部落特点，这些文化现象的产生与发展奠定了早期柬埔寨文化的基础。

史前时期形成的柬埔寨原始文化，构成了后来柬埔寨文化发展的坚实根基，我们可以将其粗略地分为四种类型：

一是个人品行方面。好的品行包含道德、人道。这种文化一定已经构成了该时期高棉人内心思想中的丰富内涵、底蕴。此后高棉人团结一致，建立社会和部落，并且繁衍开来，他们建立了自己的民族和国家，这便是证据。这种类型文化的作用是“创建安定”，这种安定是其民族、国家发展壮大的重要原因。如果这个时期的柬埔寨社会中没有安定，高棉民族和柬埔寨国家就会从世界上消失掉了。

二是外在特征方面。这个时期的高棉人已经具备了对表现正确秩序和健康状态的合适的面貌、行为和地位的追求。从考古发现中可以了解，这一时期的高棉人头发卷曲、身材健壮，已经具备了足够的卫生水平。他们不再是胡乱游荡的人，仅仅依靠山洞或者树根来栖息，而是已经能够在地面上建造房屋，或者建造木船、住在水上，他们已经按照现代人类的方式生活作息，具备了现代人类的外形特征和行为方式。

三是性别方面，依据男女之别，要体现出性别差异。此时柬埔寨社会也具备这种性别文化，通过发掘出土的文物可以看出，那个时期已经有饰品一类的东西，用来区分和装扮男女不同性别的身体。

四是技术和艺术方面。因为早期高棉人拥有的知识和才智，加上他们的勇敢，他们已经初步具备了产生技术和艺术的能力。这种能力创造了当时的文化条件和社会条件，使柬埔寨民族国家能够获得初创期的发展进步。

第三节 早期文化发展与初创期（公元1—8世纪）

多数国家的史前时期都历时悠长，发展缓慢，它就像是在不断地积蓄力量，等待文化因子的破土萌芽。优胜劣汰的残酷生活，也使高棉人的智慧逐渐开化。工具的改良、食物来源的多样化，大大减少了高棉人的生存压力。长久以来积累的生存经验，经过历史沉淀，去掉了糟粕，留下了精华。原始文化经过长时期的萌芽与孕育，在此时也已经形成了较为稳固、具备民族特色的文化根基。史前时期结束之后，柬埔寨步入了快速发展的历史时期，柬埔寨文化也从此时开始迎来了飞速的发展。

柬埔寨早期文化的发展与初创期，从1世纪开始到8世纪结束。这个时间段对应柬埔寨的历史就是扶南时期和真腊前期，也有学者将其统称为前吴哥时期。熟悉柬埔寨历史和文化的人都知道，这段时间外来文化，特别是印度文化给柬埔寨文化带来了深刻的影响。曾经一度有人认为，印度文化影响了柬埔寨的文化根基，柬埔寨原始文化发生了"印度化"，现在的柬埔寨文化就是印度文化。此观点目前看来当然有失偏颇，但也在一定程度上反映出柬埔寨文化与印度文化的深刻关系。柬埔寨学者认为，这个时期是柬埔寨文化没有停顿的发展时期，好比刚生长的树苗，逐渐壮大，直至成为具备合适形状的树木。柬埔寨文化在这一时期取得了全面发展，打下了坚实的文化根基，并且形成了早期的文化雏形。

柬埔寨早期文化发展主要受外因推动，而不是由柬埔寨早期社会的内在作用力驱动。这里的外因主要指印度文化的影响，当然后续也包括中国、爪哇等的影响。印度文化何时通过何种方式传入柬埔寨，至今难以考证。有人说在柳叶女王之前，印度文化已经同佛教一起传入柬埔寨达300多年了。另外也有人说是通过国际贸易带动的，有人说是通过武力兼并致使的，众说纷纭，莫衷一是。比较一致的看法是，扶南国的建立者混填，对于推动印度文化在柬埔寨的传播中发挥了突出作用。混填取代了柬埔寨当时的女王柳叶，与其结为连理，成为了扶南国的国王。混填与柳叶的结合，不仅是两个民族的结合，也是两种文化的结合。混填代表的是外来文化，柳叶所体现的是土著文化。两者结合，带来了柬埔寨扶南时期的国家发展与社会进步。混填在柬埔寨国内推行印度式的教化，自上而下进行全面改革。印度文化的全面流入，给柬埔寨的文化发展带来了积极的影响，并使其从1世纪初期成为有文字记载的文明国家，继而成为东南亚地区最早的强盛国家。在印度文化的影响下，柬埔寨国家的古代史开始展开，婆罗门教和佛教逐步传播，早期柬埔寨艺术相应产生。以梵语、巴利语为工具，支撑宗教发展的文字、文学也建立起来。柬埔寨如久旱逢甘霖般地全面吸收印度的文化，随着贸易方面的进步与印度文化的持久影响，扶南时期的高棉人吸收融合印度文化的精髓，逐步建立起了辉煌繁盛的文化体系。值得一提的是，婆罗门教和佛教渐渐成为了柬埔寨的宗教。柬埔寨艺术家创造了许多婆罗门和佛教风格的艺术品，来代表新的神仙形象，并作为史前时期形成的原始文化中抽象灵物或祖先雕刻的替代。高棉人的信仰逐渐由泛灵崇拜、祖先崇拜发展为宗教崇拜。此外，印度的君主制度在柬埔寨得到了推行，柬埔寨发展成为封建国家，并且有了自己的文字和历史。柬埔寨国家和民族的辉煌历史即开始于这次以君主制为关键基础的“印度化”影响。技术方面，柬埔寨已经具备整套的雕刻、塑像技术，那时还有大学专门教习这方面技艺。大学里有教授，以及具备深厚知识的高棉老师和印度老师。高棉人能够独立地寻找和挖掘金、铜、铅、钻石等矿物。这个时期关于作战方面的教育学习，也具备了较高的水平，柬埔寨王国具备强大的军队，周边国家非常害怕，不敢反抗。陆军方面有马兵、象兵、车兵、步兵等，都十分善于作战；而海军方面，则制造了大型战斗舰船，并且有精通水战的船员。

经过总结，我们可以看到1世纪印度文化对柬埔寨的影响，主要包括以君主制为核心的国家组织与管理机制、以婆罗门教和佛教为主的宗教信仰与风俗习惯、以梵语与巴利语为主的语言文字、以造渠灌溉与雕刻绘画为代表的技术工艺，以及由此衍生的相应的文学、艺术、法律等。但是因为进入柬埔寨的佛教和婆罗门教并没有强制推行，信仰哪一种宗教完全由高棉人的自主意识来决定，如果觉得哪个方面比较好，符合自身的想法和需要，就拿过来实行。正是宗教上的这种“民主主义”，才使得柬埔寨至今不曾真正扬弃某种宗教。比如国王不信奉佛教的时候，也有官员和人民信奉并维持。混填在位时，信奉的是婆罗门教，并且以国王的名义大力推广，但是他也并没有封闭柬埔寨从古即有的信仰自主权以及已经存在的佛教信仰。在整个1世纪到8世纪的时间内，尽管柬埔寨的朝代几经更迭，每个国王自身所信奉的宗教和神祇各有差别，但国王都没有强行干预柬埔寨宗教的发展。正是这种开放的文化环境，使得婆罗门教和佛教都能自由发展，只是呈现出不同的兴盛状态，这使得柬埔寨民族能够从婆罗门教和佛教的教义中得到丰富的营养来发展自身，并且使柬埔寨文化逐渐发展壮大。

随着海陆通道的开辟，柬埔寨与外国的国际贸易迅速发展，除印度之外的其他国家的文化影响接踵而至。比如3世纪左右，中国文化进入柬埔寨，主要带给了柬埔寨贸易、种族融合、戏剧等方面的影响。5世纪左右，柬埔寨在建筑和雕刻方面受到占婆、爪哇的文化影响很大。因此，早期文化发展与初创期，主要是柬埔寨民族积极吸收外来先进文化，不断补充营养，并开始创造柬埔寨特色文化的关键时期。

史前时期前期，高棉人产生信仰，信奉神仙、鬼怪、祖先、父母、行业导师等；史前时期末期，又信仰佛教、佛道和僧侣等；1世纪，又尊奉婆罗门教，按照婆罗门教教义祭祀婆罗门、湿婆等；8世纪，又有了大乘佛教，信奉菩萨像、观音等。可见，高棉人意识形态、宗教信仰方面的文化特点是越来越多样化。高棉人把这些教义中的重要思想和理论选取出来，改进到柬埔寨文化自身之中。值得注意的是，高棉人并不是“学舌的鹦鹉”，没有跟风复制、模仿。尽管外来文化对其影响很大，但高棉人也只是吸收其中一些作为思想原则，在发展中依然保持了卓尔不群的民族特色。比如柬埔寨寺庙和印度寺庙中的佛像角色就相差很大，在动作、形状及审美观上都很不相同。再如语言方面，这个时期柬埔寨的语言是混合语言，虽受印度等文化影响，但只吸收了它的声音和文字，将其按照高棉语的语音学和形态学进行了改造。

外来文化，尤其是印度文化对柬埔寨的影响很大。外来文化的融入，使柬埔寨原始文化能够借鉴先进文化经验，不断地推陈出新。经过几个世纪的发展，柬埔寨早期文化得以充分发展并初步创立。对此我们不得不接着前面的问题继续思考，外来文化无疑对柬埔寨的原始文化产生了强烈的冲击，那么这个时期形成的文化应该如何定性？我们的观点是，柬埔寨早期文化是外来文化在原始文化基础上不断融合后产生的、适应当地早期国家发展需要的并存文化。这与许多柬埔寨学者和中国学者的判断一致，事实上这不仅是柬埔寨早期文化的特点，同时也是东南亚古代早期文化的主要特点。同时，我们也应注意到一个现象，柬埔寨原始文化在底层人民之中保存最为完整，外来文化影响下的并存文化往往是主流、官方或上层文化。因此，在看待柬埔寨古代早期文化的发展时，要采取与看待东南亚古代早期文化的发展相同的眼光，即我们一方面要看到东南亚文化深受印度文化和中国文化的影响，但更为重要的是要认识到这一时期的东南亚文化并不是被“印度化”或“中国化”了的产物，仍然是具有东南亚当地原生特点的文化。确实，柬埔寨文化受到许多国家的影响，但柬埔寨民族并没有将这些外来文化拿来直接执行或完全复制。柬埔寨人把这些文化拿过来改造融合，按照本民族的特点需要，使其具备适应自己喜好的特点，即对“拿来文化”实行“高棉民族化”过程。对于不适应本民族传统、风俗习惯、观念的外国思想观点，他们会扬弃，并且最终让那些观点自己消亡。由此可见，柬埔寨人的文化态度是清晰且令人佩服的，并且被视为是祖先对柬埔寨民族最宝贵的教诲。

有学者曾指出，如果没有印度模式的基本结构，最早的柬埔寨国家扶南就不会产生，也不可能发展为帝国。由此我们的第二个问题产生了：为什么早期柬埔寨人看上去如此轻易接受了印度文化？这个问题十分重要，能够帮助我们剖析柬埔寨文化所固守的根本。进一步追问，为什么印度文化会被柬埔寨人轻易接受，而中国文化或其他外来文化就没有达到这种效果呢？这些问题都直指印度文化与柬埔寨文化的主根。简单地讲，印度文化与柬埔寨文化更具相似性。因为柬埔寨与印度在知识观念、宗教意识及精神思维等之间都具有较强的相似性，这些相似性决定了印度文化与柬埔寨文化有先天的兼容性。根据文化相关理论，先进文化能够促进落后文化的发展。印度文化、中国文化相对柬埔寨文化而言，都是先进文化，都能对其产生影响。但因为“相似兼容原理”，使印度文化更加受到柬埔寨统治者和人民青睐，再加上统治者的推崇，最终使其在柬埔寨土地熠熠生辉。而中国文化之所以没能够得到广泛接受，除文化相似性较弱外，还有地理原因、统治者意志等，本文对此不作赘述。

经过数个世纪的发展，柬埔寨文化在原始文化基础上逐步开枝散叶、兴盛起来。那么形成起来的文化具备哪些特点呢？柬埔寨学者认为，在任何民族的文化与文明之中，都常常包含两个方面的重要品质，彼此相互联系、相互影响，即：民族性与非民族性。柬埔寨文化同样具备这两种重要品质。民族性反映的是，在印度文化进入柬埔寨之前，柬埔寨早已拥有了自己的国家、民族和居民，也有自己的语言、生活方式和知识。这些集中反映为柬埔寨在原始文化时期孕育的文化品质，反映的是纯粹的民族特性。同时即使后来外来文化影响巨大，对于其中不符合柬埔寨传统、风俗习惯的文化会被柬埔寨人完全抛弃。即使接受的部分，人们也不会完全复制，会将其改造，使其具备柬埔寨的民族特质。这也是柬埔寨文化民族性的一个表征。而非民族性，又称综合性，指的是柬埔寨的文化不是孤立发展的，它与外来文化会发生文化运动，并且吸收外来文化中的有益成份，使得柬埔寨文化日益充实和完善。但是进入柬埔寨的外来文化，只是一种参考和借鉴，帮助柬埔寨补齐自身文化中的一些缺陷，以及进行相应的改革。因此柬埔寨文化中带有明显外来色彩的部分，就是其非民族性的表征，反映文化开放性和包容性。

总而言之，从1世纪到8世纪，通过几代柬埔寨统治者的努力，柬埔寨文化积极地从外来文化中汲取养分。在以印度文化为主的外来文化的影响下，柬埔寨文化在原始文化基础上迎来了全方位的发展，并完成了柬埔寨文化的初创阶段，形成了柬埔寨早期文化的雏形。

第四节　古代文化繁盛与成型期（公元9—13世纪）

柬埔寨古代文化的繁盛与成型期，从9世纪开始，到13世纪结束。对应在柬埔寨的历史上，这段时期从802年阇耶跋摩二世定都荔枝山[①]开始，直至整个“跋摩”时代结束为止。这段时期就是柬埔寨历史上著名的吴哥时期，这是真腊历史，也是柬埔寨历史上最为辉煌灿烂的时代。经过数个世纪的发展，早期文化基础得到巩固和提高，柬埔寨文化一路高歌猛进，发展至鼎盛时期。柬埔寨也成为该时期东南亚半岛地区的一个强盛国家。抚今追昔，吴哥王朝的强盛始终是当前柬埔寨人引以为傲的民族成就，也是柬埔寨国家未来发展的目标和方向。尽管当前的柬埔寨整体实力在东南亚地区尚属末流，但因为深厚的传统积淀与历史经验，加上柬埔寨人心中也始终有一颗恢复往昔荣耀的决心，这个文明古国未尝没有可能实现新的繁荣昌盛。

柬埔寨何以能够在吴哥时期达到文明之最？简单地讲，至少应该包含以下两方面的重要原因。

第一，柬埔寨早期文化发展，形成了坚实的文化根基。

① 即ភ្នំគូលែន，部分学者译作“摩诃因陀罗山”。

从混填时代到吴哥时期，以印度文化为主的外来文化影响已经深入到柬埔寨社会生活的各个方面，在上层文化和底层文化中都得到切实的推动与实行。以印度文化的影响为例，我们可以看看印度文化的传播行为带给柬埔寨怎样巨大的变化。高棉人与卜侬人是同宗同源的，不同的是生活在平原地区、湄公河、湄南河流域等地的高棉人接受了印度文化的影响，而生活在高地，特别是山区的卜侬人并没有接受到印度文化的影响。如果从体形特点来看，高棉人与卜侬人并没有区别，但是卜侬人始终保留着部落特色，按照口口相传或记忆的传统来解决矛盾冲突。在宗教方面，卜侬人只有粗浅的泛灵信仰，这些信仰在不同部落之间还不完全相同。他们的世界观十分落后，少有语言和文字，所以也没有自己的历史。而高棉人受到印度文化影响，很早就将自己放置在牢固的系统结构之内：高棉人有法庭来公正地裁决案件，并且推行明确的一种宗教，有僧侣提供给他们关于理解世界、来世及其他方面的理论、经典和语言规则。此外，高棉人有了自己的文字，使之开辟出广阔的文学领域，使相互交流更为容易。对于这些方面的区别，赛代斯在1914年曾有过详细论述，形象地指出了经过数个世纪印度文化的“高棉民族化”过程之后，柬埔寨文化领域的巨大变化。正是印度文化的影响，使柬埔寨建立起了较为完备的文化体系和规则。经过数个世纪的选择吸收和深层融合，形成了稳固的文化根基，也就是我们前面提到的早期文化雏形。

第二，吴哥时期的柬埔寨文化发展条件十分有利。

吴哥的兴盛绝非偶然，而是多种要素的共同作用结果。分析影响文化发展的各类因素，我们可以得出结论：整个吴哥时期的历史环境，对于柬埔寨文化发展十分有利。文化的发展决不是孤立的，它与众多因素息息相关、相辅相成，其中突出的是国力水平。纵观柬埔寨历史，综合国力强盛的时期，其同期文化造诣很高、令人称道。反之，综合国力弱小，甚至国家危亡时期，其同期文化水平则偏弱，罕有亮点。其实这比较容易理解，自身实力强大，能够对外威慑宿敌，对内鼓舞士气，人民才能够毫无后顾之忧地全身心投入到文化创造和文化发展当中。如果国家前途尚且扑朔迷离，人民朝不保夕，生命顾之不及，又何谈文化振兴。因此国力水平与文化发展是正比关系。吴哥时期柬埔寨的国力强盛，主要表现为：

1. 军事力量强大，宗教思想突出

自阇耶跋摩二世统一水陆真腊开始，柬埔寨历史开启强盛篇章，从9世纪到

13世纪的吴哥时期，柬埔寨的国力之强盛，疆域之辽阔，达到历史之最。其军事实力冠绝半岛地区，金戈所指，所向披靡。同时，建立健全了一整套完整的封建统治体制和机构，并注重利用宗教进行精神统治，宣扬“君权神授”与“神王一体”思想。阇耶跋摩二世在位期间创立了天王教，最早将自己塑造为柬埔寨人民的神。无论国王御驾哪里，都命人持佛像跟随左右，以使人民相信国王就是一位神，尊奉国王，不可亵渎。天王教本质是以湿婆为崇拜偶像的宗教，这是湿婆教的一种形式，其中心仍然是崇拜一个象征国王神性的林伽。阇耶跋摩十分注重修建寺庙，放置象征自己的林伽供人供奉，以显其尊荣。此后的每位国王，都沿袭这种意识，修建寺庙，在世时是供奉象征自己的林伽，死后又成为自己的陵墓。阇耶跋摩二世对于天王教的倡导和传播贯穿于其统治的整个时代，因此可以说阇耶跋摩二世为吴哥王朝奠定了思想方面的基础。

2. 配套设施完善，经济基础雄厚

吴哥王朝在以往河流、溪涧基础之上，又兴建了大量的沟渠、水池、水井等，改善了柬埔寨国内的水利条件。此外还修建了大型水源，比如巴莱（បារាយណ៍）等，最终建立起较为完备和先进的水利系统。柬埔寨所辖疆域，水流密布，水资源丰富。该水利系统的意义在于，既能够有效地防止雨季洪涝，又可以为农业发展提供灌溉。吴哥时期较为成熟的水稻种植、灌溉等技艺，使土地的效益产出最大化，积累了大量物质财富。此外，渔业和工业发展十分迅疾，工业上能够冶炼铁、铜、青铜、金、银等制作各类使用工具以及加工宝石、钻石制作各种装饰品。同时，柬埔寨在吴哥时期建立了水陆交通要道，使这些产品不仅能够用于国内，也能运送到国外销售。陆路方面，有从大吴哥到占婆以及到今泰国清迈（ពិម៉ាយ）的大路。沿路以院落风格建有上百个站点，用于休憩，站点由专人照看。陆路主要用于运输稻谷、大米、鱼、肉、皮革、动物角、象牙、作料和木材等各类产品，使用马车和象车运往国外。水路方面有许多国际港口，用大船跨海运往国外。可以看出，吴哥时期柬埔寨农业、工业、贸易等发展都十分迅速，积累了雄厚的经济财富。经济基础的强大，促进了上层建筑的发展，为柬埔寨文化发展提供了物质条件。柬埔寨人民的政治体制、思想观念、风俗习惯、孝悌礼仪等步入成型期，真正意义上创造了国泰民安的繁盛景象，并对后世产生深远影响。到今天为止，吴哥时期的影响仍能够从柬埔寨社会生活中得到体现。

可见，吴哥时期的文化鼎盛并不是历史的巧合，它既源于早期坚实的文化基础，又归因于吴哥优良的文化发展环境。天时、地利、人和各要素齐备，共同推动了柬埔寨文化的繁荣昌盛，使得早期文化雏形在适宜的文化环境之中不断进步和提高。

那么吴哥时期的柬埔寨文化领域究竟取得了哪些令人瞩目的成就呢？

一是音乐、舞蹈方面：柬埔寨音乐、舞蹈发展很快，阇耶跋摩七世时，仅宫廷就有男、女舞者数千人，以及拥有成百首曼陀林合奏曲用于配舞。这些音乐和舞蹈用于祭祀皇族寺庙里的神像。此外还有专门取悦国王、亲王的乐师、舞者，在各省、各县以及村里还有民间舞者等。

二是建筑艺术方面：柬埔寨建筑艺术发展到巅峰水平，精湛的建筑艺术更是展现出了高棉族高超的民族才智与技艺。这一时期的柬埔寨兴建了大量的寺庙，吴哥窟是吴哥时期柬埔寨政治、经济、社会、文化、宗教的集大成者，被誉为古代东方的四大奇迹之一。与吴哥窟风格一脉相承的寺庙，还有11个之多。由此可见，吴哥时期柬埔寨的建筑艺术取得的成就是多么巨大，其中一些建筑历经数百年风雨，遗留至今，为后世所瞻仰称道。

三是雕刻艺术方面：柬埔寨雕刻技艺十分发达，尤以浮雕技艺卓然独立。阿普萨拉仙女像便是尤其令人印象深刻的形象之一，在数千吴哥寺庙的墙面上，都雕琢有姿势各异、形态逼真、惟妙惟肖的仙女像。作为今天柬埔寨特色舞蹈的仙女舞就是从这些雕像中模仿创造而来，并被视为国珍。不惟如此，雕像中对于动物的刻画，也是巧夺天工，比如狮子、那伽、金翅鸟、大雁、神鸟紧那罗等，在柬埔寨艺术中都有高超的艺术表现，甚至于已经脱离动物范畴，因为柬埔寨人已经将柬埔寨艺术融入到了这些动物的相貌之中。以那伽为例，柬埔寨人非常自信地认为，世界上没有哪个国家的那伽形象能达到柬埔寨这样的水平，其他国家只能从柬埔寨学习复制那伽的形象。

四是语言文字方面：吴哥时期的高棉语进行了新的融合，将巴利语中的有益成分吸收到高棉语词汇中。阇耶跋摩七世末期，即12世纪末期，国王派王子去斯里兰卡学习佛教经典。王子落发出家研习斯里兰卡经典，学有所成后归国，带回了喜好使用巴利语的斯里兰卡小乘佛教到柬埔寨，大概包括经典、经文和巴利语语法规则等。吴哥时期，柬埔寨人会梵语，熟悉三吠陀（ត្រៃវេទ），具有很高的知识水平。同时巴利语与梵语又形如一门语言，仅语法和发音不同，因此柬埔寨人能够很快地研习并掌握巴利语，佛教经典也由过去以梵语书写变为以巴利语书写为主。文字书写方面，吴哥时期留下了大量的石刻碑文，梵语、巴利语、高棉语均有，或单独书写，或混合书写。从碑文中可以看出，通过几个世纪的发展，高棉文字从9世纪开始，已经更加接近于现在使用的字形了。

五是文学方面：吴哥时期，柬埔寨文学同样发展至顶峰，包含世界观、道德、思想、规则方面的许多知识。并且通过口口相传、动作示范以及通过传记、规则等方式进行传播。阇耶跋摩七世时期，还有专门的大学给柬埔寨人教习文学和技术方面的高深知识。

吴哥时期的文化成就辉煌灿烂，我们无法列举穷尽。吴哥时期的柬埔寨文化可谓包罗万象，那么这些文化具备哪些特点呢?

柬埔寨文化发展的类型与特点，突出表现为与统治者意志紧密相关，与国王所推崇的宗教相关。比如不同时期的柬埔寨君王，信仰不同，尊奉的神祇亦不同，同时期的柬埔寨文化的突出特点就各有不同。比如信仰婆罗门教的君王时期，柬埔寨文化中的婆罗门色彩就特别浓郁，特点突出。从意识形态、宗教信仰、风俗习惯、雕刻绘画、文学艺术等各个层次都会具有显著的婆罗门特色。即使同样信奉婆罗门，尊奉的神祇也会有所不同，比如尊奉湿婆或毗湿奴，其相应的文化就会明显地反映出对应的文化倾向。从9世纪到11世纪，湿婆具有最高地位，国王将其作为国教，相应地修建了许多湿婆庙，宣扬湿婆的传说。而12世纪苏利耶跋摩二世特别喜好毗湿奴，因此修建吴哥窟作为放置毗湿奴神像的寺庙。而且各类雕刻绘画也都描述有关毗湿奴的故事，如柬埔寨版本的《罗摩赞》，以及《摩诃婆罗多》和《搅拌乳海》等。阇耶跋摩七世之后，重新信奉苏利耶跋摩一世时信奉的大乘佛教，国王修建巴戎寺放置佛像。因此国王的偏好所起到的作用对于文化的发展至关重要，这也是我们了解柬埔寨文化发展沿革不能脱离历史发展的重要原因。

吴哥时期文化的繁盛不仅造福于国内，对同地区其他民族的影响也同样深远。与同地区的其他民族相比，高棉人最早来到中南半岛地区，最早受到印度文化广泛影响，最早建立起早期国家，也最早创造了璀璨的文化。从扶南、真腊到吴哥，柬埔寨发展迅猛，最终成为了地区强国。早期的泰国人、老挝人并不是黄金半岛上的土著居民，而是寄居者。他们大约在这一时期进入东南亚地区，几乎还没有自己的文明，而此时柬埔寨正强盛无匹，因此自然成为了这些寄居者争相学习的榜样。包括经典、风俗、音乐、舞蹈、艺术、文字、饮食等各方面，全部都从柬埔寨学习而来。这也是为什么会有人十分推崇古代柬埔寨的历史地位，称其为“东南亚文明的窗口”的原因。正是透过柬埔寨这个文明窗口，柬埔寨周边的国家才得以接触到先进文明，以至于后来建立起强大的早期文明国家。黄金半岛上的越南与泰国和老挝不同，虽然同属半岛地区，但与高棉族的风俗、文化差别很大。这主要是因为越南附属于中国超过1 000年，从公元前111年到公元939年，也就是到了10世纪才成为自由国家，夺取了柬埔寨和占婆国(占族的土地)之后才定居下来，因此越南受中国文化影响是极大的。

最后还值得强调的是，1世纪以来至吴哥时期，柬埔寨的文化发展受到外因的影响很大，但是外因的作用过程却不是外力强加影响，而是柬埔寨人积极的吸收借鉴。这段时期对印度等外来文化的学习借鉴，是由内而外、自上而下全面推进的主动行为。当然如果仅仅是止于学习模仿，柬埔寨的发展难以令人称道，难能可贵的是，柬埔寨的文化发展始终坚持并发展本族特色，一直以来都是以“高棉民族化”的态度对待外来文化，并没有因为本族文化处于劣势而放弃融合，转而全面实施先进外来文化的模式制度。换言之，不因为本族文化是弱势文化、外来文化是强势文化而采取简单直接的跟风复制，而是采取细火慢炖式的吸收融合。简单的跟风复制难以避免“橘生淮南则为橘，生于淮北则为枳”的尴尬局面，而深度融合吸收则孕育了“青出于蓝而胜于蓝”的极大潜力，这体现了柬埔寨民族的长远智慧与民族恒心。在这个过程中，不仅使柬埔寨原始文化基础得以保存，更是在发展中始终保留着柬埔寨民族自己的特色。对于外来文化的吸收扬弃过程，是高棉人民智慧与天资高度展现的过程。吴哥时期成为数个世纪以来柬埔寨文化厚积薄发的关键时期，创造出了璀璨夺目的文化成就，这是柬埔寨古代文化的成型时期，同时也是柬埔寨古代文化发展史上的最高峰。

第五节　多元文化冲击与变革期(公元14—20世纪)

13世纪之后，吴哥王朝因为统治者常年穷兵黩武和大规模的修建王城、庙宇和王宫，耗尽了国力，人民赋税徭役过重，民怨沸腾，最终使吴哥王朝逐渐衰落。加上此时的国王并没有先王的民族意识，也没有能力管理这么大的国家，因此柬埔寨周边的一些国家便乘虚而入，一起滋扰柬埔寨，进行分裂、危害活动，破坏柬埔寨民族团结，不断地盗窃柬埔寨的财富、典籍和土地。这些国家中之一便是泰国。13世纪泰族人摆脱了吴哥王朝的统治，建立了素可泰王朝，军事实力逐渐强盛，此后不断向外扩张，侵扰柬埔寨。泰国人曾多次攻入吴哥，大肆劫掠。可见，吴哥时期称雄地区之后，柬埔寨历史逐渐脱去光环，无力维持原有的统治，不断地受到周边邻国泰国和越南的袭扰，吴哥时期打下的疆土逐渐被鲸吞与蚕食。周边国家的侵扰、吴哥王朝内部的政治纷争，使柬埔寨国力日渐衰落，吴哥时期形成的灿烂文明被掠夺与破坏，柬埔寨文化进入多元文化冲击与变革期。我们将14—20世纪这个阶段确定为多元文化冲击期，所谓“冲击”，即不是高棉族主动接受的文化行为，而是通过外力威胁和强制输入的文化行为，这与高棉古代主要是主动接受与吸收的文化发展完全不同。尽管历史的更替必然会带动文化的新陈代谢，但是以往柬埔寨文化发展的主流趋势始终未曾改变。自吴哥后期开始，柬埔寨从此一蹶不振，虽偶有恢复，但柬埔寨文化总体上处于被压制的状态，丧失了以往文化发展的有利土壤，在整个14世纪到20世纪之中都是处于文化发展不利、被动甚至于停滞的局面。因此，我们将这段时间内柬埔寨文化的发展归纳为多元文化冲击期和变革期。

这段时间历时较长，但具有较强的阶段性特点，因此我们可以将其分为四个时期，即泰越控制时期、法国殖民时期、短暂恢复时期、持续动乱时期。

泰越控制时期，主要是14世纪至19世纪中叶。这段时期内泰国和越南相继加紧对柬埔寨进行瓜分和破坏，并最终导致了吴哥王朝的结束。首先是泰国与柬埔寨多次交战，泰国曾攻入吴哥，大肆进行抢掠和破坏，掳走了大批的工匠、士兵、艺术家，这一举也使得之后的泰国文化深受吴哥文化影响。此后越南与泰国展开拉锯式的争夺，最终泰国军队攻克洛韦，并将该城洗劫一空，标志着真腊王朝的最终灭亡。战争使吴哥以来的柬埔寨文化风雨飘零，尤其是泰国的几次破坏，使高棉丧失了大量珍贵的文献与文物。在泰国和越南对柬埔寨的控制时间内，两国分别施行了“暹罗化”和“越南化”政策，用本国的文化和风俗习惯取代柬埔寨的传统文化和生活方式，从而妄图消除高棉人民的民族文化意识；同时，还大肆掠夺柬埔寨资源，并有意打压柬埔寨传统文化。这些都对吴哥时期以后的柬埔寨文化的发展产生了巨大的影响。泰越控制时期，不仅柬埔寨的社会生活遭到破坏，而且泰、越文化的强行推广，使柬埔寨文化的发展难以为继。这段时期，柬埔寨人使用的仍是混合语言，但更加喜欢使用巴利语而并非梵语，即使国王也是如此。当然与之前对待梵语的态度一样，这个时期的柬埔寨人并不是单纯地将巴利语拿过来使用，而是经过加工之后，使其融入高棉语义之中。可以说，柬埔寨祖先在各个历史时期都没有过直接拿外国语言来代替民族语言使用的实例。

这个时期柬埔寨的文学及教育方面，相对比较羸弱。这是因为以前拥有的典籍、法规等重要资料，在泰越侵入领土后，一部分被焚毁破坏掉了，另一部分则被这些国家偷运回国作为他们自己国家的法律法规。同时，这个时期高棉国家的其他方面因为不断的战争，遭受了各种损毁和破坏。高棉人忙于在战争中保护领土，没有时间进行文化创造。因此这个时期的文化既受到严重破坏，又没有产生新的有价值的文化成就以资补充，整个柬埔寨文化陷入低迷。尽管有这些困难，仍然有一些才识之人和热爱民族文学的群体抽空书写并编撰了一些典籍资料，并且部分留存至今，其中包括一些石碑、帖、贝叶经等。这些作品几乎全部都是诗歌，主要写给战士、乡亲、村民看，让人们了解那时作者对战争的担忧，或起到减轻战争伤痛的效果。泰越控制期间，因为经常性的战争，也引发了国家深层的政治危机。这些战争既包括国家内部争夺王位的战争，也包括与周边盗取领土的外国强盗的战争，还包括与西方国家殖民侵略的战争。这些政治危机，使柬埔寨逐渐失去大量的土地、财富以至人民，每年愈渐羸弱。几百年的战争使柬埔寨人口从吴哥时期的3 000多万人损失到不足200万人。[①]

法国殖民时期，即19世纪中叶至20世纪中叶，在这段时期内，法国取代了泰国和越南对柬埔寨实行了长达90年的统治。法国控制时期，柬埔寨人民经历了法国殖民统治者残酷的政治压迫、经济掠夺和文化渗透。在政治上，法国人是实际的控制者，柬埔寨的一切重大决议都得经过法国驻柬埔寨留守使的批准，军队也完全由法国人控制。还完全剥夺了柬埔寨人民的各项政治权利，如言论权、出版权、集会权、结社权等。在经济上，法国对柬埔寨进行了疯狂的掠夺，控制了橡胶园、金融、林业、渔业、航空及进出口贸易等核心领域和重要行业；法国殖民者允许外国人在柬埔寨自由地开办商铺，只需要给法国人缴税即可。因此柬埔寨城市中出现许多出售中越货物的商铺，柬埔寨本地人反而成为了买东西的顾客，这对柬埔寨的经济冲击很大。文化上，法国殖民者打压柬埔寨文化事业发展，注重对柬埔寨人民实施愚民政策，推行奴化教育。在柬埔寨全国推行法语并传教，妄图以法国文化介入并阻断柬埔寨文化血脉，从精神层面控制柬埔寨。90年的殖民统治，法国在柬埔寨强行推行西方文明，毫不顾及高棉文明。在语言、文字、

---

① សុង ស៊ីវ.ចលនាអារ្យធម៌(《文明运动》).២០០៥: ១៩៧.

教育方面，法国人大量训练当时的高棉子弟，以致有一些高棉人不会写、不会认高棉文字，只熟悉法国的语言、文字，并且产生与高棉社会相疏离的想法，甚至厌恶和轻视高棉语言和文字。法国人在柬埔寨实行残酷的文化政策，如果有柬埔寨人接受了法国教育，会法国的语言文字，就有可能进入法国人执掌的政府成为职员，甚至做到一定级别的政府官员，以监督那些不会法国语言文字的人。因此，部分高棉子弟不想学习自己民族的语言和文字，厌恶自己的民族语言，不想写、不想用、不想说。因为他们明确地知道，学习民族语言没有用处，学会了也没有人喜欢，这种观念甚至一直持续到西哈努克的封建君主时期。此外，法国人在殖民期间，开放许多外国人到柬埔寨生活，其中包括越南人等，并且不将这些外国人置于柬埔寨的法律权威之下，如果发生纠纷，就由法国的法庭审判。这些外国人因为法国人将其地位置于本地人之上，更使得他们忽略高棉文明和文化，看轻柬埔寨人，蔑视高棉语言和文字。这些外国人不使用高棉语，也不学习高棉语，他们只说自己的语言，只写自己的文字，即使在商业交往方面的书信也是如此。甚至于他们开设的店名中，也没有高棉文字，即使他们想使用其他语言的文字，也不会选用高棉文字，而是使用其他外国文字。法国人这种种做法，使几代高棉子弟的民族意识从整体上消亡了，只喜欢外国文明、文化，甚至于看到好的东西，就一致地拿外国名字来称呼，而不好的东西，则非常轻视地用高棉语名字来称呼。法国人的这些做法，最终引起了柬埔寨人民的强烈愤慨与坚决抵抗，经过长时间的惨烈斗争，柬埔寨人终于结束了法国的殖民统治。但是长达90年的法国控制，已经造成了十分恶劣的后果，严重阻碍了柬埔寨文化事业的发展，直接导致柬埔寨的教育事业十分落后，在这段时期内出生的柬埔寨儿童接受的几乎全都是西化教育，柬埔寨传统文化再次受到重创。法国殖民时期是泰越文化冲击之后又一次剧烈的文化冲击，泰越侵占时期被破坏、尚未复苏的柬埔寨文化，又迎来了法国文化的凶猛打压，可谓是雪上加霜。此外，在二战期间日本曾短暂取代法国对柬埔寨实行了一段时期的控制，但这段时期日本对柬埔寨主要进行的是经济掠夺，文化上面的影响因为时间较短，尚不明显。

泰越控制时期和法国殖民时期，柬埔寨的文化发展受到极大的破坏与限制，但柬埔寨文化并没有因此全部消亡。泰越及法国虽然都强行灌输给柬埔寨各自的文化，妄图在实现武力控制的基础上，同时实现精神攻占，但是从文化学层面来说，他们的文化中确实也有一些部分对柬埔寨文化的发展带来了一定的推动作用。同时，在反抗侵略、反抗殖民统治的斗争中，也催生出一批“战斗文学”，在一定程度上丰富了柬埔寨文化。因此，谈及外来文化的冲击及变革时也不能忽视这些积极方面。但是，这些积极方面与它们带来的苦难相比，固然是不值一提的。

短暂恢复时期，即柬埔寨摆脱法国殖民统治，获得国家独立之后，到朗诺·施里玛达发动政变之前这段时期。西哈努克带领柬埔寨人民，历经重重艰辛，终于实现了国家独立。这段时期柬埔寨人民终于结束了被强制推行外国文化的历史，外来文化的冲击暂告一段落。但是因为长期的压制，尤其是出版行业的衰落，使殖民时期的高棉语著作十分缺乏，有关高棉传统文化的书籍、文物等更是所剩无几。再加上文化的影响不容易实现，可一旦实现了就不容易消亡。法国人对柬埔寨的文化影响，并没有因为柬埔寨的独立而终结，甚至到了现在，这些影响都还在一定程度上存在着。尽管在独立后，国王西哈努克总是告诫人民要正式地使用高棉文字和语言，要用高棉语书写宪法。但是事实上西哈努克本人却只写法语，即使是颁布各种谕令，也只写法语。同样地，西哈努克之下的政府职员也都写法语，政府甚至只选懂法语的人做职员，而那些懂民族语言和文字的知识分子，反而被看作圈子之外的愚人，离政府职员的岗位很遥远。可见，尽管殖民历史结束了，但是殖民时期被强行灌输的文化习惯，还是难以短期改变。更何况不到20年的短暂恢复期，也只是给了柬埔寨文化以稍稍喘息之机，真正的文化恢复与发展还为时尚早。

在此之后，刚刚取得和平不久的柬埔寨，在朗诺·施里玛达发动政变之后，随即进入了将近30年的持续动乱时期，柬埔寨人民在这一时期遭受了极大的苦难，柬埔寨文化在此时期，更是受到了伤筋动骨的破坏。国家的动乱，导致柬埔寨人民流离失所、生活窘迫，在这期间的红色高棉更是给柬埔寨造成了难以估量的损失。红色高棉秉持的种族灭绝观念，为了创立一种所谓的新的革命文化，要使柬埔寨的当前与过去隔绝开来，从而使高棉人跟从新的意识形态而丢失了数千年来的信仰。红色高棉采取了一些极端手段，包括烧毁典籍、拆毁寺庙、抓捕僧侣等，以对柬埔寨文化的基础进行釜底抽薪式的毁灭。红色高棉尽管存在的时间不长，但是它所带来的破坏性却是前所未见的。红色高棉之后，柬埔寨国内的政治斗争和越南的入侵等始终让柬埔寨不得安宁，国家的复苏显得十分缓慢，文化的发展更是显得滞后。

综上所述，自吴哥后期以来，不论是泰国、越南拉锯式的侵略，还是法国的殖民统治，柬埔寨在吴哥时期达到顶峰的柬埔寨文化，不断地受到破坏和压制。即使是短暂的独立时期，也未能改变整个文化的颓势。而此后近30年的持续动乱，更是让柬埔寨深受灾难，损失极大，文化发展几近停滞，甚至后退。因此，从14世纪到20世纪的整个过程中，柬埔寨文化失去了古代文化发展黄金时期的辉煌。这个时期的文化发展，始终处在外力的干涉和压迫下，长期处于不利的被动局面。传统文化基础被严重破坏，外来文化又强行输入，“内伤不断，破坏连连”的局面对柬埔寨文化产生了巨大的冲击，柬埔寨文化进入了一个变革期。

第六节　传统文化复苏与机遇期（公元21世纪至今）

所谓传统文化复苏，是指柬埔寨文化经过了数个世纪的压制与破坏后，而逐渐恢复，渐渐重新掌握自己民族国家文化发展的主动权。红色高棉所带来的的致命一击，虽然使柬埔寨文化遭到了前所未有的损失，但是柬埔寨文化却并未消失，勇敢无畏的柬埔寨人保留了柬埔寨文化的种子，使得种族灭绝政策隔绝过去与现在的联系的妄想未能得逞。柬埔寨1993年大选之后，国家发展逐渐步入正轨，红色高棉等动乱时期被破坏的古籍和文物等也通过各种方式被重新找回。柬埔寨传统文化没有了外来的压制与破坏，重新受到国人的重视，开始融入柬埔寨社会生活之中。尤其是进入21世纪之后，柬埔寨政权进一步稳固，国家的经济环境和建设秩序得以恢复，教育、文学、宗教等发展重新焕发了生机，柬埔寨文化逐步复苏。

回顾柬埔寨文化的发展，从原始文化孕育期到早期文化初创期，再到古代文化成型期，然后进入多元文化冲击期，最后到当前的文化复苏发展期，我们看到文化发展速度是越来越快，文化的交流融合是越来越多的。柬埔寨文化的发展具有悠久的历史，曾经取得了辉煌的成就，在过去也曾遭到过致命的破坏。但无论是顺境，还是逆境，对于文化发展的影响都无法简单用“好”与“坏”来断言。我们看到，即使是泰越控制和法国殖民时期，外来文化通过各种途径强行进入柬埔寨，也在某种程度上对柬埔寨文化的发展产生了刺激作用。所谓“不破不立，破而后立”，打破原有文化的束缚，对于重新进行文化整合来说并非完全无益。

进入21世纪之后，世界形势发生了剧变，全球化浪潮袭卷世界。国际贸易的迅猛推动、物流和交通的快速发展、互联网的迅速普及，地理的阻隔已很难阻挡国家间的交流、民族间的对话。文化的发展在这一全球背景下也产生了新的变化，“文化全球化”在“经济全球化”之后作为一个新概念被提出来。如果一个民族国家无法阻挡“文化全球化”的步伐，那么它只能坦然面对。可以预见，在不久的将来，随着世界联系的增加，文化会作为一种媒介承担起在各国、各地区交流对话的任务。于是，每一个地区都有可能成为一个文化汇聚地，不论是东方还是西方的文化，不论是古代还是现代的文化，不论是强势还是弱势的文化都有可能汇聚一堂，相互冲击、相互印证、相互融合。文化的发展如同人的生老病死一般，也符合自然规律。文化的发展也遵从优胜劣汰法则。于是在未来可以预见的文化大汇聚中，必然有的文化会被扬弃，有的文化会有新的发展。是福？是祸？难以揣测。因此，这个时期完全可以称为文化发展的机遇期。

对于柬埔寨文化的未来发展，我们关心柬埔寨政府与柬埔寨人民的态度。我们欣喜地看到，洪森领导柬埔寨政府对柬埔寨文化发展有正确的规划。战争之后，柬埔寨当局一直努力监管、保护国家遗产，抵抗各种对文化财富的破坏行为。步入和平时期以来，柬埔寨还兴建了大量的学校，全面恢复了高棉传统文化的教育，提升人民的民族自觉意识。同时，也加强了柬埔寨历史和文化的研究，为柬埔寨文化在当代的发展壮大提供有益的借鉴。此外，柬埔寨的部分有识之士，已经注意到了柬埔寨传统文化的重要作用，积极致力于推动传统文化的发展。知史可以明智，可以鉴今，早期真腊和吴哥时代的文化，虽有受到“印度化”的影响，但更重要的是经历过各种“高棉民族化”的过程。许多高棉人已经看到，要提高未来的文化竞争力，就要提倡民族文化，吸收外来有益文化，做到不封闭、不死板。柬埔寨民族历经坎坷，柬埔寨文化时起时落，相信只要柬埔寨政府能够维持良好的内外环境，并采取合理的文化政策，柬埔寨的文化就一定会有重现辉煌的时刻。

第三章　民间信仰

柬埔寨民间信仰源自柬埔寨社会历史，以自然崇拜、图腾崇拜、祖先崇拜以及其他地方神灵崇拜为核心，缺乏统一的信仰体系，但它有一套具有稳定性、自发性、庞杂性、功利性、融合性、全民性的非制度化的自然宗教及其相关信仰习俗。

首先，相对于以婆罗门教和佛教信仰为主的大文化传统[①]往往受制于最高统治者的政策，在历史上多次发生添加、融合甚至摒弃、断裂的情况来说，柬埔寨民间信仰这种小文化传统通过家族、乡族的世代相传反而更具稳定性，并具有深厚的社会基础和文化土壤，进而有着非常强大的文化生命力。

其次，柬埔寨民间信仰可以追溯到原始社会的自然崇拜、鬼魂崇拜等，这些内容自古以来就缺乏固定的程序、规则和组织，因而呈现出一种原始性、自发性、神秘性、分散性的特点。

再者，以一般信徒的眼光看来，多信仰一个神灵就多一层保障，因此柬埔寨民间信仰中有山、水崇拜，蛇神、象神、牛神崇拜，稻神崇拜，家祖鬼魂崇拜，行业祖师崇拜，奇人功臣崇拜，波罗蜜崇拜，涅达崇拜，等等，构成了十分庞杂的神鬼体系。

第四是功利性。人们信仰某种超自然力量不完全是出于精神或灵魂的解脱，而是出于实用功利性的现实利益诉求。柬埔寨有95%的人口都是佛教徒，尽管佛教是人们心中最高的精神寄托，但在涉及生活中的各种现实需求时，往往虔诚的佛教徒也会求助于丰富的超自然世界，寻求鬼神、祖先神或其他被人们普遍认可的神灵的帮助，来达到祈福禳灾的目的。

第五是融合性。民间信仰不具有排他性，在大多数信众的观念中，神灵不分彼此亲疏，只要灵验就要敬奉之。不同的神灵被供奉在同一处民间信仰的活动场所中，共享百姓香火的现象相当普遍。

---

① 文化传统有“大传统”和“小传统”之分，人类学家一般把占据社会主流位置及其传衍叫作“大传统”；把民间信仰和民间文化的世代相传叫作“小传统”。

第六是全民性。柬埔寨无论是高官还是平民，国王还是农妇，几乎全民都是民间信仰的信众。民间信仰与佛教信仰的交织共存，你中有我，我中有你，这也是民间信仰在柬埔寨受到普遍接纳的一个重要表现。在农村、高棉少数民族聚居区或是住在偏远地区的人们在信仰上更多样、更严格。

可见，对超自然力量精神体的信仰已经成为柬埔寨人一种根深蒂固的宇宙观，甚至与佛教信仰实践并行不悖、融合发展。由于民间信仰和过去连接得更为紧密，传统文化的密码在民间信仰和民间文化中埋藏得也更为深邃。因此，民间信仰是柬埔寨文化中不可分割的组成部分，是研究柬埔寨文化不可缺少的重要课题。

第一节　自然崇拜

自然崇拜是把自然界的某一事物或某种现象加以神化并进行崇拜的一种信仰。它是远古时期人们对复杂的自然界缺乏认识而导致的一种崇拜现象。在原始社会阶段，生产力发展水平极其低下，农业生产停留在刀耕火种阶段，古代柬埔寨人对自然环境有着极大的依赖性。当人们遇到干旱少雨，农作物歉收，六畜遭灾而找不到原因时，人们就只好认为，是自己在生活中的诸多不慎触怒了自然界的诸神，于是自然界以普降灾祸的方式惩罚人间生灵，等等。正是人们对影响生产、生活的各种自然力量无法解释、无能为力，从而产生了对自然界的敬畏感。他们将自然界中与自己的生活息息相关的生物或者现象加以神化，产生了“万物有灵”和“灵魂不灭”的观念。

在柬埔寨人的传统观念中，动物、植物、太阳、星辰、山、水、土、火、树木、水稻等等自然事物或现象中都有神灵驻守，它们能够掌控自然的一切和人类的祸福。在众多自然崇拜中，柬埔寨人对水、大地、山、水稻的崇拜就显得尤为普遍。

一、水崇拜

水崇拜是世界上部分民族信仰的重要内容之一，是一种植根于传统农业社会中的自然崇拜。柬埔寨拥有独具特色的水崇拜文化，水崇拜无论在柬埔寨官方还是民间都很盛行，信仰对象十分广泛，信仰形式多种多样。

柬埔寨地处北回归线以南，属于典型的热带季风性气候国家，雨量充沛，国内河流众多，水系发达，水资源丰富。自古以来，柬埔寨人就以稻米生产为主要生产方式，形成了傍水而居、沿河而行的生活习惯，生活的地点也主要集中分布在洞里萨湖周围和湄公河沿岸。水关系着柬埔寨人生活的方方面面，人们对水的认知具有较为独特的感受与体验，对水的依赖性远超过其他任何东西。但水有些时候也扮演着“双刃剑”的角色，并非总能给柬埔寨人民带来福音——水多成涝、水少成旱等自然灾害现象也会常常发生。受到时代和生产力发展的限制，古代柬埔寨人对降雨的知识知之甚少，认为在冥冥之中有一种神秘的力量在操纵雨水，所以人们便把水或雨水神化成为水神、河神或雨神，加以敬奉，把风调雨顺、农业丰收、(水上)出行平安的希望寄托于这些神灵。特别是在海边或河流沿岸的村落常常能见到供奉河(水)神的神屋，划船经过神屋的渔民也会停下船只虔诚祭拜后再继续前行，祈求神灵保佑出行平安。古代柬埔寨人靠经验认为，佛历比萨月是开始降雨的月份，如果这个月没有降雨，之后可能就更不会有雨，从王宫到民间，都会举行盛大的求雨仪式。此外，人们还会在一些重要的节日举行一些祈求风调雨顺的的节日庆典，如每年佛历六月下弦初四(一般在公历5月)举行御耕节，佛历十二月十五日(一般在公历11月)月圆时举行送水节，等等。

水被柬埔寨看作是通神性的圣洁之物，是与鬼神交流的一个重要媒介。祭师在祭祀或求神仪式时会一边念诵经文，一边洒水。柬埔寨人在发生争执需要请智者仲裁时，常常会有立誓习俗。即争执双方在在立誓仪式喝下“立誓水”(Dek Sompok)，所说的话才会被众人相信。通常，喝下“立誓水”的人就不敢再说谎话，否则很快就会受到神的惩罚，喝“立誓水”也能督促立誓者克服困难去完成自己立下的誓言。喝“立誓水”的习俗早在扶南时期就存在着，K292号石碑上就有大段关于国王举行立誓仪式，所有臣民喝“立誓水”对国王和国家表达忠心的记载。柬埔寨人还有对“圣水”(Dek Mont)的信仰，“圣水”又称“吉祥水”(Dek Mongkol)，是指僧侣诵经或法师念咒后喷洒、搅动后所得的带有神力或法力的水，通常由僧侣或法师洒在信徒的头上或全身，可以冲走身上污秽的、不祥的东西，给人们带来吉祥安康。现在，人们在每次民俗节日上，除了准备各种供品外，还要准备一瓢混合了各种花朵的水，敬请僧侣洒水赐福。一旦听说哪里有一位特别厉害的占卜师或法师，人们也会趋之若鹜，请这位法师占卜吉凶，并施洒圣水赐福。有的人还会将水装入瓶子，请法师念巴利语咒文，再带回家洗脸或喝下。柬埔寨人生病时也喜欢求助于“圣水”的力量，人们认为，一般的草药都治不好的病，一定是邪魔入侵体内而导致的，于是要求助于僧人或法师驱魔。驱魔的方法也是念诵经文或咒语，反复浇洒圣水。从“圣水”信仰还衍生出了柬埔寨的“香水浴节”(Pon Srong Sokunveari)，人们相信加入了带有馥郁香味花朵的水更具神力，能帮助人们延年益寿，永保平安。

被柬埔寨人看作吉祥之水的还有很多，如“索姆布尔水”(Dek Sompur)，即一种经过香烛烟熏后加入熟透了的索姆布尔果、桔子片混合制成的水，被认为是一种吉祥之水；“克洛赫水”(Dek Kloh)，即浇在湿婆神和新登基国王头上的圣水；“乳汁圣水”(Dek Douh Mday Thlai)，即女性的乳汁，被柬埔寨人视为是珍贵的、圣洁的液体，有驱邪避害的功能；“林伽尤尼水”(Dek Oung Pompong Kheche)，林伽是湿婆神的生殖器，尤尼是湿婆神妻子乌玛的生殖器。人们在举行祈祷仪式时将水注入雕成尤尼形状的石器中，再将雕成林伽形状的石器放在尤尼石器之上，从四周溢出来的水就是林伽尤尼水，被认为是吉祥之水。

受到印度婆罗门教文化影响后的水崇拜又增添了“净化”的内涵。在吴哥王朝时期的柬埔寨，人们多以暹粒河为自己的圣河，有用圣水洁身的信仰习俗。遵照湿婆迎恒河圣水下凡的印度神话，柬埔寨人也在暹粒河的发源地荔枝山(位于暹粒东北大约50公里)的河床上雕刻了象征湿婆的“千林伽”浮雕群。一千个林伽被精巧地雕刻在河床之上，堪称河床雕刻的一大奇观。河水流过这一千个林伽石雕，即得到了净化也获得了神性，成为“神水”。神水能洗掉晦气、罪恶、净化灵魂，得到神的佑护。在千林伽浮雕群旁有一个人工开凿的池塘，这可能也是用来给当时教徒们沐浴圣水的地方。荔枝山和“千林伽河”因此也被视为是柬埔寨最神圣的山脉和河流，直到今日，每逢周末和节日仍会有大批人前来朝圣。以吴哥建筑群为代表的诸多宗教庙宇内也多设有护城河和蓄水池，祭祀者在朝拜前都要下到池中洁身沐浴。而生活在暹粒省之外的人们也会就近选择一条河作为自己的圣河加以崇拜。生活在没有河流的地区的人们，会挖池塘或围堰，蓄水以崇拜。因此在今天，我们常常可以看到柬埔寨各地多有被湖泊、池塘或者至少是深水田围绕的小丘陵，这些都是古人水崇拜留下的遗迹。

现在，柬埔寨人仍把水当作圣洁的象征加以崇拜。有人犯下过错，在忏悔和弥补过错之前，必须先用纯净之水冲洗身体，或是喝下一杯水。冲洗身体或喝下去的水能洗涤人们的身心，帮助人们放下傲慢之心，回归本源。在柬埔寨人的婚俗中，新郎新娘在开始婚礼仪式之前还要参加一个盛大的“沐浴仪式”。在高棉乐的伴奏下，主持仪式的阿嘉、新郎新娘双方父母以及挚友亲朋会簇拥着新郎新娘前往沐浴地点，通常是在一个临时搭起来的竹棚里，在高棉乐的伴奏下完成沐浴净身的仪式，寓意二人将婚前所做过的错事、累积的罪恶清洗干净，一起迎接新的生活。除了沐浴身体，还有“洗足仪式”。新娘要在婚礼上为新郎洗脚，新郎需恭敬站立接受妻子的洗足礼。这一仪式取意自柬埔寨传统意识中“妻子是大地，丈夫是水”的理念，妻子亲手用洁净之水洗去丈夫脚上沾染上的污秽，象征着妻子对丈夫的顺从和祝福。水也是柬埔寨人葬礼上重要的圣洁之物。早在扶南时期柬埔寨就有了水葬习俗，将尸体或是火化后的骨灰放到河中，让河水带走。柬埔寨人还认为，水能让死去的人在开启新生命之前变得纯净，因此人死后要先用水洗去身体上的污秽，再放入棺木。

由此可见，水在柬埔寨人民心目当中的地位非常重要，人们对水的敬仰和崇拜也渗透在生活中的方方面面，他们由出生到死亡都满怀对水的眷恋和感恩，只希望对水的真挚崇拜能够真正带给他们好运与福祉。

二、山崇拜

山崇拜也是柬埔寨先民自然崇拜的主要形式之一。柬埔寨高原和山地约占国土面积的54%，地势呈三面高、中间低，东、西、北三面多为高原、山地。在眼中充满迷雾、心中充满好奇的先民眼中，山峰是大地上最显著的地貌景观，它们崇高巍峨、永恒坚固，似乎更接近天空中的星辰，因此它们与同样崇高且永恒的神灵有着千丝万缕的联系。山是土地的中心，是距离上天神灵最近的地方，置身于高山之中便能够得到神灵的庇佑，同样也是国家稳定的象征。人们渐渐把高山神化并形成了对其独特的向往与崇拜，至今在柬埔寨的一些地区都还可以找到这种原始的山神信仰的痕迹。人们总是选择山作为供奉和祭拜神灵的地方。只要有山，无论是山脚或山顶，都可见到人们建祠拜神的活动。而在没有山的人口聚居的城市，为了修筑供奉神灵的庙宇，人们也会用土堆出一个小丘陵，再在丘陵之上建造神祠，供人膜拜。如金边的“塔仔山”据说就是人们用土堆出来的。塔仔山高约百米，在山上可以俯瞰整个金边风貌，山顶供有“奔大娘”之像，被认为是金边的发祥地，也是金边人民拜祭神佛的圣地。

对山的崇拜是柬埔寨人的原始信仰，它扎根于柬埔寨人的意识里，代代相传，且愈往后愈强烈，并向许多方面扩展。特别是在与印度宗教文化中的宇宙观、王权与宗教相连的神王合一观念结合后，形成了柬埔寨自上而下的“神山崇拜”思想。

在印度教和佛教的宇宙观中，世界的中心为神界须弥山。扶南王国延续了600多年，几易都城，但每个王都里都少不了神山的存在。人们在神山上建造庙宇神祠，甚至把国王的宫殿也建到了山上。为了更好地与神沟通，柬埔寨很多国王会为自己加上“山岭之王”或“山帝”①的尊号，彰显了自己君王地位的至高无上和不可逾越，又表达出对神灵的膜拜与敬意。历史上，摩诃因陀罗跋摩国王征战无数，每当战争胜利、占领了一个新的地区，国王都要刻石记功，这些石碑上也记录下了国王在扩张领土过程中修建林伽的情况，而建立林伽的目的也是把它献给“山帝”，即国王本人。国王以“神山之王”的崇高身份自居，居住在天地间神圣的会合之地——被视为宇宙中心的须弥山中，与天神息息相通，故而取得了至高无上的统治地位。最典型的山庙建筑是真腊王朝的第四位君主耶输跋摩一世迁都“耶输特拉补罗”（Yasodhar Apurd）城后在巴肯山上修筑的神庙和宫殿。巴肯山位于耶输特拉补罗城的中心位置，巴肯山庙共七层，代表印度教的七重天，最上面一层的中央高塔代表着世界的中心，下面六层有108座塔，加上轴心塔一共109座，不断向上攀登，也就离神越近。

柬埔寨人的“山水观”与中国易经中的阴阳调和学说相似，山为阳、水为阴。在柬埔寨，名山多被贯名为“巴”（Ba，意为“父亲”），如巴肯山、巴戎山（特指巴戎寺中的山形塔殿）；大河则为“湄”（Me，意为“母亲”），如湄公河。柬埔寨人心目中的宇宙模式即是，以须弥山作为世界中心，海洋、星辰、岛屿和石垣环绕其外的这样一个山水相融的精神世界。人们在修建神庙塔殿的同时，多会选址有水环绕之处，或是人工挖掘出河道或沟渠，表现出对神界的向往。非凡的吴哥建筑群完美地表达了柬埔寨人这种山水相融、阴阳调和的想象。建筑群中每一座庙宇的主体建筑几乎都采取了“庙山”加“塔殿”②的建筑形式，好像是用石头垒起了一座座大大小小的神殿、山峰。庙宇周围都有护城河或者有深深的壕沟，象征海洋围绕着圣山，将山水相融这一核心概念表现得淋漓尽致。

---

① “山帝”，Girisa，梵文，音译为“耆利沙”，意为“山之帝王”。

② 参见第五章第四节中的相关内容。

三、稻神崇拜

柬埔寨有着非常悠久的稻米文化。先人们受万物有灵观念的影响，相信稻米也有灵魂。柬埔寨神话故事《水稻的来历》这样讲到：起初，柬埔寨的水稻漫山遍野地自然生长，成熟后自动飞入人们的谷仓。但有一天，一个横蛮不讲理的妇女嫌稻谷飞进她家的谷仓时声音太大，用木棒狠狠地抽打稻谷。稻谷一气之下，躲进深山老林的石头缝里。人们因此遭受饥荒，焦急万分。鱼儿自告奋勇去找稻王，央求稻谷回去救助人们，稻王答应了，但是自此，人们必须经过辛勤的耕作，才能收获稻谷。这则故事暗示了柬埔寨人把野生稻驯化为栽培稻的历史事实，也反映出稻神崇拜活动在柬埔寨悠久的历史。如今，在柬埔寨很多地区依然保留着“祭稻神”、“招稻魂”的仪式。

招稻魂仪式是在开始播种之前举行的。人们认为，在上一季稻米收割完成后，稻魂会飞走。因此，只有在新一轮种稻之前举行祭祀祈祷仪式将飞走的稻魂招回，稻田才能得到丰收。否则，稻谷收成将无法满足人们的需求，干旱、病虫害等灾情将会不期而至。如果是每年都在耕种的“老地”，招稻魂仪式必须在柬历第四个月帕勒昆月（Palkun，大概在公历的2月中旬到3月中旬）至比萨月（Pisa，大约在公历5月）之间进行。但如果是从未耕种过的新地，则要在杰斯月（Ces，大约在公历6月）进行。选择刚下过雨，土地湿润的日子举行祭祀为最佳。

日子一旦选定，人们便开始杀鸡宰狗，准备各类祭祀品。仪式由最具威望的族长或村长主持，全村人都会穿着传统服饰盛装参加。人们会依据自己的能力准备煮好的鸡汤、猪头、米粉、粽子、酒缸和香烛等祭品，带到自家稻田边开始祭祀活动。仪式开始时，先由农民在自家稻田中央处种上一棵被称作“布劳迪乐稻”（Ploteal）的植物，这是一种带有芳香的根茎类植物，多用于传统药物，好被看作是有神灵居住、有魔法的植物。种好布劳迪乐稻，人们回到田边聚集在一个丘陵或小山脚旁，一起吹号角、击鼓、跳“种稻舞”。在音乐的伴奏下，五名男子双手持树棍跟着乐手的节奏唱歌，歌名叫“提高收成的团队”。有的地方会专门在空地上设一个舞台，让专人在舞台上唱歌。在歌曲的伴奏下，五名女子每人持一根放满了稻种的竹筒，随着鼓乐节奏在田中跳舞，做各种类似播种的动作。舞蹈结束后，参加仪式的人每人喝一口缸中的酒，再喷洒到稻田中，一起念诵祷词祈祷稻神归来。仪式结束后，人们会抓紧时间播种，有人负责手持木棍在田里点洞，有人负责播撒稻种。按照传统，一片稻田必须在一天之内播种完毕；如果稻田面积太大，则可以请人帮忙完成。

以前，在某些年份（一般是每隔三年或是在灾情比较严重的年份），各村还会举行祭祀稻神仪式，祈求稻神原谅村民的无心冒犯，保佑全村稻谷丰收、平安幸福。祭稻神仪式的来源与一个民间传说有关。相传在很久以前，在一个人迹罕至的地方，有一个部落会在播种时举行祭稻神仪式。由于缺少举行仪式所用的器物，族长派了五名手下到森林中寻找。这五名手下中有一位名叫柏克的大爷是这个小队的领导，是一位森林经验非常丰富的老人，从来没在森林中迷失过方向，凶猛的野兽见到他也都不会袭击。这五个人的计划是当天就能找到所需物品并返回村庄，便轻装上阵。可是事与愿违，他们不仅迷了路，还彼此走散了。柏克大爷一个人误打误撞走进了森林中的禁区——当地人称“阿拉森林”[“阿拉”(Arak)在柬埔寨语中即“鬼神”的意思。柬埔寨人相信一旦走入阿拉森林就会惊动鬼神，招来祸害]。柏克大爷早已断粮，筋疲力尽，又饥又渴，就在一棵大树根下倒下睡觉了，突然梦到掌管土地和水的涅达神嘱咐他，再往前走一点会遇到水源，但不能喝，在水池旁边有一株株的稻子，他可以吃一些，但一定不能吃到饱，否则就会变成老虎；如果变成老虎后想变回成人，就必须用棍子打自己鼻梁三下，如果不照做并继续做错事，就会永远做一只老虎。柏克大爷醒来继续前行，梦里涅达神所说的事情真的出现了，大爷遇到了很多长着熟透了的黄灿灿谷粒的稻子，他实在是太饿了，就忍不住摘下来吃，并且把涅达神的话忘到了脑后。刚刚吃到饱，大爷的身体就变成了老虎的样子，他这时才想起涅达神的话，抓起一根棍子猛打了自己的鼻梁三下，身体才又恢复了人形。这之后，柏克大爷找到了四个同伴，并一起来到这个禁林，将自己的奇遇告诉了同伴们。就在这时，太阳快要落山了，天空阴沉了下来，并下起了瓢泼大雨。五个同伴都非常高兴，一边打稻子来吃，一边又唱又跳，全然忘记了祭祀稻神仪式的事，于是五人永远地变成了老虎。有了这样一个传说，村民们更是对稻神生出敬畏之情。

招稻魂、祭稻神仪式在蒙多基里省，那塔纳基里省等东北部省份的山地高棉人族群中广泛存在，每年都会举行，是当地民间一项重大的活动。平原高棉人[①]

① 即我们通常说的高棉族人。

在开始耕作之前也有类似的仪式。平原高棉族先民自古就有对谷神“柏列贝斯诺波”的信仰，并且也相信在收割稻米后，稻谷中的神灵都离开大地，回到神界。在下一季开始播种之前，人们就必须举行祭祀仪式，恳求谷神放回稻谷的魂魄，只有这样才能确保丰收。不同在于平原高棉族的仪式中似乎更倾向于向他们心中掌管土地和水的“涅达”[①]或是掌管八方的“卜姆涅达”来祈求丰收。

四、其他自然崇拜

火神崇拜：人们信仰火神“柏列普楞”，认为火能让一切事物都变得纯净，能将人类死后的灵魂送上神界，开启新的生命。因此在葬礼上人们会敬请火神来融化、净化尸体。火神崇拜到后来由于受到印度文化的影响，还发展出了御耕节上的祭火仪式。为了举行这一仪式，能工巧匠们要在圣田周围搭起五个颜色鲜丽、光彩夺目的圆形亭子，每个亭内供放一尊佛像，每尊佛像前堆一个三层的小土山，土山顶中央挖一个长、宽、深各22厘米的四方形小坑，坑的四壁涂上鲜牛粪，坑内放着9根长约15厘米的干柴。仪式开始，“御耕王”点燃干柴，僧侣诵经祷告，欢乐的人们围绕土山，用吉祥树叶蘸着蜂蜜和油，往火坑里洒，同时把牛奶或牛油慢慢往里倒，以乞求火神保佑五谷丰登，国泰民安。

风神崇拜：在柬埔寨，一年一度的风神“柏列比伊”祭拜仪式非常隆重，通常和放风筝仪式同时进行。人们认为，风神为人们提供了呼吸所用的新鲜空气，如果没有风，生命也会完结。祭风神仪式中，人们会在祭坛的四个方向安置代表风神的神像，前来参加仪式的人都要点燃香烛在神像面前祈福，祈求风神保佑自己和家人平安幸福。放风筝也是为了感恩风神的护佑，如果巨大的风筝不慎掉在某个屋顶上，为求安心，屋子的主人会要求风筝的主人举行一个祈祷仪式，愿风神将好运带给家人。

牛崇拜：崇牛习俗和信仰与柬埔寨人的生产生活密不可分。柬埔寨人自古以来对牛就有着特殊的感情。人们认为，使用牛的农垦对于谷物的生长起着最为重要的作用，认为黄牛和水牛都有神灵护体，并常常直接尊称神牛“柏列哥”(Preah Ko)为“大神”——“柏列”(Preah)。在以祈求农业生产风调雨顺和五谷丰登为目的而举行的御耕节上，人们在挑选好的“神牛”面前准备好稻谷、青豆、玉米等

① 本章第四节将对“涅达”进行专节讲述。

食物，无比虔诚地祈求神牛带来农耕的好兆头，然后放开神牛去任意挑选银盘里的食物，根据其吃的食物来预卜一年的吉凶。因为有崇牛习俗，柬埔寨人基本不吃牛肉。如果有人伤害了牛，必会招致灾祸。但在很多重要的祭祀仪式上，牛又会因其与神之间密切的联系，而被当作最重要的祭品。

象崇拜：柬埔寨人认为大象也是一种有神力的动物，他能给生活带来幸福，给战场上的士兵带来胜利。大象是替"涅达神"传递愿望的使者。在建房子或建村庄时，人们必须在修建的地方举行祭祀仪式。在仪式上人们询问大象是否可以在此修建，如果大象沉默不语，就表示涅达神同意；如果烦躁不安，则是不同意。在挑选国王时，也要询问大象，官员则没有决定权。如果做梦梦到大象，就一定会下雨。象牙也被视作是一种非常灵验的神器，还是一种特别有效的药材。

总的来看，柬埔寨人对自然神的信仰主要表现在对自然物（有生命物质以及无生命物质）的崇拜。所有的这些崇拜和信仰都与柬埔寨特殊的地理环境和自然气候有着千丝万缕的联系，同时又在一定程度上受到了本土和外来宗教文化的作用与影响，在久远的历史之前就开始在柬埔寨人头脑中留下深刻的烙印，至今依然能够在柬埔寨的文化生活习俗中找到相关的印记。

第二节　图腾崇拜

在洪荒远古时代，人类的生存条件恶劣，改造自然的能力十分低下，自然界被看作是一个完全异己的、有无限威力的对立存在。生活在其中的人类既畏惧自然界的强大和凶险，又试图选择最可怕、最强大者作为崇拜对象加以亲近。由此，逐渐形成了人类最初的精神信仰——图腾崇拜。柬埔寨先民原始信仰中的崇蛇习俗，在受到印度宗教文化中那伽形象的影响后，又给蛇注入人类特有的血缘和亲族观念，从而演变成独具特色的那伽图腾崇拜，在柬埔寨民众中有着非常崇高的地位。

一、从崇蛇习俗到那伽图腾信仰

图腾信仰从对象的选择、确定到文化内涵的赋予，都与其特定的生存环境和社会发展程度、生产力水平有密切的关联。被柬埔寨先人选为始祖神的动物有蛇、鸡、牛、蜥蜴、象、蜈蚣等，其中，以蛇图腾崇拜最为突出。柬埔寨地处中南半岛，气候湿热、水网密布、植物丛生，为蛇类的生存和繁殖提供了优越的自然条件。蛇不仅能在陆地打洞穴居，在丛林中攀树，还能在川泽中涉水渡河，生存能力极强。蛇的毒牙能致人死亡，是一种可怕危险的动物。根据古代柬埔寨人的信仰，蛇来自于阳光普照的淤积地、湖泊和河流当中，比其他动物都机警聪明，因此蛇在恶劣的环境尤其是自然界当中扮演着重要的角色。正是这些特征使得蛇成为柬埔寨先民们崇拜的对象。

柬埔寨先民会通过悬挂带有蛇形象的旗帜来举行祭蛇仪式，祈求得到蛇神的庇佑。人们还相信，被蛇咬过的人只要潜心凝视蛇旗，伤口便能即刻痊愈。先民还认为，蛇是雨水的象征，蛇能够为生灵提供和创造生命之水，使世间万物可以正常地生存和繁衍，维持自然平衡和保护人类平安。按照柬埔寨人的说法，蛇神分为四种，有各自的职能：第一种称为神蛇，它的职责是守护天神；第二种称为天蛇，它的任务是降雨；第三种是金刚蛇，负责保卫海洋和河流；第四种是护宝蛇，能够保护埋在地下的财宝。

在受到印度文化影响后，柬埔寨先民对蛇的这种原始崇拜，逐渐与印度宗教文化中的那伽形象结合。那伽（Naga）是一个梵语和巴利语中的词汇，在柬埔寨语中称作“Neak”。蛇王那伽在古代印度文明中是一种经过了神化的蛇，其形象在婆罗门教、印度教和佛教经典中经常出现。与那伽形象结合后的柬埔寨蛇崇拜被注入了人类特有的血缘和亲族观念，蛇开始显示出它从来没有过的神圣性。柬埔寨古老的蛇崇拜逐渐发展为一种相对理性化、具有本土特色的那伽图腾信仰。在柬埔寨古代石刻、寺庙和祭品上经常会见到那伽蛇神长身蛇状、无足、有一个头或多个头（通常为奇数，三或五或七或九，因为奇数代表着生，而偶数头的那伽则代表着死亡）、有头罩的形象。在柬埔寨人的信仰中，那伽蛇王大致扮演着始祖神和护法者两种角色。

二、始祖神那伽

柬埔寨民族与那伽的亲缘关系在柬埔寨民族起源神话和建国传说中有明显表现。相传扶南国的第一位女王柳叶是那伽蛇王的女儿。在今越南美荻出土的一块658年的石碑记载称：婆罗门混填得到阿斯瓦塔曼赐给他的一杆长矛，他用投掷长矛的方法来选择建都地点。之后他与那伽王之女绍米结婚，当上了国王并建立了绍翁王朝。[①]碑铭的描述与中国史籍所记载的混填与柳叶结合的内容相仿。按照占婆媚山地方发现的古碑铭记载：婆罗门教徒憍陈如从德罗纳的儿子阿湿婆荼摩那里得到一枝神枪，他将神枪投掷出去，神枪落地之处，就是他未来国都所在的地方。憍陈如用这种方法来标定他将来都城的位置。后来，他娶了那伽王之女从而统治了扶南。类似的传说还有那伽公主(Neang Neak)对贸然闯入的柏列唐(Preah Thaong)[②]开战，当柏列唐的长枪扔到那伽公主的军船上，那伽蛇王和王后从水中现身，说服那伽公主与她命中注定的丈夫柏列唐结合，并吸干河水，给他们留下一片肥沃的土地繁衍生息。这些记述或者民间传说的共同点就是，柬埔寨第一位女王是那伽蛇王的女儿，也是柬埔寨人的女始祖。

作为始祖神的那伽在柬埔寨的地位极高，她是整个国家和民族的守护神，是一国兴衰的象征，还是连接人界与神界的桥梁。柬埔寨王宫和各种寺庙里常常有多头那伽的雕像或图案，希望能借用始祖神像神圣的力量，庇佑和保护王室的权威及国家的安定。在柬埔寨，自古流传着国王与那伽蛇女同寝的传说。曾出使真腊国的元朝人周达观在《真腊风土记》中对此有详细记载："其内中金塔，国主夜则卧其上。土人皆谓塔之中有九头蛇精，乃一国之土地主也，系女身。每夜(则)见国主，则先与之同寝交媾，虽其妻亦不敢入。二鼓乃出，方可与妻妾同睡。若此精一夜不见，则番王死期至矣；若番王一夜不往，则必获灾祸。"国王与那伽始祖之间的亲密关系对提升国王的威严也产生了很大的作用和影响，国王在那伽始祖的庇护之下成为神的象征和代言，拥有更加至高无上的权力和地位。

三、护法者那伽

那伽在柬埔寨人心中崇高的地位与它充当护法者的角色有极大的关系。在印度教中，那伽是天神的卫士或贴身物。如三头那伽是毗湿奴的坐骑；五头那伽"阿伦达"是毗湿奴的寝具；九头那伽又叫"维索吉"，是天神与修罗为获得不死甘露而搅动乳海时拉扯的绳子。[③]在佛教信仰中，印度教中的毗湿奴和那伽的故事被移植到佛教上，佛陀、菩萨代替了毗湿奴。那伽被奉为佛教天龙八部中的一支，以

① 陈显泗著:《柬埔寨两千年史》，郑州：中州古籍出版社，1990年，第37页。

② 也被译为"唐王"，因为柬埔寨语中"王"的发音即"柏列"(Preah)。

③ 关于"搅乳海"的具体故事情节大致是：众神与妖魔之间发生战争，最终和解同意通过搅动乳海以获取不死甘露。为了能够搅动乳海，他们将乌龟作为支点，那迦(蛇)自愿同意将自己的身体缠绕在山体之上作为搅乳棒，天神和恶神分别在两侧抓住那迦的头尾，来回反复地拉动，最终经过1000多年的时间才将海水搅成了乳海，并从中获得了许多宝物。

护卫佛法为己任。柬埔寨人相信，那伽是佛陀最后的侍卫。还有柬埔寨壁画显示，佛陀默修时是那伽的头为其遮风挡雨。佛经中写道，佛陀在森林中一棵巨大的树下默修时，一只小蛇来向佛陀请求出家，因其为兽身而不能如愿，于是自愿留在佛陀身边守护佛陀，学习佛法。[①]守护佛陀的那伽是七头那伽，又叫“穆丝卡林”。在吴哥通城北有一座建于阇耶跋摩七世时期的佛教寺庙——龙蟠水池（Preah Neak Pean），在柬埔寨语中的意思是“那伽围绕的神寺”。寺院的主殿是一座供奉观世音菩萨的小塔，坐于七层圆形的基坛之上，基坛底层围绕着两条七头那伽，尾部互相缠绕，昂首挺立，守护着观世音菩萨，寺院因此得名。

柬埔寨人都相信，那伽蛇王是一位颇有修行的神，常常会维护正义，惩戒不公。相传在13世纪时，一位国王的儿子养了一只绿蝇，其侍从的儿子养了一只蜘蛛。一天，王子把绿蝇和蜘蛛放在了一起，蜘蛛咬死了绿蝇。王子很难过，告诉了国王，昏庸的国王为安抚儿子，便命人抓了侍从的儿子并将其沉入河中淹死了。那伽蛇王知道了此事，便决定惩罚国王这种残暴无良的行为，命手下兴风作浪，水淹整个王国。

护法者那伽通常就在江河湖泊中生活和修行。有资料记载[②]，在20世纪初的一个送水节当天，有人在湄公河边看到河中央出现莲花，一团红色火焰冲向10到20米的空中，然后消失了。尽管后来证实这只是一种自然现象，但从那时起，生活在湄公河边村庄中的人们就把这类现象称作“那伽火团”，并相信是居住在湄公河底的那伽王因默修期结束而喷出火团以示庆祝。

总的来说，尽管柬埔寨的那伽图腾崇拜受到印度蛇王那伽神话故事及艺术形象的诸多影响，但柬埔寨人将那伽崇拜本土化，变成他们的始祖神和维护正义和崇高精神的护法者，改变了蛇王那伽的属性和神格，使那伽成为柬埔寨民间信仰文化中一个重要符号。

第三节　鬼神崇拜

随着人类对自然界及自身的了解，对死亡现象及死者逐渐产生了怀念、眷顾及恐惧心理，遂产生了鬼神崇拜。鬼神崇拜与自然崇拜有所不同，自然崇拜是将自然界中的事物或者现象加以神化后而产生的崇拜和信仰，虽然在一定程度上会

① 引自：គង់ សុខហេង. កក្នុងអារ្យធម៌ខ្មែរ(《对高棉文明中水的思考》). ភ្នំពេញ៖គោងពុម្ពពេជ្រណែត. ២០១០:៤០.

② 引自：http：//ipsnew.net/mekong/stories/naga-fireball.html。

受到本土或者外来文化因素的影响，但从根本而言是源自于当地气候、河流、地形等自然环境和条件所带来的影响。而鬼神崇拜主要是指受文化传统影响而出现的精灵崇拜，这里所指的文化既包含有自生自长的本土文化也不排除从别国逐渐传入的外来文化。

柬埔寨人认为，人的灵魂在离开死亡的躯体后是不会消失的，会在这个世上存在着，这样的灵魂又被叫作“自生魂”或“鬼魂”，如家庭祖先、历史人物、行业导师的亡灵；还有一类灵魂很难说得清其来源，可能是通过人们祭祀、祷告、祈祝、许愿等方式产生的，又可以叫做“神灵”，如在柬埔寨具有广泛信众的柏列卜姆涅达神。柬埔寨语里把所有这些灵魂统称为“克茂”(Khmaoc)。因此柬埔寨的鬼神崇拜也可称为“克茂”崇拜。

柬埔寨人相信，克茂大多就居住在人类居住的地方。按克茂所居住的地域划分，“克茂”可分为驻守在家里的“家神”、驻守在一个村子里的“村神”，还有居住在丛林里、大树上、坟场里的“克茂神”，生活在江河湖泊里的“水神”，以及生活在每个大家族中的“族神”，长居寺庙里的“克茂”。不过这种按地域的划分并不精确。

应该说，柬埔寨鬼神体系复杂，名称多变，常有重复指称的情况出现，要想准确分类确实是件棘手的工作。经过大量的调查工作，我们大致将柬埔寨的“克茂”崇拜分为祖先崇拜、波罗蜜神(Parami)崇拜两类进行介绍。祖先崇拜是对家族内外已故祖先的灵魂崇拜，包括对行业祖师灵魂的崇拜。祖先崇拜应属于柬埔寨人原生的文化传统，人们习惯通过祭祀、请僧人颂经等方式帮助这些灵魂摆脱苦难，再通过祷告、祈愿等方式求得祖先灵魂的庇佑施福。对波罗蜜神的崇拜可能受到印度文化的影响，波罗蜜神通常是神话传说中、历史传奇中的人物或动物，它们的亡魂多附在寺庙中的佛像或其它实物之上，被认为具有很强的法力，并且常常通过选定的通灵者施以更大的影响。

一、祖先崇拜

祖先崇拜即对祖先亡灵的供奉和祭拜以帮助这些亡灵摆脱苦难，并祈祷祖先保佑现世子孙避开灾祸和生活安康的一种信仰。作为人类信仰生活中极为普遍的一种文化现象，祖先崇拜源于原始人类自然宗教的灵魂观念和冥世观念形成之后，是鬼魂崇拜与家族血缘观念结合的产物。柬埔寨的祖先崇拜可以分为父母神崇拜、谱系祖先崇拜和梅巴(Meba)祖先崇拜三类。

(一)父母神崇拜

柬埔寨人相信，父母有恩于子女，就好像家中的神灵一般。孩子们应该懂得感恩并报答父母之恩。父母去世后，其灵魂也总会庇佑子孙。柬埔寨自古就有对父母亡灵崇拜的传统。古时候，人们会把死者生前用过的各种物品都放入坟中陪葬。后来慢慢出现了对父母亡灵的祭拜仪式。现在的柬埔寨人还喜欢留下已故父母的牙齿镶上金，或雕刻上佛像神像，然后串成项链，随身携带，以怀念父母之恩德。每到斋日，人们要敬上香烛，奉上花果。每年传统节日期间，子孙们还要去父母坟前或骨灰塔前祭拜或请僧人诵经，以感念父母恩德，祈求父母灵魂的庇佑。人们相信，感念父母恩德的这些做法也能换来父母灵魂对自己平安幸福的庇佑。凡遇到困难灾祸之时，人们也会最先向父母的灵魂祈愿。

(二)谱系祖先崇拜

柬埔寨每个家庭都有两套谱系家神系统(ជួរជំបួរ):母系家神和父系家神。古代的柬埔寨，如果家中有人患病，就会请占卜师或通灵者算出是触怒了母系家神还是父系家神，然后操办一个通灵仪式，伴随着专门与鬼神交流的阿拉乐，向家神奉上祭品，祈求他们息怒。

(三)梅巴祖先崇拜

柬埔寨人将所有已故祖先的灵魂统称为“梅巴神灵”(Ploleung Meba)，并认为，这些祖先的灵魂都会一直存在，不仅会庇佑后世子孙的成长发展，而且还会监督后世子孙的行为规范。如果子孙们没有能够按照家族或者社会的道德规范和行为准则为人做事，就会触犯和激怒梅巴神灵，梅巴神灵将会使家庭中的某个成员身体生病，以此作为对犯错之人的警示和提醒。

一般来说，柬埔寨人将违逆梅巴神灵的行为归结为主要三类。第一类是违逆“老者梅巴”(មេបាចាស់ទុំ)的行为，即家庭成员发生争吵等冲突而造成家人关系不和睦的行为。祖先神灵会降怒于一位家庭成员并让其患病。人们只能通过祭祀仪式，请求祖先息怒，有错误行为的人立誓不再与家人争执，并祈求祖先神灵帮助病人恢复健康。第二类是违逆“青年梅巴”(មេបាក្រមុំកម្លោះ)的行为，即青年男女发生偷情之事，通常是指年轻女性在未经父母允许的情况下，背地里偷偷与异性发生了男女关系。在这种情况之下，祖先神灵也会让某个家庭成员的身体出现疾病特征。为了使病人尽快痊愈，家中长辈会采用“蛋卜[①]”的方法找出偷情的女性，并要求她在病者的卧室当中进行祭祀梅巴神灵的活动，以此求得梅巴神灵的宽恕和原谅，帮助病人重获健康。三是违逆“坚定梅巴”(មេបាផ្កប់មុខ)的行为，即妻子背叛丈夫的行为，同样会触怒祖先的神灵，造成家庭成员生病。家中长辈同样采用“蛋卜”的方法在已婚女性中找出犯错之人，再来进行赎罪。

在柬埔寨一个口耳相传的有关亡人节起源的传说中提到，柬埔寨人起初也没有祭拜祖先的传统。亡魂几百年都无人祭拜，饥饿难耐，就会吃掉睡梦中的人充饥。在一次饿鬼们正想吃掉途经一座孤岛的船队商人时，商人们惊醒了，便乞求饿鬼及阎罗王饶命，并承诺日后回到家中，必将定期向鬼魂们供奉可口食物，并会世代相传下去。阎罗王和饿鬼们这才放过商人。自此，柬埔寨人就开始有了祭拜祖先的传统。而每年佛历十月中下旬柬埔寨雷雨频发的季节，人们就认为，天空乌云密布、雷声大作，倾盆大雨之时，就是阎罗王释放祖先亡魂，让他们回到自己的家乡，探望亲人，寻找美食的时候。人们要准备好食物缅怀追思祭祀祖先，逐渐形成了柬埔寨最重要的传统节日亡人节。亡人节是柬埔寨所有传统节日中最受民众重视的节日，甚至超过了传统新年。人们会不远万里，不辞辛劳回乡过节，虔诚地完成繁琐的节日程序。柬埔寨人普遍认为，新年只是在世亲人间的聚会，而亡人节是一年中唯一一个可以和去世的亲人相聚的节日，更能实现“全家团聚”的意义。

柬埔寨的祖先崇拜习俗也与中国文化的影响有一定的关联。历史上，中国东南沿海的福建等地的居民迁移到东南亚的柬埔寨等国家定居，与当地人通婚，繁衍后代，也把中国传统祭祖习俗传承了下来。有着华人血统的家庭，屋内大都会供奉着一个写着汉字“祖位”或“神位”的神龛。神龛是世代相传的，后人可能已经不清楚神龛上书写的内容，也记不得神龛中供奉的祖先是哪一代先祖，但在家中供上祖宗的牌位已经成为一种习俗被延续下来。在柬埔寨，祖上只要有华人，家里就会有类似的祖先神位。即使远亲是中国人，只要后人知道了，也会进行供奉。有的华人后代家庭家中有人患上疾病，请来占卦师算命，其结果常常会将原因归于没有供奉祖先神位。这种供奉祖先的神龛上多有汉字祷文，中式风格明显，也是判断华人家庭后裔的重要标志。神龛放置的位置也会有两种情况，一种是按照中国的传统置于地面，另一种是依照柬埔寨习俗将其悬挂在墙上。

---

① “蛋卜”即是用生蛋或熟蛋的流动方向、形状、位置等特征确定吉凶的一种占卜方式。

生活在柬埔寨东北地区密林中的上高棉人认为，人身上所产生的病痛全都是祖先神的行为，是人们犯了禁忌，触怒了祖先神而降罪于人。上高棉人很少选择现代医学治疗疾病，而是用祭祀等方式希望达到祛病康复的效果。通常，病人的家庭会举行三天的祭祀，吃、喝、跳舞，但这期间严格禁止进出病人房间，如有违反必将有惩罚，直到病人完全康复了才能正常进出。如果病情在祭祀后仍不见好转，并愈发严重，就需要有更加虔诚、规模更大的“杀牛饮酒”祭祀仪式，祭品要会用到被奉为圣物的水牛。仪式上，人们砍来三段1.5分米直径的树，两段2米长，一段3米长。选择一头成年公牛，用藤绳拴在被置于村庄的中心广场一个大柱子上，柱子周围还摆上大大小小的酒缸。村长点燃香烛，念诵祭辞，然后在公牛头上浇水。接下来，所有参与者一齐敲打锣鼓，吹奏起音乐，围着拴公牛的柱子跳起“杀牛饮酒舞”，最后人们杀死公牛，取血和肉祭献祖先神。

（四）“巴特雅”行业导师崇拜

在柬埔寨语中，“巴特雅”（បាធ្យាយ或គ្រូបាធ្យាយ）就是指那些生前在知识（如治病、算命等）、技能（如音乐、舞蹈、武术等）或者是精神（如行为规范等）领域为业并担当导师的人。在“巴特雅”导师去世之后，他们的灵魂也会成为从事同一行业的徒子徒孙们崇拜和信仰的对象。柬埔寨人认为，“巴特雅”导师就如同亲生父母一般，对徒弟有巨大的恩情，因此必须每天烧香点烛、供奉花果，以此来感念导师的恩德，并求得幸福安康。在使用这些技能，特别是参加竞赛或演出之前，也要对“巴特雅”导师进行隆重的祭拜仪式，祈求得到导师灵魂的护佑，在竞赛或演出中取得胜利和成功。如果不慎触怒了导师灵魂，人们也会生病，只有对导师灵魂进行祭祀，才有可能去除病魔并获得痊愈。

最常见的巴特雅导师崇拜仪式是在柬埔寨拳术比赛之前。拳手登上擂台，并不急于开始比赛，而是在鼓声伴奏下，专心致志地行祭拜导师礼。祭拜的形式是拳手跟着鼓点，各自摆出各种有涵义的造型，表达对导师的敬意。从另一个角度来看，这也是一种为比赛进行热身的形式。柬埔寨拳手祭拜导师的造型主要有：神兔戏月式、那伽戏水式、加鲁达（金翅鸟）擒蛇式、护身短棒式、四面婆罗门式、田蟹盘绕式、哈努曼妙建桥救悉达式、虎拜式、十面神[①]发威式、鲤鱼张嘴式、罗摩围界式、少女梳妆式、罗摩拉弓式、哈努曼捧水式、少女入蔽日期式、因陀

① 《罗摩衍那》史诗中的人物。

罗神显神威式、那伽含宝石式、工人挖宝石式，等等。

二、波罗蜜神崇拜

在柬埔寨人的鬼神信仰中，有一些鬼神被认为是居住在寺庙中佛陀的塑像上、大型佛像台基中或是菩提树上的，他们常常被人冠上佛学术语“波罗蜜”(Parami)[①]的名号。“波罗蜜神”就是这一类鬼神的统称。具体的波罗蜜神可以是佛经故事、民间故事、神话传说中人物、动物的灵魂，也可以是历史中真实存在的人物灵魂。人们崇拜“波罗蜜”十法的强大力量，故认为有“波罗蜜”名称的鬼神会更加强大。

(一)波罗蜜神的分类

根据Bertrand(2001)[②]的田野调查，柬埔寨的波罗蜜神可以分为五类。

1. 宗教性波罗蜜神

这类波罗蜜神应该是所有波罗蜜神中等级地位最高的，大约占总数的四分之一，其影响力程度也有所不同。

来自婆罗门教的波罗蜜神有:雪山神女乌玛瓦蒂(Oma Vathey，即“Parvati”)、象鼻财神伽内什(Preah Phakkani，即“Ganesh”)、哥鲁达金翅鸟(Champoh Krud，即“Garuda”)、斯蕾克墨(Srey Khmeu)[③]，等等。来自佛教的波罗蜜神有的名字，如维参多(Preah Vesando)、莫克林(Preah Mokklean)、阿雅博(Preah Ayabot)，等等，他们都是佛陀的门徒。但有的格鲁通灵者对此表示异议，因为他们认为这些人不会死去，更不会有亡灵变成波罗蜜神。

地母神辛托拉尼(Neang Preah Hing Thorakni)也被看作一个波罗蜜神，在所有的神龛祭台上都能看到她的神像。还有一些被认为有法力的人物，如修行者(hermits，柬埔寨语中称作Lookta Eysei)、修行法师(hermit monks，柬埔寨语中称作Tabors)或精通某一法术的修行者(learned hermits，柬埔寨语中称作Neak Sachan)。通常为男性，但也有少数为女性。如在荔枝山修行的荔枝山大娘(Look Yiei Phnom Kulen)和波芜姑娘(Neang Pov)。

① “波罗蜜”为佛学术语，出自《华严经》。“波罗蜜”总共包括十个，即：布施、持戒、出离、智慧、精进、忍辱、真实、决意、慈以及舍，又叫“十胜行”，或译为“十度”。这十法是菩萨的必修功课，也是帮助人们摆脱各种困难苦衷的强大外力。

② Bertrand,Kidier.*The Names and Identities of the Boramey Spirits Possessing Cambodian Mediums*.Asian Folklore Studies.2001.

③ 一位黑皮肤的女性神灵，类似婆罗门教女神卡莉，形象可怖，既能造福生灵，也能毁灭生灵。

2. 神话中虚构的波罗蜜神

有近一半的波罗蜜都是柬埔寨自古流传的民间传说、神话故事中虚构的人物。罗摩之子祖普尼克（Chup Leak），月亮神之子单哥玛（Preah Chan Koma）、圣牛（Preah Ko）[①]，宝石国王（Preah Kev）等。其中四分之一是漂亮的女性，如索玛瓦蒂（Preah Neang Soma Vathey），柏拉加那姑娘（Neang Peu Rachana）等。这些人物形象在很多古代都城或圣庙遗址上（如吴哥、乌东山、契索山、吴哥波雷）都有所体现。这些地方都成为人们朝圣具体的波罗蜜神的地方。

也有一些虚构的波罗蜜神被人们约定俗成地与一些古遗迹联系起来。例如，人们认为库姆隆王（Preah Kum Long，又称“麻风病国王”）的出生地就在吴哥通的达普侬寺（Ta Prom）。这可能仅仅与民众习惯亲切地称他为“达”（Ta，即“爷爷”的意思）有关。

3. 历史上真实存在的波罗蜜神

这一类波罗蜜神约占波罗蜜神总数的10%，都是历史传奇故事或英雄故事中的人物，有国王、王族成员、军队首领、古代佛教高僧，甚至还有著名的格鲁法师。柬埔寨近代史上几位非常有名的高僧或法师也在其列，如曾在1970年—1975年期间在金边塔仔山上默修的禅参高僧（Chan Cheung）。这类波罗蜜神中很大一部分还与柬埔寨另一类地方神“涅达”信仰[②]中的部分涅达神有所重合。人们习惯认为，波罗蜜神有很多知识，而涅达则很少。认真学习并通过了“考核”的涅达才能够变成波罗蜜神。涅达神都非常期待能变成波罗蜜，因为涅达神无法像波罗蜜神一样能找到一个人类“附体”，无法更好地扩大自己的影响。特别是那些在全国范围内被信仰，地域性不强的涅达神，会被人拉进波罗蜜神的体系中来。如格拉哈姆克涅达（Kra Ham Kor）、乔王涅达（Preah Chao）、嘉姆磅达克涅达（Cambong Daek），等等。被划入波罗蜜神的全国性的涅达在称呼前面会加上“达”（Ta）。

4. 动物波罗蜜神

这类波罗蜜神包括神话故事中的动物角色或一些猛兽。那伽及其蛇类家庭成员几乎占据了动物类波罗蜜神总数的近一半，其中包括知名度最高的七头那伽穆丝卡林（ Muskalin），在佛经故事中曾为冥想中的佛陀遮住风雨的蛇神。除了那伽外，还有很多猴子波罗蜜神，如《罗摩衍那》史诗故事中著名的神猴哈努曼。此外，还有老虎波罗蜜神，鳄鱼（krapoe sarawan）波罗蜜神，白象（kuchasa sor）波

① 在神话传说中，这只牛是由一个妇女受孕于宝石国王（Preah Kev）生下来的。

② 有关涅达信仰的内容将在本章第四节进行详述。

罗蜜神，金黄斑点鸟[①](hang meas)波罗蜜神，白马波罗蜜神[②]，等等。

5. 新波罗蜜神

这类神中包含了在波罗蜜神体系中充当大波罗蜜神的侍从、助手的小波罗蜜神。这些小波罗蜜神的名字前面常常冠有“哥玛”(Koma)，即“小孩子”的意思。他的神级地位非常有限，似乎主要是为服务大波罗蜜以及娱乐观众而设的。他们的名字多会引用孩子的一些性格特征，如阿基尔小波罗蜜神(Akil,“吵闹的”)，阿科依小波罗蜜神(Akoy,“不诚实的”)。贡维勒小波罗蜜神(Mreang Kong Veal,“放牧的孩子”，是指那些帮农民放牛换取食物的流浪孩童)。还有一些新波罗蜜神的名字明显是人们从别的波罗蜜名字中抽取部分组合而成的，如萨姆丕戴维瓦蒂波罗蜜神(Sampeh Tevi Vathey)。这些新名字来源很复杂，很多连柬埔寨人自己也说不清楚。

(二)波罗蜜神与布雷伊(Preay)邪神

由于拥有了成为一名佛而必须具备的十项美德的名称，波罗蜜神也被视为拥有传递美德的力量，其所包含的鬼神通常要与因突发性灾难或暴力手段而死亡的人的鬼魂，以及存在于柬埔寨人心中的其它邪灵区分开。但是，也有人认为，波罗蜜神中是存在邪灵的，但这些邪灵可以通过召唤仪式附体到一位经验丰富的通灵者——“附体格鲁”(Kru Chaol Rup)的身上，再被安抚和驯化，并最终放弃作恶的念头，变为善灵。因此，和其它小乘佛教社会如斯里兰卡不同，善灵恶灵在柬埔寨的划分不是绝对的，似乎不存在一个永远作恶的鬼神。布雷伊波罗蜜神崇拜就是波罗蜜神中邪灵崇拜的一个典型的例子。

因难产死亡的妇女或尚未婚育就意外死亡的处女的鬼魂叫“布雷伊”鬼，布雷伊被认为是最危险最可怕的鬼魂。由于她们是惨死的亡魂，因而是不洁的，而不洁会带来巨大灾难，同时也能产生令人敬畏的力量。这也恰恰解释了人们对布雷伊矛盾的心理，一方面人们会通过个人的或集体的祈祷避开布雷伊，而在全村的一些求神仪式中，人们又不会计较她的善与恶，会一起祈请她的参与，运用其巨大的神力帮助自己达成目的。

布雷伊的表现有很多种形式：在一些地方的人们相信，布雷伊就住在寺院中为参加送水节赛舟比赛所用的木舟里，这种木舟通常被僧人们精心放置在寺院中的一个小棚子里。每年佛历十二月十五日月圆的送水节上，柬埔寨各个乡村的

① 梵天的坐骑。

② 释迦牟尼骑着白马从他的王宫走向成佛之路。

寺院就会搬出自己木舟，与该地区其它寺院里的木舟一比高下。人们非常重视送水节以及赛舟仪式，如果夺得胜利，不仅是整个寺院和村庄的荣誉，也是其所有信众百姓的荣誉，因此人们会为比赛做足准备。在开始比赛前，人们会在船头两侧装上“眼睛”，并在比赛结束时即刻取下，以代表木舟在整个比赛过程中处于被“激活”的状态。此外，人们还会虔诚祈祷，求助于木舟守护者布雷伊的力量。一旦获得胜利，人们会向布雷伊表达感恩之情。人们相信，寺院中的僧侣甚至是寺院住持一直在定期“安抚”邪灵布雷伊。但是尽管如此，布雷伊仍可能随时会爆发其邪恶本性，比如让一个偶尔经过木舟的孕妇或正在劳作中的妇女突然死去。因此，人们在渴求得到布雷伊的帮助的同时，也会采取一切措施对其进行防范。如果她实在是作恶多端，人们就会请来“法力”强大的知名的通灵师对其进行安抚和驯化。

上面的说法中，布雷伊只是一个被寺院收留的不吉祥的邪灵。在另一种描述中，布雷伊是栖身在寺院内“维赫”(Vihea)圣殿中的，甚至被认为是具有了与佛陀一样的超自然能力和地位，成为圣殿守护者的“圣灵”。在这里，布雷伊居住在圣殿中主佛像的基座中。因此如果有人敢对圣殿中的圣物有所不敬，就会立即遭到布雷伊的严惩。由此，布雷伊从一个邪神变成了为佛教信仰的守护者，体现了高棉人万物有灵论信仰与佛教信仰之间的汇合。在这里，布雷伊不再有作恶的动机，她的行动取决于人们是否对佛陀足够的虔诚和尊重。因此，她有了另外的名字“布雷伊波罗蜜神”(Preay Preah Parami)，成为一个完全意义上的波罗蜜神被人们崇拜。

三、与鬼神交流的通灵者

当人们遇到灾祸并认定灾祸是因触怒鬼神而起时，通常有三类人可以求助：“格鲁”(Kru)、“阿嘉”(Achar)、“鲁布阿拉”(Rup Arak)或简称“鲁布”(在柬埔寨语中即“形体”)。其中，“阿嘉”是指非常熟悉各种传统仪式规程的一类人，每个村庄都有一位德高望重的“阿嘉”，负责担任佛寺宗教仪式的组织者，而当村庄中的村民遇到困难时，也会邀请“阿嘉”为村民单独主持叫魂、驱魔仪式。而“格鲁”和“鲁布阿拉”都是类似萨满或精神医师的人，可以与鬼魂或神灵进行沟通。“格鲁”以男性为主，而“鲁布阿拉”以女性居多。

“格鲁”是通灵者中地位最高者，在柬埔寨还有一个梵语名字“乌巴吉尔”(Upachhea)，意即治疗师。据说在柬埔寨大约有1000位格鲁，有很多是由还俗了的佛教僧侣担任的，在当地民众心目中有着崇高的地位和知名度。格鲁也常常利用自己的声望和权威筹集善款，修建神舍，发展当地的信众。由于通灵的对象以波罗蜜神为主，因此也习惯称这类通灵者为“格鲁波罗蜜”(Kru Boramey)。他们身着与民众不同的服装，手持特殊的器具，身份很容易识别。

每一位格鲁都担任着治疗疾病和占卜的精神拯救功能。人们相信他们能与超自然界进行沟通，并喜欢从格鲁那里求一个护身符来帮助自己渡过危难。而请求格鲁帮助治疗疾病的多是四处求医却医治无效的人们，只能将自己所遭受的不幸归结于波罗蜜神的惩罚。在“请神”或“通灵”仪式上，格鲁的身体动作和语言表达都呈现一种恍惚的状态。他们还会针对病人的具体症状和自己一直保持“联系”波罗蜜神进行“沟通”。比如，一个频繁颤抖的病人可能是被金鹤波罗蜜神(Hong Mea)附体，在民间传说中，这种鸟因为其金色的羽毛而被人类捉住关进笼子，并拔光了它身上的金色羽毛，可怜的金鹤就一直颤抖不已；一个患病时好似在游泳的病人可能是冒犯了神鱼波罗蜜神(Tep Macha)；胳膊突然麻痹的病人可能是冒犯了丝达育斯(Seda Yos)波罗蜜神，即《罗摩衍那》故事中一支被弓箭射中翅膀的鸟。格鲁的治疗过程就是与这些波罗蜜神“沟通”、“安抚”和“商量”的过程。在普通民众看来，只有格鲁才能打通这些波罗蜜神的道路，引导波罗蜜神的到来或离开。

“鲁布阿拉”是地位稍低的通灵者。他们被认为是波罗蜜神在人类中间选中的“代表”(Snang)或“附体”(Rup)。这种“附体”事件多是偶发的，针对的多是那些曾经得过怪病又自愈的人。这些人曾在患病时有异样表现，如在患病时会说异常的话，做异常的事，吃常人不吃的东西；有的则表现突发性的神经错乱表征，或胡言乱语，或哭笑唱闹。人们会在患病的青年中发现能与神“通灵”的人，然后被老格鲁选为接班人。但一些即使还没有师从老格鲁学习通灵的鲁布，也常常会因为治愈了乡亲的某种怪病或预测准了某个事件或现象，而声名远播，受到人们的信任和尊重。总之，能与神通灵或最终成为格鲁的波罗蜜神的“代表”或“附体”多被认为具备了“灵”的素质，而这一“灵”的素质使他们与普通人相异。

“鲁布”会根据具体附体在其身上的波罗蜜神的特征而有不同的表现。如乌玛瓦蒂波罗蜜(Oma Vathey)附体的“鲁布”会穿着昂贵精致的衣服，她出现的场所一定会有一个尤尼(Yoni)[①]作为其符号象征。被修行者附体的“鲁布”在姓名、居住地点以及外形特征(多为长发)或德行等方面都很容易区分出来，他们通常

① 湿婆妻子的生殖器官石雕。

穿着白色服装，手持木棍，肩上挎着一个用绳子封口的小袋子。被神牛附体的人会在地上爬行，并生吃莲花；被动物波罗蜜神附体的“鲁布”会利用一些道具，或摆出动物的姿态，很容易被辨认，例如戴一个猴子面具或发出嘶嘶的声音做出小蛇在地上爬行的样子，他们的助手还会帮他们往嘴巴里灌满水，然后喷出来；被小蛇波罗蜜附体的“鲁布”通常会非常暴力，还常常很难能从恍惚状态走出来，通常要等到晕倒后，再依靠格鲁的帮助（通常是轻轻拍打他或是给他闻一种香水）才能苏醒。相比之下，巨蛇波罗蜜，如那伽公主穆丝嘉林（Neang Neak, Muscha Lin）[①]和佳姆帕瓦德（Champa Vathey）是更容易被“控制”的。被她们附体的“鲁布”多穿着类似公主的衣服，也很少在地上爬行或打滚。其它的被动物波罗蜜神附体的“鲁布”则倾向于更具动物性，他们很少说话，如果要说的话，一定是皇族用语。被老虎波罗蜜附体后的“鲁布”表现非常紧张，具有进攻性，总是在咆哮，时刻准备发起进攻。有的“鲁布”会宣称其波罗蜜神一直停留在自己体内，其日常行为也在努力证明这一点，比如一个被小孩波罗蜜神附体的女性“鲁布”会一直抱怨自己膝盖疼，并归因于小孩波罗蜜神太顽皮，出去玩的太多了。这位女性“鲁布”在其它“鲁布”或该小孩父母波罗蜜神的“鲁布”面前，说话和行为都像一个孩子。再如一位小孩波罗蜜神“鲁布”说，她不能去上班或在外面，因为她还太小，于是她每天都在家里的祭坛边给慕名而来的人占卜，收取一些捐赠。

据说波罗蜜神不完全是柬埔寨血统，还有印度、斯里兰卡、越南、泰国、老挝、爪哇、中国、法国血统的波罗蜜神。他们身上会有自己国家的一些显著标志。比如声称来自印度和斯里兰卡的波罗蜜神会使用梵语或巴利语，再如由于索玛瓦蒂波罗蜜丈夫的养父是来自爪哇的穆斯林，被索玛瓦蒂波罗蜜附体的“鲁布”穿着柬埔寨服装，头上却戴着类似占婆人的头巾，以表示对公公的尊重。中国血统的波罗蜜大多是古代的战士（如Koma Lao Cha，Kong Kong，Taiy Loek Tsi）[②]，他们选中的“鲁布”大部分是中柬混血儿。

尽管大多数格鲁都是由男性充当，但“鲁布”中有75%是女性，有近一半的人都在反串角色。波罗蜜神“选择”鲁布时不太注意性别区分，“鲁布”在反串性别时也会非常尽力，男性反串者会一直画指甲、蓄长发、在脸上涂脂抹粉；女性反串者会抽烟、剪短发、举止行为和男性一致。

被不同等级的波罗蜜附体的“鲁布”也有不同的生活境遇。虽然波罗蜜神没

① 那伽公主穆丝嘉林在柬埔寨开国神话中是柏列唐的妻子，是一个嫉妒、易怒、强势的女人。

② 其中一些也是涅达。

有严格的等级划分，但还是能看出明显的区别。“鲁布”所代表的波罗蜜神的名字和身份就能从根本上决定其在民众中的影响力，吸引最多信徒或病人的大多是宗教性波罗蜜神，有着较高等级和权力。通常认为，作为最高法力和智慧的拥有者，宗教性波罗蜜神会给人们提供建议，提醒和监督人们在好的道德准则下生活。这些波罗蜜神被认为是通灵者最好打交道的，也最容易咨询到意见。宗教性波罗蜜选中的“鲁布”通常是大善大德之人，过着僧侣般安静平和宗教生活，他们根据他们的波罗蜜神的“指示”给自己规定了八至十个禁戒。当然，也有一些通灵者对宗教性波罗蜜神可以附体到人类身上的说法表示怀疑。因为他们认为这一等级的波罗蜜神都已得道成佛，离开了凡人的世界，比如众神之王Sakathevareach、佛陀的母亲Preah Seametrey（未来佛）以及世界之母Meida Pipop Look，等等。

被动物类波罗蜜神选中的“鲁布”是没有治疗功能的，但据说最早会附体到人类身上的波罗蜜就是动物类波罗蜜。被小波罗蜜[①]附体的“鲁布”几乎没有信众，也很少会有治病或占卜的能力，但他们很积极地参加各种节日庆典，或是其它大波罗蜜神的“鲁布”甚至是“格鲁”主持的各种通灵仪式，在庆典上跳舞或向佛像投掷花朵，在仪式过程中帮忙干杂活，甚至参与表演[②]。他们也非常积极地拜格鲁为师，努力从更大的，更有名气的波罗蜜神那里寻求保护或信息。通过帮助师傅，保持与大波罗蜜神的接近，获取强大精神力量，以期最后可以离开师傅自己尝试“经营”。

有的“鲁布”会因为他/她的波罗蜜而享有声誉、受到尊重并收到捐赠，可能会因此变得非常富有。但根据波罗蜜的“授意”，“鲁布”们会尽可能地将收受的捐赠再捐献出去，比如捐献重建寺院的楼梯、篱栏，屋顶，大厅等。“鲁布”出名后，也能吸引富人们为与他们有关联的寺院、庙宇等捐款。也有的“鲁布”不会从这种精神仪式中获得很多经济利益，平日过着普通人的生活，有和正常人一样的职业，如司机、工厂经理、公务员、商人等。同时还要尽可能地保护自己和家人，不会因为在家中通灵而带来疾病或灾祸。总体看来，“鲁布”是否能利用通灵赚取钱财，似乎要取决于“鲁布”的现实经济状况：如果“鲁布”没有别的营生可以养活家人，家庭贫困，通过与波罗蜜神商量，他才可以收取并私留钱财，而一般情况下，波罗蜜神会不允许其“鲁布”收取钱财。

① 小波罗蜜也被称作“侍从波罗蜜”（Boriva Boramey）

② 比如，当身为军队将领的波罗蜜神附体于一位“鲁布”，在他的仪式上通常就要用到一支“军队”，这些小波罗蜜附体的“鲁布”就会“扮演”士兵和随从，在仪式的开始和结束时出现。波罗蜜将领会和他的士兵一起保卫佛法，抗击邪恶。

此外，“鲁布”还能建构起与更多陌生家庭间的关联。比如，一对夫妇可能会将生病的孩子过寄到一位“鲁布”家中，这对夫妇也有义务常常带礼物来看望并参加该“鲁布”的一些仪式活动。为了不让孩子疾病复发，这样的关系常常会一直维持下来。

当一个人被一位波罗蜜神选中成为其“鲁布”，这对他的所有家庭成员来说都是一件非常重要的事。比如，成为一个高等级波罗蜜神“鲁布”能即刻提升其社会地位，如果是女性“鲁布”，变化就更为明显。女性“鲁布”会成为家庭的主要收入来源，家庭的生活也围绕着她的精神活动展开。她的丈夫要负责接待她的“病人”和信徒，并要支持经常在夜晚离家参加仪式及朝圣的妻子，这位丈夫也会得到人们的尊重。当然，并非所有的丈夫都能接受这种生活方式，与一个波罗蜜神“鲁布”生活在一起会有各种限制，包括房事方面的限制。如果丈夫强加于作为代表的妻子，多半会遭到波罗蜜的惩罚而患病，因此有很多女性“鲁布”是单身的，也包括许多离婚或丧偶的情形。

由此也可以看出，尽管柬埔寨人仍将佛陀视为最神圣、最高贵的信仰对象，但佛陀所代表的是精神上和道德上的一种秩序，主要是在引导和帮助人们通过虔诚的劳作积累功德，为此生和来生创造更好的未来。而当人们遇到更现实、具体的困难时，他们更希望有一个直接、有效的求助对象可以依赖。“格鲁”和“鲁布”通灵仪式的出现和它强大的民众基础证明了这一点。

第四节　涅达信仰

涅达信仰是一种比较特殊的鬼神崇拜类型，它兼有土地神和祖灵崇拜的双重含义，是柬埔寨民间流传最为广泛的信仰之一，为此我们设专节对其进行详细阐述。

一、涅达信仰——土地和祖灵信仰

（一）何谓“涅达”

对于“涅达”信仰的属性和内容，人们见解不一，争论颇多，主要有四大说法。一为本村庄或地区先驱者或英雄传奇人物的远祖崇拜，二为家庭内普通宗祖崇拜，三为泛神灵崇拜[①]，四为本村庄或地区的土地守护神崇拜。第一、二种看

① 参见［柬］波万:《柬埔寨社会中的涅达神》, http://www.cen.com.kh/culture/detail_culturereligion/MDNjYTk1ZWEzODA。

法的根据是："涅达"中的"涅"(Neak)在柬埔寨语中是表示尊称的前缀词，"达"(Ta)是对男性长辈的称谓，因此，用"涅达"来统称祖灵是很好理解的。持第三种看法的人认为，"涅达"一词是"涅德瓦达"(Neak Devata)的缩略词，"德瓦达"(Devata)在柬埔寨语中是"神，神祇"。对"涅达"的第四种定位可以看作是前一种的具体化。

实际上，四种看法并不是相互冲突的。归纳起来，"涅达"包含有两层意思：一方面代表一定区域或社区内的土地，另一方面也是该区域或社区内所住人们的祖先。其所代表的土地特指被人类文明驯化后的土地，也包括人类活动所及地域；其所代表的祖先都是真实存在过的历史人物，可能是第一位在此开荒辟地，把野地变成为文明化耕地，造福后世子孙的人，也可能是历史上对该氏族、村落做出过杰出贡献的氏族首领或军事将领。但很多时候这位祖先的姓名和事迹无法考证。不论是开荒先驱还是首领勇士，他们的共同点在于他们都为在该地区生活的人们创造了良好的生活生产环境，并保护守卫着这种环境。因此祖先之灵常常兼任其所居地域的土地神，久而久之，先祖与土地神两种观念便合二为一了。拜涅达既是在拜先祖，也是祈求地方土地神的庇佑。

祖灵崇拜与土地崇拜相互混用的文化现象在中国客家社会以及东南亚整个华人社会中都是很常见的。[①]在称呼上，柬埔寨语中用尊称祖父、伯父的"涅达"来统称某种神鬼的称谓方式，在某种程度上跟潮汕话中的"大伯公"相似，以此来表达与神鬼的亲密关系。在信仰体系上，客家人的"大伯公"也是代表土地和祖先两类神灵，拜伯公既是在拜祖，也是祈求地方神的庇佑，维系着"祖"与"社"的互动关系。因此，也有很多包括柬埔寨本土学者在内的研究者提出，柬埔寨人的"涅达信仰"最初也可能受到中国客家文化中"大伯公信仰"的影响，[②]在中国人前往柬埔寨境内开荒定居的过程中得以在当地传播开来。当然，在文明发展历程中，柬埔寨涅达信仰已经具有很多不同于大伯公信仰的内涵，带有明显的本土特色而成为当地信仰体系的重要组成部分。

涅达神灵有一定的等级体系。每个村落有一位涅达，临近的几个村子共有一位稍大的涅达，整个斯洛克(Srok，即管辖几个村落的县)有一位更大的涅达。涅达信仰的对象可以分为"地神"类与"祖灵"类。地神涅达包括了社稷、山川、林

① 郑志明：《客家社会大伯公信仰在东南亚的发展》，《华侨大学学报》(哲学社会科学版)，2004年第1期：第65页。

② 罗杨：《柬埔寨华人的土地和祖灵信仰——从"关系主义"人类学视角的考察》，《华人华侨历史研究》，2013年第1期：第63页。

泽百物等有关的神明精灵，如山涅达、水涅达、掌管土地和水的涅达、寺院涅达、布雷依涅达（丛林涅达）、花园涅达、围场涅达、柏列卜姆涅达（家神涅达），等等。祖灵涅达则多是真实的历史英雄人物，不同地区的人们有各自崇拜的涅达祖灵，归纳起来，主要有擅长念咒求雨的秃头涅达（Neak Ta Troul，茶胶省布雷卡帕县）、为村民治愈怪病的布姆—杉涅达（Neak Ta Bum-Sain，磅湛省）、为修佛寺捐出自己土地的德普大娘（Lok Yeay Dep，磅清扬省）、主持正义与公道的铁棍涅达（Neak Ta Dompong Daek，茶胶省吉索山）以及红脖子涅达（Neak Ta Krohom Ko，磅同省、磅清扬省）、会帮助人们经营的老格德涅达（Neak Ta Kdee，磅清扬省）、马德望省的初创远祖格洛农德望涅达（Neak Ta Dompong Kronyong，马德望省）、擅长作战、保家卫国的克良蒙涅达（Neak TaKleang Moeung，菩萨省）、茂祖母（Lok Yeay Mao）、巴梅索涅达（Neak Ta Mei-So，波罗勉省巴普农县）、八头涅达（Neak Ta Kbaal 8，奥多棉吉省）等等。很多时候这些祖灵涅达的姓名和事迹是无法考证的，有的甚至在不同区域会流传完全不同的情节。

（二）涅达信仰与宗教

涅达信仰在柬埔寨人信仰观念中根深蒂固，它与民间宗教又之间存在着很多相接、叠加或交错的地方。有着关联性，在佛教与婆罗门教传入柬埔寨后又与之相融合，掺杂了佛教与婆罗门教信仰的内容。民间信仰它们。特别是涅达信仰中，除了吸纳和保留了许多原始宗教的内容之外，还掺杂了佛教、婆罗门教、巫教等世界宗教和民间宗教的内容。在许多叠加和交错的内容里，除了宗教自身所特有的内容之外，涅达信仰与宗教已经形成你中有我，我中有你的融合关系。

首先，一些涅达神可能本身就来自佛教或婆罗门教神祇或是后来皈依了某一宗教。在举世闻名的吴哥窟遗迹内，有一尊印度教大神毗湿奴的神像，这里的村民却都把这尊神像当作涅达神灵来贡奉。信众非常广泛的柏列卜姆被认为有七种不同的形象，从周日到周六分别以王子、公主、妖怪、修行者、湿婆、牛或驴、狮王示人，人们需根据柏列卜姆的变化而准备相应的祭品。这七种形象中有婆罗门教的湿婆神，有湿婆神的坐骑或其变身后的动物，还有印度史诗故事中常见的角色。在暹粒市中心有一个“姐妹庙”，庙中供奉着两尊被塑造成佛陀造型的女性雕像洁克姑娘（Neang Chek）和洁姆姑娘（Neang Chom），被俗称作“姐妹佛”，当地人视其为整个城市的涅达守护神（其具体来历还不清楚），该庙宇也是当地香火最旺的庙宇，据说，每年国王和总理也会来此处进香祈福。在柬埔寨很多地方，还有关于涅达神皈依了佛教，并托梦给当地人，让他们停止向它供奉酒肉的传言。

另外，涅达信仰中以石代神的祭祀观念在很大程度上是和婆罗门教信仰中的林伽崇拜密不可分的。林伽石象征婆罗门教大神毗湿奴生殖器官，常常以涅达神的身份出现在涅达神龛中接受人们的祭拜。一般认为，林伽崇拜是一种生殖崇拜，但在柬埔寨，林伽崇拜早在扶南时期开始盛行时就远超出了生殖崇拜的范畴，使得林伽更接近于一种全能神。在柬埔寨流传着林伽崇拜起源的一段传说：很早以前，有一位修行者与妻女一起居住在森林里，一天，湿婆来到森林，赤身裸体，把灰涂在身上，手拿着头盖骨，用优美的吟诵声请求修行者一家人的布施，修行者的女儿为之神魂颠倒。修行者便念起咒语，让林伽神用法力将湿婆打落到了人界。此时正逢人间洪水肆虐，世界面临着灭亡。为了拯救世界，湿婆便祈求诸神把林伽请到人间，让洪水退去，人类才得以拯救。从此，林伽便成为人们崇拜的对象。因此，有日本学者斋藤和子（1982）提出[①]，林伽崇拜与礼拜地母神（即涅达神）有密不可分的联系，涅达表现为大地的力量，而神多附着于石上，礼拜石头也就是礼拜神，神石便会给人们以雨露和恩惠。

作为柬埔寨国教的佛教，在柬埔寨传播的过程中也出现了佛教本土化的事例。僧侣会应民众邀请，为村社念经驱鬼，还会参加各种祭涅达仪式，颂经歌颂涅达神等。在很多寺院内东北角还设有一个小屋或是一个微型凉亭，供奉寺院的守护神——寺院涅达，柬埔寨语称“寺院的阿纳克提”（Anak Tea Vat）。寺院涅达所承担的地界标记作用似乎更为明显，警示人们这里是寺院辖区，必须言行恭敬。人们相信，寺院涅达也会惩罚那些在寺院随地小便或出言不逊等不规范的行为。

除了佛教和婆罗门教，柬埔寨民间还有巫教信仰，或称“波罗蜜”信仰。波罗蜜神可以在人类中间选择“代表”（Snang）或“附体”（Rup），并附着在其身上，与人类作更多的“沟通”，可助人治病，给人占卜。人们习惯认为，波罗蜜神知识广博，只有认真学习并通过了“考核”的涅达才能够变成波罗蜜神。涅达神都非常期待能变成波罗蜜，一些在全国范围内被信仰，地域性不强的涅达神，常常会被人拉进波罗蜜神的体系。

综上，柬埔寨的涅达信仰是一种与宗教有着紧密交织融合关系的信仰结构。人们一方面参拜宗教圣迹，朝山进香，向神殿、神像或据称有佛舍利的佛塔、佛像作供奉，另一方面也会敬奉各类鬼神，供养“法力高超”的通灵者，希望借助包括佛陀、婆罗门大神及其它圣灵鬼神在内的一切特有的超自然力量，以驱邪求福，求得庇佑。作为国教的佛教并不排斥像涅达信仰这样的民间俗信，但会利用

① 转引自陈显泗著：《柬埔寨两千年史》，郑州：中州古籍出版社，1990年：第216页。

自身精神力量的强大，将其他信仰纳入佛教体系中来，这也是柬埔寨民间信仰的一大特色。

（三）涅达神的祭拜

随着涅达神信仰的盛行，民间逐渐形成了祭祀涅达的民俗活动。绝大多数涅达神都没有气派的庙宇或高大的神像，有的甚至就在一个土堆前，一棵大树下，或大石块上进行供奉。有的涅达神会有一个矮小的神龛，神龛多设在一个简陋的小棚屋或就在屋檐下一角。村庄的寺庙里也常常能见到涅达神龛，通常设在寺院的东北角。而在柬埔寨比较大的办公地点，如省、区县政府办公楼或是法院，也会有涅达神龛贡奉。法院大多贡奉着铁棍涅达或红脖子涅达，习惯上，起诉人和被起诉人，以及证人在上庭之前都会对涅达神龛（神像）起誓，有时甚至在起誓之后，当事人就能完成庭外和解了。涅达神龛中供奉的涅达神形象不一，有的仅仅贴一张红纸或放置一块石头代表涅达神位，更多的是林伽石、木制或泥制的人像等。平日里，涅达神位前总会摆放着香烛和一些简单的供品。而每逢年节、婚丧、出行、生育、动迁、建居、天灾、人祸等事件，人们都要举行祭祀活动，宰杀家禽牲畜献祭消灾或祈福，祈求涅达神的原谅或保佑。一旦渡过难关或心愿达成，人们还要奉上各种祭品，在传统的宾柏乐声中，亲自前往曾经祭拜的地方进行还愿。

在崇祀涅达神的活动中，各地逐渐形成了定期举行的迎涅达节（Bony Laeng Neak Ta）。迎涅达节没有固定的日期，但通常会在确定具体时间后公布于众，确保每一位信众都能准时参加。节日期间，人们会奏起高棉乐，宾柏乐、昌扬乐等柬埔寨传统音乐，乐声很大，热闹非凡。人们多举家出行，从四面八方赶来参加仪式。各地的迎涅达节仪式大同小异，规模宏大，有涅达神出巡活动、集体的祭祀活动、戏剧或舞蹈表演、僧侣颂经祈福等多项内容。祭祀涅达神的供品也很有讲究。各村社或县乡通过定期祭祀涅达的活动，加强了内部的联系和团结。从这个意义上说，涅达神也是整合社区的重要精神凝聚力量。

下面我们将选取较为典型和具有大众性的茂祖母信仰、克良蒙涅达、柏列卜姆涅达和丛林涅达信仰来详细阐述。

二、茂祖母涅达

茂祖母涅达属祖灵涅达。关于茂祖母涅达的来历有两类完全不同的传说。在柬埔寨沿海地区流传的故事中说，茂祖母年轻时是一位美丽的女子，她的丈夫是一位伟大的军队将领，在参加一次对泰国军队的战斗后再也没有回来，茂祖母便日夜向西边守望，期盼丈夫平安归来。现在，在白马海滩的一块礁石上立有茂祖母深情遥望西方的坐姿雕像，当地人称之为“望夫石”(Sela Jam Phtee)。崇拜茂祖母的人们将其视为保佑出海渔民或旅行者的神灵。关于这个传说还有一个版本的结尾是：茂祖母后来接替丈夫领导了军队，也成为一名出色的将领。

从金边到西哈努克港、贡布省、白马省沿路的村镇的人们也信仰茂祖母。在这一地区流传的故事版本中，茂祖母是一位恶灵。相传茂祖母生前和丈夫“红脖子”爷爷一起生活在位于金边和西哈努克市之间的卑尼尔山(Pech Nil)附近。在一次外出时他们遇到了一只大老虎，茂祖母被丈夫无情地抛下并被老虎吞噬而惨死，因此化身为一位恶灵。自此，人们在经过事发地点时，都会向茂祖母的灵魂进行敬拜，以避免相似的命运发生在自己身上。在修建从金边到西哈努克市之间的快速路时，人们也在茂祖母出事的地点建起一座小庙，香火非常旺盛，很多华人和越南人也都是茂祖母的信徒。2012年，在贡布省卜哥山又建起一座茂祖母神殿，殿内立有一尊29米高的茂祖母雕像。开车沿四号国道经过此地的人们都会停下来敬拜茂祖母塑像，并用神殿旁的溪水擦洗车辆，以求平安。

有人认为①，茂祖母崇拜兴盛的原因可以追溯到1866年，在那一年有人因为不尊敬卑尼尔山的茂祖母神而遭受了惩罚，于是人们开始纷纷敬拜茂祖母神。如果有人不做敬奉或供养，就可能会生病，如果不加悔改还可能会死去。人们还相信，自己的仇人可以通过供奉祈愿而得到茂祖母神的帮助伤害自己，因此自己也会时刻虔诚敬奉茂祖母神，以求消灾避祸。1900年，法国军队毁掉了第一座茂祖母神庙，这一信仰曾一度没落。在1940年日本侵入柬埔寨时，日军召集贡布省的农民，包括很多在柬埔寨的越南人、华人、占人，在茂祖母神“居住”的圣地挖战壕，后来很多参与者都患上了流行性疾病并死亡，人们将原因归结为对茂祖母神的不敬和亵渎。为了安抚神灵，人们又开始恢复过去敬奉茂祖母神的传统，茂祖母崇拜得以复兴。

现在，对茂祖母的主要祭祀仪式在每年六月举行。人们会去寺庙或是在自己方便的地方举行祭祀仪式，不论在哪里祭拜，都必须摆放茂祖母、绍祖母(Yeay Sau，即守护道路的路神“Ogn”的妻子)和斯侬郎(Ta Snong Long，即绍祖母与路神的儿子)三尊雕像，并要准备猪头、鸡汤、仪式用的槟榔花塔(Sla Toa，用香蕉

---

① Seik Sopat &Sadang Tuo: *Collection of Cambodian Traditions* (ប្រជុំរឿងព្រេងខ្មែរ), p.78.

杆叶制成的有缀饰的花塔，常在婚礼、剃度等仪式上使用）和一种叫做“拜依塞”（Bay Sei，插有花、槟榔、蒌叶的用香蕉树干做成的供物，三到九层不等）的供物。

三、克良蒙涅达

克良蒙涅达是菩萨省巴干地区人们信仰的涅达神，也被看作是守护国家的涅达神。克良蒙涅达生前名叫“蒙”，人们尊称其“蒙伯”（Ta Moeung）。蒙伯是菩萨省巴干县人，是一位功力强大的法师。当听说从暹粒回国的昂姜王，欲起兵推翻菩萨省原省长的统治，蒙伯就召集了三千士兵等候并加入了昂姜王的军队。1516年，昂姜王取得了胜利，蒙伯被任命为大将军，并任菩萨省省长。蒙将军的四个儿子被任命为前锋将军，分别负责前、后、左、右四个方向的攻防。在一次抵抗高乌王的包围战中，蒙将军看到自已的士兵和人民面临断粮的危险，便决定牺牲自己的性命，召来鬼军，打破高乌王的封锁钱，以换得战斗的胜利和人民的平安。他让士兵挖了一个四米深的大坑，在坑中插上刀剑，坑的周围按八个方位摆放祭台，并供上祭鬼神用的祭品。准备完毕，蒙将军在河中净身，穿上白色衣服，在宾柏乐声中跳入大坑，英勇献身。第二天，高乌王的士兵莫名其妙地开始生病，听到蒙将军自尽以召唤鬼军助阵的消息，高乌王的士兵们更是军心涣散，一时间溃不成军，蒙将军的士兵趁机突出重围，击败了高乌王的军队。后来，蒙将军牺牲的地方就变成了一个小土堆，人们称之为“克良蒙祖先之墓”。一直以来，人们都认为，这个小土堆上的植物如果越长越高，则预示着菩萨省会越来越兴旺，无灾无祸；如果植物生长得不好，则预示着这里的人们会遇到疾病或天灾；如果小土堆裂开，该省的省长可能会死去。

在菩萨省，每年都会定期举办隆重的迎克良蒙涅达神仪式。时间在每年比萨月的某个周六进行，确定具体时间后会公布给县、乡政府以及寺院的阿嘉，再由他们通知到每一位民众。在仪式开始之前，人们一起合力搭建仪式所用的祭堂，打扫卫生，以迎接僧侣和省里的官员。等到吉时，仪式主持（梅斯蒙）点燃香烛，虔诚对涅达神祈祷：“今天，您的所有子民聚在这里，请求您的护佑，请保佑我们平安。”标志着仪式正式开始。人们奏起柬埔寨传统的高棉乐，宾柏乐、昌扬乐等，乐声很大，响彻云霄，人们举家出行，从四面八方赶来参加仪式。人们在梅斯蒙主持的带领下，对涅达神虔诚礼拜，将供品摆上供桌。供品要包括以下十二种物品：红席子及枕头；铺在席子上的白布；一对花塔（Sla Toa Dey，插有蒌叶五片，香三根）；一对放置槟榔的盘子；一对猪头（猪尾被放在猪嘴里）；一对香水瓢；

一对酒瓶；两簇努恩蕉[1]置于浅口碗中；一对木制案几上放置传统的甜点置于；一对叶子做的小碗中放置香蕉叶；一对炖鸡；一对野牛角。所有祭品都左右对称摆放在供桌上。此外还有村民们带来的其它各种供品，密密麻麻地整齐摆放在旁边。参加仪式的人们还要手持香烛顺时针方向绕殿行进，以表达对涅达的尊敬。祭拜仪式结束后还会有野牛舞表演，表演者为四位男士，其中两位头戴野牛角，上身赤裸，下身着帕蒙丝布做的插尾裙，另外两位扮演猎人，一人背枪，一个背粮袋，穿着与扮演野牛的人类似。开始演出之前，四位演员绕场三圈，先涅达神拜三下，方可开始表演，舞蹈大概讲述猎人如何捉到野牛并取下野牛角，放回原位（供桌上）的故事情节，时间大约为半小时。人们就围成一圈观看演出。表演结束，斯蒙主持把各种供品放在席子上，倒上酒，插三根香，再次祭拜克良蒙涅达。仪式的最后会请出十位僧侣颂经降福。

四、柏列卜姆涅达

柏列卜姆原本的身份是八大方位神中的一位，掌管其中一个方位，也是信众非常多的一位守家护院的地神涅达。在1933年以前，柬埔寨人每家每户的屋内或屋前总会有一个神龛专门祭祀柏列卜姆涅达，以保佑全家人平安幸福，家族兴旺。此后的几十年里，这一信仰也同样经历了低潮期。目前，柏列卜姆涅达信仰正在逐步恢复，每当村庄里有应季播种或收割、修建村舍等重大事件时，人们都要举行敬奉卜姆涅达的仪式。比如在招稻魂或祭稻神仪式上，人们要在自家农田的四个方向奉上供品，来祭拜柏列卜姆。在修建任何一个建筑物，不论是寺庙、王宫，还是普通民居、村庄里的公共建筑等，都要先祭柏列卜姆，方可破土动工。

柬埔寨山地高棉民族社会中的柏列卜姆崇拜保留的相对更为完好。人们在收割完稻子放入粮仓后会有专门的祭卜姆仪式，这也是收割工作结束后最重要的一个仪式，全村人盛装参加，场面十分隆重和盛大。仪式上要准备大米、酒、猪肉、全村社成员一起筹钱买的一头或多头牛，祭祀完卜姆涅达后，供全村人一起享用。人们载歌载舞，欢庆丰收，一直要持续好几天，全村人对这一仪式都非常重视和虔诚。仪式举办期间，外村人是不被允许进入的，即使得到本村领袖允许进村的人，也必须要遵守村中的各种复杂禁忌，诸如不得摘食野生的香蕉、竹笋，不得带猫、蜥蜴、大蟒等动物进村，等等。目前，这些禁忌已经简化到只需要执行三

① 一种变种的香蕉。

天，在这三天里，人们会放树枝在屋前的台阶上作为标记。

五、丛林涅达

丛林涅达又称“布雷依”涅达，“布雷依”(Prey)在柬埔寨语中丛林、野性的意思，是一个代表着死亡、疾病、灾难、荒芜的神秘区域，只有逃难者、逃犯或是外族人才会把丛林当作暂时的避难所，还有一些本身有神力的修行者才能安全地身处丛林中静心修行，获得重生。正是因为畏惧，柬埔寨先人开始崇拜丛林之神，并尽可能地遵守人与丛林相处的法则。

有关丛林涅达来历，有这样一个传说[①]。一队士兵穿越一片丛林，在一棵大榕树下停下来，围坐一圈休息，准备吃点粮食。这时有人发现树边有一团猫粪，散发出臭味，于是随手找来四、五根树枝盖在上面。这队士兵离开后几天，又有一队士兵经过这里，看到了树下这个被树枝树叶搭成的小尖塔，就认为这里有涅达神居住，对其虔诚祭拜，又折下几根树枝堆在上面。再后来，有人路过这个树枝搭成的小尖塔，也当作贡奉涅达神灵的地方祈了愿，在心愿达成后，此人在树枝塔的地方搭建了一个神棚，供涅达神居住。人们还找来一块石头置于神棚顶部，作为涅达神的实物象征，后来又有木制的涅达神像立于其中，前来祭拜的人们也越来越多。

柬埔寨人相信，丛林涅达或居住在枝叶繁茂，几乎透不过阳光的大树上，或是住在长于巨石上的大榕树上，或是住在丛林中的沼泽塘里。因此，砍树伐木是特别冒犯涅达神的。老人们都相信，乱伐一棵树就会招致一个人的死亡。人们在森林里的一切行为，如捕猎、采集，甚至是穿行，都有一系列禁忌和规矩需要遵守，否则也很容易会触怒丛林涅达，招致惩罚，如有人误闯丛林中的禁区(多被视作涅达神居住的地方)而没有供奉和忏悔，遭到诅咒身亡；再如20世纪70年代大批柬埔寨人从城市迁往乡村，人们被迫在新的丛林地区开辟空地新建村庄，在一个叫做“利克斯梅桑哈”(Reaksmey Songha)的村庄中，就有很多原住民患上疟疾，人们都把这一事件看作是冒犯了丛林涅达神而遭至惩罚的结果。

相对其它涅达神，丛林涅达是非常强大和可怕的，他们“脾气”更暴躁，更容易被激怒，会给人类带来巨大的灾难。所以人们必须设法与神灵沟通，召唤他们，请求其谅解，并承诺虔诚的供奉，才有可能得到丛林涅达的宽恕和帮助，驱走病痛和灾难。

---

① 参考[柬]哈克·吉姆唐:《丛林涅达的来历》, http://kumnit.com/498。

第五节　民间信仰中的征兆与禁忌

征兆与禁忌是人们对生产、生活中接触的事物和现象的一种心理反映。柬埔寨人有着十分深厚的迷信传统，认为凡事都会有预兆，人们应该按照相关的预兆行事，否则将会遭遇报应和不测。柬埔寨人的禁忌心理也是源于人们的神灵信仰，人们相信很多动植物或是常见的日常生活物品都是祖先们离开人世后灵魂附着的实物，如果不遵守这些禁忌，就会触怒祖先神灵，招来疾病。

一、征兆与迷信

老人们认为，老鹰、猫头鹰、夜行鸠、鸽子都是鬼魂的传话使者。如果它们停留在屋顶上或是靠近房子的树上哭叫，屋内的人一定会患上重疾或是死去。枭面朝哪个方向哭叫，那个方向的村民就会患上急性传染疾病并死亡。听到啄木鸟“嗑嗑嗑……”的密集的叫声，就会有好运。听到乌鸦啼叫，预示着远方的亲人要回家。听到金花蛇嘶声不超过七声，家中主人将有好运；如果嘶声超过七声，主人将有大喜，必须善待该蛇。如果村中有拖得很长的狗吠声，村庄将发生饥荒或传染病。夜晚听到成群的百灵鸟尖锐的叫声，就预示着某个村庄将遭到抢劫，人们就会倍加小心。

而麂或獐跑进村庄，必会带来灾难。蜜蜂飞进房间会给主人带来好运，主人不必驱赶它们；但如果蜜蜂在家中叮了人，灾难将会发生，财富可能会流失。

森林中的蛇进屋会给主人带来平安，必须把它抓住好好供养，抚摸并涂上油和粉末，然后烧香念诵：“您来到我的家，请为我们带来好运、平安、幸福和兴旺吧，我会放了你，给你自由，回到森林中享受你的生活去吧！”萤火虫、狗或猫进屋也会带来好运，应该接受它们的到来。鸽子结伴飞到家中，预示着这个家庭会有极好的运势，应该好好照顾它们。如果它们飞走，这个家庭的运势将会下降。白鹤或仙鹤停留在屋顶，会带来灾祸，主人应当敬请僧人诵经驱走灾祸。孔雀在柬埔寨是一种不祥之鸟，柬埔寨人不愿见到孔雀甚至是孔雀的图案。

梦境也是一种征兆，人们的日常行为要遵守梦境的旨意。梦就是一种启示，表达了已逝先人们的看法和意见，尊重梦境就是尊重祖先神的旨意，会有利于行动的完成。比如，如果梦是好的，则意味着祖先神灵满意或允许按照自己的意愿去执行。人们这时会一起筹备一场祭祀仪式，备好鸡、猪、一两罐酒等供品来感谢祖先神的理解和庇佑恩德。在祭祀仪式后，人们会一起欢声笑语地聚餐，喝光祭祀用的酒，家庭或族群内的感情和团结度也随着这种祭祀仪式而得到加强。

占卜也是柬埔寨人用来预知未来总结过去的一种方式。在做出重要决定，如建新居、长途旅行之前都会听取占卜师的预测，每个村庄都把懂经算的占卜师傅看作非常重要的生活顾问，占卜师在很多传统习俗、仪式中也担任着重要角色。有村民丢了牛，占卜师能算出应该往哪个方向去找；有家庭灾难频发，占卜师也能算出未来的凶吉，并用一些仪式帮助他们避害；有人想找配偶，占卜师能算出配偶将何时出现，目前身居哪个方位；有人来提亲，父母也要找占卜师算孩子们的生辰八字是否相合；想要结婚，也要找占卜师算举办婚礼最合适的日子和时辰。

柬埔寨人还很重视人生周期里的关键时刻，生儿育女、子女成年、婚丧嫁娶、稼穑农事时，都要到寺庙中请僧人行相应的法事，或是供养四方上下的鬼神，求得他们的谅解和保护。柬埔寨人逢12岁、24岁或36岁等，也虔诚敬佛拜神；逢60岁时，会举行更为隆重的佛教仪式和祭鬼神仪式。

二、禁忌

在柬埔寨社会中存在着许多周知且被普遍认可的禁忌，如：周日忌洞，即下葬不能选周日；周一忌路，即修路不能选周一；周二忌火，即火葬尸体不能选周二；周三忌村庄，即修建村庄不能选周三；周四忌树林，即买木材或砍木材建房不能选周四；周五忌床事，即第一次同房不能选周五；周六忌水，即这一天出远门不能走水路。此外，周六还是鬼魂妖魔最喜欢的日子，是不吉利的，在这一天办事或外出均要小心。

女孩子不能用脚踢赶猫，否则会找不到婆家。孕妇不能骑大象，否则大象会滑倒，孕妇也会跌落并流产；老人们还认为，在大象的背上谈情说爱也是不好的行为，可能会导致大象患上奇怪的病无法医治而死去。

除此而外，柬埔寨社会中也存在着许多日常的语言禁忌，例如可以拿来治病的植物或其他任何事物，都不能直接称呼，如“蜂蜜”会被称作“穿破空气”或“震响空气”；在森林中行走，想说出某种野兽的名字时必须用代称，如用“猫”代替“老虎”，用“葛藤”代替“蛇”，否则就可能会遭遇老虎或蛇的袭击。要想治好某种病或避免患上某种病，不能直接提到那种病的名字，如用“树花”代替“天花”，用“脓疮”代替“鼠疫”，等等。

三、吉物

柬埔寨人有随身佩带吉祥护身物的习俗。这些神物可以保佑主人消灾，但主人也必须对神物细心照顾，才能使它发挥最大的神力。

被看作吉物的主要有：

折断的短象牙：留在树干上的母象自己折断的短象牙，是保佑远离灾难的很好的护身符。

野猪的獠牙：一般的野猪獠牙里面有洞，没有长洞的野猪獠牙就被称作“紧獠牙”，也是护身保平安的神器。

宁布恩（Neang Poun）：一种以蒙眼女性为形象的护身挂饰，多用寄生植物、树干或竹子雕刻而成，可以帮助战场上的士兵躲避敌人。

干丹宁：一撮交错杂乱的卷发，也是护身保平安的神器。

军队作战前，士兵也会求取护身符；为取得胜利，也会有护身物的信仰。人们还常常向寺院中的高僧求护身符，以谋取特殊的超自然力。从寺院求来的护身符，多是一个小布袋，其中装有这位僧人的几根头发或是该僧人的照片，或是僧人在一张仪式祝祷过的纸片上书写的一段文字。

第四章　宗教信仰

宗教一词源于拉丁文“religare”，有“联系”之意，故“宗教”的本义就是指人与神的某种联系。所谓“神”，是某种被神秘化了的超自然力量，如基督教的“上帝”、伊斯兰的“真主”等。早期人类并不能把自己与自然界、动物界区分开。在进化发展中，人类渐渐能把“人”作为一个“类”同自然界、动物界区分开来，逐渐产生了“人类”的意识，并抽象出一个与“人类”相对立的“神”，来祈求它的赐福与保护。这种抽象是人类思维发展到一定阶段的产物，因此宗教的产生本身就是人类文化活动的结果，是人类社会发展到一定阶段所产生的一种文化，也是人类文化发展史上的一个重要环节。宗教在其后的发展过程中，更是与各种文化现象密切地结合在一起。随着人类社会的发展，宗教独立成为文化的重要组成部分，同时又对整个文化的发展产生着重要的影响。纵观人类发展的历史，几乎所有的文化形态都与宗教有着密切的联系。宗教对于各个历史时期，各个民族的生活习俗、社会心理、文化特征的影响，也是无处不在。可见，宗教作为一种社会意识形态，在人类文化史上一直占有十分重要的地位。

宗教文化是柬埔寨文化的核心，也柬埔寨历史上最悠久、分布最广、影响最大的文化现象之一。它与柬埔寨社会、文化、日常生活等各个方面都有着密切联系，可以说，宗教文化参与了整个柬埔寨文化的形成并贯穿着其始终。如果撇开宗教文化，许多文化现象、文化形式就不能得到合理、科学的解释，尤其是对艺术史、文学史、哲学史等文化、思想通史的研究而言，如果无视柬埔寨历史上各个宗教的巨大而深刻的影响，这些研究则将是片面的、残缺不全的。因此，要深入全面了解柬埔寨文化，就必须要对柬埔寨历史上的各种宗教有一个全面的认识。

从文化的角度看，柬埔寨文化中的宗教内容较为复杂。在柬埔寨历史上，曾经流行过婆罗门教、大乘佛教、小乘佛教，后来又有随民族迁徙而进入的伊斯兰教、道教、巴哈伊教、高台教及殖民统治带来的基督教，等等。到1993年柬埔寨王国新政府成立，最终将小乘佛教定为国教。2009年底，柬埔寨约有人口

1 400万，其中95%为高棉族，主要信仰小乘佛教；占族人20万，信仰伊斯兰教；越南人50万（2004年），主要信仰天主教和大乘佛教；华人60万（2004年），主要信仰大乘佛教和道教；而生活在偏远山区的山地高棉人主要信仰原始宗教。在柬埔寨历史上一度辉煌的婆罗门教在今天已从大众信仰中消失，但是婆罗门教的风俗和影响依然存在。本章对于柬埔寨宗教文化的介绍评述，主要从大处着眼，着重介绍在柬埔寨历史上传播时间最长，对柬埔寨文化形成和发展起到重要影响的佛教和婆罗门教，而对于那些不是有全国性影响或影响较小的宗教，则限于篇幅而从略。此外，与佛教并称为世界三大宗教的基督教和伊斯兰教，在柬埔寨的传播历史虽不及佛教和婆罗门教那样长，但它们对于历史上乃至今日柬埔寨有些民族和地区的社会习俗、文化形式的影响也是巨大的。如果要全面研究柬埔寨文化，也需要对这两个宗教予以关注。

第一节　佛教

一、佛教的基本教义

佛教是世界第三大宗教，创始于公元前6世纪—公元前5世纪的古印度，创始人为悉达多·乔达摩，释迦牟尼是佛教徒对他的尊称。释迦牟尼所传教法据说有84 000法门，但其中根本的思想可以用“苦集灭道”四个字加以概括。“苦集灭道”在佛教中也称为“四谛”、“四圣谛”。“谛”是指真实不虚的意义，“四谛”即佛教的四个最基本的道理或真理。

四谛中的第一条真理是苦谛。苦谛是释迦牟尼在彻悟之后，对人生现象的价值判断，所谓“苦”，即“人生皆苦”、“一切皆苦”。苦有八种：生苦（出生时的痛苦）、老苦（年老体弱的痛苦）、病苦（患病时的痛苦）、死苦（临死时的痛苦）、爱别离苦（与所爱分离的痛苦）、求不得苦（所求不遂的痛苦）、怨憎会苦（由于种种原因不得不与自己意气不相投者相处之苦）、五蕴炽盛苦（由于把五蕴和合之假身执着为真实之存在所造成的种种痛苦）。四谛中的苦谛所讲的，就是人生的根本痛苦与生命现象是不可分离的，所以具有普遍之真实性。

四谛中的第二条真理是集谛。集谛指出了人生之所以“苦”的根源，“集”之本意是“招聚”或“集合”，意思谓“招致”众多苦难的原因，能招集众多生死苦果，故名为集。集谛的内涵简单地说来，就是众生一切痛苦皆可以溯源于贪欲、嗔恨、愚痴三种本能的烦恼——它们是造成众生痛苦之因。集谛对这三种根本烦恼的性质，以及如何由彼而生死轮回之事实进行了解释。轮回说和十二因缘说紧密相连，所以集谛又以十二因缘为主体，说明人生之所以苦的原因。

释迦牟尼不但指出了人生苦恼的现象和原因，更清楚地说明这些现象是可以消除的，这就是四谛中的第三条真理——灭谛。四谛中的灭是梵语“涅槃”的意译，梵文和巴利文认为涅槃是熄灭、止灭或吹灭的意思，表示火的熄灭，即要灭掉贪欲、嗔恨、愚痴“三毒火”。圣者能永断贪、嗔、痴等根本烦恼，了除生死患累的苦果，证得清净寂灭的解脱境界，这种解脱境界称为涅槃。涅槃是人生理想归宿的最高境界、最终目的，也是佛教教人追求的方向和目标。

在找到了人生理想的归宿后，释迦牟尼又为人们实现这种理想提供了一些方法，这就是四谛中的第四条真理——道谛。四谛中的“道”在梵文的原义是道路、方法或姿态的意思，释迦牟尼借此词来说明要解脱人生苦恼的现象，就必须修道。佛教认为，只要依照佛法修行，就能出生死苦海，到涅槃彼岸，进入一种“常乐我净”的境界。原始佛教所说的修行方法很多，最主要的有“八正道”、“三十七道品”等。后来，这些修行方法又被进一步概括为戒、定、慧“三学”。到了大乘佛教，“三学”又进一步发展为“六度”。

“四谛”奠定了佛教教义的基础，可以说佛教所有的重要的哲学思想都与四谛有关，都是为了从某一方面为它论证。因此，“四谛”法是贯彻佛教发展始终的最基本的教义，并且还在不断地得到补充和完善。

四谛所依据的根本原理是缘起论。佛教的所有教义都是从缘起论这个源泉流出来的。所谓“缘起”就是指一切事物或一切现象的生起，都是由相对的互存关系和条件决定的；离开关系和条件，就不能生起任何事物和现象。因、缘的一般解释就是指关系和条件。在佛陀时代的各教派中，缘起论是佛教所特有的。其基本论点即无造物主；无我；无常；因果相续。所谓无造物主，就是否定有创造宇宙万物的主宰，认为任何一个因都是因生的，任何一个缘都是缘起的，因又有因，缘又有缘，无始无终，无边无际。佛教不承认有人格化的造物主，也否认宇宙本原的人格化的存在。所谓无我，就是认为世界一切事物皆无独立的实在自体。所谓无常，就是说一切事物都受到时空条件的制约而变动不居。所谓因果相续，就是说因缘所生的一切法（事物或现象）是生灭无常的同时，又是相续不断，如流水一般，前前逝去，后后生起，因因果果，没有间断；因果关系错综复杂，又法则井然，一类的因产生一类的果，因与果相符，果与因相顺。这也就是佛教对宇宙万有的总的解释。

1世纪前后，从早期佛教中分化出一个派别，这个新起教派自称“摩诃衍那”(梵文Mahayana)，“摩诃”意为“大”，“衍那”意为“乘载”或“道路”，所以汉译为“大乘”。大乘佛教贬抑原教派为“小乘”(梵文Hinayana)，但后者却并不接受这个称号，而自称上座部佛教。学术界沿用“大乘”、“小乘”的名称，即称大乘佛教、小乘佛教，而无褒贬义。

大乘佛教和小乘佛教的区别，主要可以从信仰修证和教理义学两个方面来考察。首先，从信仰修证方面来说，小乘佛教着重伦理教诲、不拜偶像，认为宇宙中没有什么最高主宰，释迦牟尼也只是教主而不是神；而大乘佛教因受婆罗门教影响而宣扬神异，崇拜偶像，开始神化释迦牟尼，称其为“如来佛”，把他看成是大慈大悲、法力无边的众神之主，同时又宣扬佛有许多化身，说三世十方有无数佛，造出各种菩萨来。另外，小乘佛教主张众生自救，佛只指出途径，修行能入涅槃，但不能人人成佛；大乘佛教积极宣传只要虔诚信仰，则众生皆能成佛。小乘佛教只追求个人的自我解脱，进入不再轮回的涅槃，小乘信徒所追求的最高果位是阿罗汉；大乘佛教则主张救赎一切众生，宣扬大慈大悲，建立西方极乐世界，将成佛渡世，建立佛国净土作为最高目标。小乘佛教着重于三十七道品的宗教道德修养，大乘佛教则倡导以六度为内容的菩萨行。其次，从教理义学方面来说，小乘佛教在哲学上大体主张“我空法有”，认为所有的物质与精神现象，都是若干种微粒在一定条件，以不同形式合成的，它们刹那间生灭，所以任何追求都是虚幻的，人生在世不必有什么留恋，否定主观的存在而倾向于客观唯心论；大乘佛教的哲学思想也有发展，出现“法我皆空”的学说，唯心论哲学体系亦更趋严密，认为不但山水鸟兽等事物是不存在的，就连所谓微粒也从不存在。现实世界的一切物质与精神现象都是假象，都是空的，唯有涅槃境界是真实的。

此外，大乘佛教和小乘佛教都有各自编集的经典作为立论依据。小乘佛教的主要经典有《长阿含经》、《中阿含经》、《增一阿含经》、《杂阿含经》等。大乘佛教经典有《般若经》、《维摩经》、《大般涅槃经》、《法华经》、《华严经》、《无量寿经》等。

二、佛教在柬埔寨的传播和发展

（一）佛教的传入和早期佛教

佛教在亚洲各地的传播大致可分为两条路线：南传最先传入斯里兰卡，又由斯里兰卡传入缅甸、泰国、柬埔寨、老挝等国。北传经帕米尔高原传入中国汉地和西藏等地，再由中国传入朝鲜、日本、越南等国。南传路线以小乘佛教为主；北传路线以大乘佛教为主。但从柬埔寨宗教史看，大乘佛教和小乘佛教在柬埔寨都有传播和发展，大乘佛教在柬埔寨兴起的时间还要早于小乘佛教。

柬埔寨佛教的源头最早可追溯到公元前3世纪印度孔雀王朝阿育王派高僧到金地国弘法。对于金地确切在哪个地方，泰国、缅甸、柬埔寨等国的历史学家和考古学者颇有争论。但一般认为，金地疆域为包括今缅甸、泰国、柬埔寨和老挝在内的中南半岛各国。因此，推想佛教在这时传入柬埔寨并不为过。而从中国史籍或柬埔寨出土的碑铭的片数记载可以确定，最迟在5、6世纪时，佛教在柬埔寨已有所发展。

当时的柬埔寨王国——扶南最盛行的是婆罗门教，但佛教并没有被排斥，甚至成为历代君王沟通与中国、印度、斯里兰卡等国外交的重要桥梁。据中国史料记载，6世纪初，扶南王憍陈如阇耶跋摩王和律陀罗跋摩王都曾连续遣使向中国献珊瑚佛像、天竺旃檀瑞像及婆罗树叶等佛教圣物。与此同时，扶南名僧僧伽婆罗（Samghavarman）、曼陀罗仙（Mandra）、须菩提（Subhuti）先后前往中国译经，并把由扶南带去的多种梵文佛经献上，梁朝皇帝还为此特设“扶南馆”译经道场，接待来自扶南的译师。僧伽婆罗与曼陀罗所译出的经典以梵文大乘经论为主，但也有一本属巴利语小乘佛教系统的《解脱道论》。546年，受梁朝的邀请，扶南王派遣当时在扶南弘法的优禅尼国（印度乌贾音）真谛三藏前往梁都传法。由此可推断，当时的扶南存有来自印度的丰富的梵文佛典，也是当时佛教传播的重要中心之一。

真腊早期的柬埔寨仍以婆罗门教为国教，佛教只是在民间流传，偶尔会被统治阶层所重视和加以利用。因受婆罗门教对湿婆、毗湿奴和梵天三神信仰的影响，真腊佛教中也出现了佛陀、莲花目和莲花生三位一体之说，此外，还崇拜观音菩萨、佛母般若波罗密多女神等。所以，这一时期的佛教是佛教与婆罗门教相融合的特殊形态。

9至12世纪的吴哥王朝时期，佛教地位逐步提高。耶苏跋摩（889—900年）在位时，奉行宗教折中主义，在王宫东池的南岸，分别建造婆罗门教派、毗湿奴教派和佛教的僧院。在靠近古迹之处，不分任何宗派，建筑同名的僧院。全国建有婆罗门教及佛教寺院达100所。苏利耶跋摩一世（1002—1050年）也力倡佛教，设立宗教团体，建造僧院，并有意排斥其他宗教。王室的信仰转向佛教之后，民间本已流行的佛教更加兴盛。阇耶跋摩七世（1181—1218年）在位时，大乘佛教进入全盛时期，国王和他的两位妻子都是虔诚的佛教徒，他们大力推崇大乘佛教，并一心要把自己和家人提高到佛的地位，不惜耗费大量资材，动用巨大力量，大建佛寺，寺中供奉自己或父母的雕像。著名的普拉沙·普兰·克迪寺、塔荣寺、巴戎寺、帕甘寺、吴哥通王城就是在此时建成的。

吴哥时期的佛教主要呈现两大特点：一是佛教与婆罗门教两教并行。佛教虽占尽优势，但婆罗门教并未受到歧视，当时婆罗门教僧侣依然在宫廷任职。有碑文说明阇耶跋摩七世从缅甸召来一个婆罗门为王室外祭司，并在以后继承的两位王中担任同样的职务。1225年，宋人赵汝适所撰《诸蕃志》卷上“真腊国”条说：“（真腊国）奉佛谨严，日用番女三百余人舞献佛饭……有神曰婆多利，祠祭甚严。”又充分证明了两教并行这一特点。二是体现“神我一体”的“佛王”崇拜开始盛行。在之前，国王为巩固统治而宣扬的“神我一体”大多以印度教中的神如湿婆等面貌出现，又被称为“天王”崇拜。而“佛王”崇拜是以佛教的佛或菩萨的面貌面临子民。其实这二者的性质是类似的，都是为国王的统治服务，只是在表现方式上有所侧重。体现“佛王”崇拜的最好例子，是在阇耶跋摩七世时建造的吴哥通王城的“佛王”造像：在吴哥通王城最中央的巴戎寺，有54个大小宝塔，每一个宝塔都是由巨石堆砌而成的中空建筑，宝塔上雕刻有四面微笑的佛陀脸孔，被认为是呈四面面向四方的“普门世间主菩萨”造像。用“佛王”造像代替过去常见立于建筑物中央的“林伽”，也证明了佛教地位在这一时期的显著提高。

总的来看，佛教传入柬埔寨，与传入中国汉地、西藏等地的遭遇不同。早在佛教传入中国之前，中华民族已经有了自己的一套相对完整的文化思想与哲学体系，例如儒家的孔孟学说、道家的老庄思想等。当佛教作为一种外来文化要根植于中华大地时，其自身必定要做出一番大的改造和调整，以适应中国的实际情况。佛教初传到西藏时，也曾遭到苯教的排斥，但佛教传入柬埔寨的情形就大为不同。

佛教非常顺利地传入柬埔寨，并且得到持续稳定的发展，究其原因，有以下三点：

1. 柬埔寨的民族、文化、地理因素与印度相近。柬埔寨与印度次大陆之间仅隔几十公里宽的保克海峡，岛上的主要居民僧诃罗人就是从印度迁去的雅利安人的后裔，他们在民族、语言、文化、宗教、生活习惯、风土民情等方面，都属于印度文化体系。因此，佛教的生活方式和思维方式基本上可以原封不动地被柬埔寨人民接受并保持下来。

2. 柬埔寨在佛教传入之前，只存在一些鬼神崇拜和婆罗门教等信仰的因素，但都未形成强大的宗教势力或系统的学说。当佛法以一种高度严密、完整的思想体系传到柬埔寨时，很快就被人民所接受。同时，婆罗门教的包容性也确保了佛教与婆罗门教的共生发展。

3. 佛教劝导人们逆来顺受的教义，与帝王崇拜不相矛盾，有利于剥削阶级的统治，因此得到了国王、大臣等统治阶层的鼎力护持，传播进展顺利。大乘佛教所宣扬的“生死轮回”和“因果报应”，又给在痛苦中挣扎的人民以积善成佛、来世享福的幻想与安慰，较易为人民所接受，于是特别在民间广泛流传了下来。

（二）小乘佛教的兴起和国教地位的确立

小乘佛教的传入和发展，从根本上改变了佛教在柬埔寨宗教史上的地位。关于小乘佛教传入柬埔寨的史料，最早见诸斯里兰卡的史书记载，阇耶跋摩七世的儿子多摩陵陀于1190年被送到斯里兰卡修习小乘佛教，之后回到祖国传播斯里兰卡佛教。柬埔寨学者也认同这一说法，并肯定柬埔寨的小乘佛教就是由多摩陵陀传入的。而稍有分歧的是缅甸史籍记载说，1190年，多摩陵陀与其他斯里兰卡高僧到缅甸共同创立了“兰卡派”僧团，并形容他注重研习教理，鼓励弟子学习经、律、论三藏，在缅甸传教弘法40余年，于1233年在缅甸圆寂。

在中国元朝使节周达观撰写的《真腊风土记》中对1296年时柬埔寨宗教情况的描述中，能够找到小乘佛教已然流行的证明：“寺亦许用瓦盖，中止有一像，正如释迦佛之状，呼为孛赖（柬埔寨语Preah，即“神、佛”的意思），穿红，塑以泥，饰以丹青，外此别无像也。”“……国王有大政亦咨访之。却无尼姑……而道教者亦不如僧教之盛耳。所供无别像，但止一块石[①]……俗之小儿入学者，皆

① 所供石块可能就是婆罗门教的崇拜物林伽。

先就僧家教习，暨长而还俗。”“家家皆修佛事。”“每一村或有寺或有塔，人家稍密。”值得注意的是，周达观所记僧人的生活，只供释迦佛像，不供其他诸佛菩萨像，可见这时柬埔寨民间的佛教信仰，很可能已从大乘佛教信仰转变为小乘佛教信仰。

1295年，阇耶跋摩八世让位于女婿室利因陀罗跋摩（Xrindravarman，1295—1307年）。新国王改变了阇耶跋摩八世的宗教政策，开始信奉传入不久但却得到广泛传播的小乘佛教，并加以鼓励和提倡。他作出用锡兰小乘佛教经典所使用的巴利文取代梵文作为官方文字的决定。为扶持小乘佛教，在对其的布施上他显得极为慷慨，甚至把国家收入的一部分捐赠给寺院。这样做的结果使小乘佛教在广大民间成为占优势的宗教。1307年，室利因陀罗跋摩舍弃王位进入佛教出家，出家后他更加致力于提倡小乘佛教。柬埔寨最早的巴利语碑文作于1309年，作者就是室利因陀罗跋摩。这时吴哥的小乘佛教已在全国发展，婆罗门教只在宫廷中保有象征形式而已。

在这段时间，柬埔寨也是传播小乘佛教的一个重要中心。1340—1350年之间，老挝的法昂王（Fa Ngoun）自柬埔寨传入小乘佛教，礼请柬高僧摩诃波沙曼多等22位比丘、三藏圣典、金佛像等至老挝，自此改变了老挝人民和官员崇拜鬼神、祖先、精灵，屠杀牛、象等动物祭祀的原始崇拜。

总的来说，13—14世纪是柬埔寨佛教史上一段重要的时期，小乘佛教传入并得到了统治阶层相当的重视，地位一再提升，并最终确立了国教地位，柬埔寨也成为中南半岛上向外传播佛教的一个重要中心。究其原因，可以从外因、内因两个方面来解释。

从外部因素看，柬埔寨的邻国暹罗的崛起对柬埔寨产生了极大的威胁。13世纪中叶，暹罗与真腊发生了激烈的战争，到13世纪末，素可泰王朝控制了柬埔寨西部地区。14世纪以后，阿瑜陀耶王朝入侵，迫使柬埔寨迁都金边，吴哥王朝很快衰亡。到了19世纪初，柬埔寨的领土比起吴哥时代已缩减了一半，也正是因为暹罗国政治、军事实力的膨胀，其宗教势力也对柬埔寨产生了重大影响。此外，柬埔寨小乘佛教的迅速崛起与整个中南半岛地区宗教发展趋势这一大环境是分不开的。从12世纪起，缅甸孟族的僧人从斯里兰卡引进僧团，推行佛教改革。13世纪后叶泰国也引进斯里兰卡佛教。到了14世纪，整个湄公河及湄南河流域地带的婆罗门教及大乘佛教都逐渐地趋向衰亡，小乘佛教取而代之。

然而，除了外部作用的影响的推动外，内部因素则起到了决定性作用。首先，阇耶跋摩七世大力倡导大乘佛教，大兴土木，兴建佛寺。过度的劳役征伐导致国家国库亏空，民不聊生。阇耶跋摩八世意欲复辟湿婆教抑制佛教，使得人民在精神上痛苦不堪，最终还导致了人民的反抗，甚至出现了骚乱。其次，小乘佛教在传教方式上不像湿婆教、毗湿奴教和大乘佛教那样，由国王强迫人民接受，而是通过僧侣们的耐心宣讲，在人们明确和接受其教义后自觉接受，这使得它真正具有广泛的群众基础。在作风上，小乘佛教扬弃奢华，崇尚节俭。同过去的僧侣集团不同，不建庞大的庙宇，更不容许僧侣们沉溺于豪华生活。最重要的是，这种宗教摒弃了繁琐的宗教仪式，让人耳目一新。从前，国王被看成是神，不是湿婆的转世，就是菩萨的化身，并利用这种观念来激起人们对宗教的崇拜和热情，再利用此种情绪来完成所追求的伟大事业——建筑巨大的庙宇，开拓疆土的远征。小乘佛教的到来破坏了旧国教及由此所确立的观念和信条，人们不再想念关于国王即天王的神话，也推动了对新宗教的热情。这样，整个民族都信奉这种宗教，并成为它的信徒，必然使之成为不可阻挡的趋势。

必须指出的是，由于柬埔寨历史上各种宗教的相互渗透和整合，柬埔寨的小乘佛教中明显地掺入了不少婆罗门教、大乘佛教、印度教及万物有灵等原始宗教的成分。受习惯势力的影响，它们交融凝合在一起，使柬埔寨广大佛教徒也难于分辨。佛教徒们也常常信奉除佛主以外的多种神和神灵。

到了19世纪后期，柬埔寨的佛教僧团被分为摩柯尼迦派(Mohanikay)和达摩育特派(Thamayut)。摩柯尼迦派相对更为传统，僧侣多来自平民，因此信徒和寺庙很多。达摩育特派源于泰国的法宗派，于1864年传入柬埔寨，原是泰国曼谷王朝拉玛四世蒙骨王(1851—1868年)所创立，提倡严持戒律，坚持锡兰小乘佛教传统，企图摈弃柬埔寨小乘佛教中一直掺杂的大乘佛教、婆罗门教、印度教和万物有灵等成分。此派僧人和寺院虽属少数，但多为贵族出家，并获得王家的支持，影响也很大。总的来讲，柬埔寨以巴利文三藏为传统，寺庙中一般只供奉一尊释迦牟尼佛像。

(三)近现代佛教的发展和佛教的现代化

虽然小乘佛教确立了其国教地位，但由于国势衰弱，其发展也受到了影响。接下来又接连遭受外侵与内乱、国家政权几经更迭，战乱不断。柬埔寨佛教的命运和民族的命运紧紧地联系在了一起。

1. 法国殖民时期佛教的艰难发展

法国殖民统治期间，为了充分利用王室来进行殖民统治，表面上保持宗教中立，不对佛教有所干涉。但实际上，柬埔寨社会中的宗教制度已遭到破坏，传统的寺庙教育在西式教育的冲击下奄奄一息，僧侣的作用和社会地位大大降低。加上西方宗教大行其道，佛教受到了越来越多的排挤和压制，许多佛寺和佛教典籍遭到破坏。

19世纪末到20世纪前半期，柬埔寨人民在反抗法国殖民主义的民族解放斗争中，将佛教作为民族文化的象征和提高民族意识的手段，柬埔寨国内涌现出一大批爱国僧侣，僧侣和佛教徒成为了反抗外来侵略者的重要力量，佛教逐渐复兴。首先得到复兴的是佛教教育机制。在王室的努力争取下，1909年，柬埔寨创建了第一所巴利语学校，1914年改为巴利语高级学校，提供给青年出家人四年的教育，并传授科学知识；1930年，柬埔寨创立了佛教研究院；1933年，成立初级巴利语学校，三年制课程；从1924年到1930年，共有58个寺院学校开学，每个学校都有超过3 000名学生。在以Menetrier先生为首的一些佛寺教育者们的努力下，柬埔寨佛寺教育开始了第一次正规化改革，建立了僧侣教师教学法研讨会制度，提倡用高棉语为中介语言，并规范了教授课程的设置。革新后的寺院学校与法国殖民当局建立的公立学校自此并肩发展。1950年，王国政府规定所有寺院都要开办佛教学校，寺院学校一时达到2 000多所。从1954年起，寺院学校变成了公立初级学校或小学。而那些设在大村庄里的寺院学校则发展为公立中、高级学校。

2. 西哈努克执政时期佛教的自由复兴

1954年11月，柬埔寨获得完全独立，独立后的柬埔寨宪法遵循了1947年宪法的内容将佛教定为国教。国王的产生也必须获得僧王的认可，这凸显了佛教在柬埔寨人民心目中的重要地位，柬埔寨佛教获得了复兴机遇。国家元首西哈努克亲王曾形象地勾画了佛教与国家政治生活的关系，他说："柬埔寨好像一辆马车，由两个车轮支撑。此二轮一个是国家，另一个是佛教。前者象征驱动力，后者为宗教道德。马车前进两轮须同时运转，这个道理同样适用于柬埔寨在和平与精进的道路上稳步向前。"西哈努克的"二轮理论"形象地指明新国家的宗教道路，成为国家制定宗教政策和治国的根据，反映了佛教国家的传统和特点。佛教受到政府和人民的支持，其国教地位得到进一步巩固。从此，柬埔寨佛教进入了一个新的发展时期。

1955年，“三藏委员会”编印的巴利语文圣典55册出版，其他多种高棉文佛教典籍约187册也编印完成。1968年，编纂翻译了近40年，共110卷的高棉文佛教三藏全部出齐。

国家大力修建佛寺、佛塔、精舍，作弘扬佛法道场之用。1957年5月12日，柬埔寨隆重举行了佛陀涅槃2500周年纪念大典。大典举行了7天，全国朝野精心准备，专门从斯里兰卡迎回佛舍利供百姓瞻仰，国王亲自主持开幕式并致开幕词，首相西哈努克亲王将佛舍利奉交僧王胡达，僧王捧着舍利金塔走出王宫，将其奉置在一架特制的游行彩车上，开始庄严的游行。在大典的7天内，千百名僧侣日夜诵经，从早到晚无数信徒在佛舍利前焚香膜拜。佛教在柬埔寨掀起新的崇拜高潮，僧侣人数激增，最多时达82 000人，同时期佛寺也上升到2 860座。

佛教教育和研究力量也得到发展。1955年建成的苏拉马里特佛教中学和1959年建成的西哈努克佛教大学，分别培养佛教初级和中、高级人才，柬埔寨僧侣教育体系实现了多层次模式。学僧来自僧界，考入此校学习3年者可获一般毕业文凭；再学4年者，经考试合格可获学士学位；已获学士学者继续深造，通过答辩可获博士学位。学僧在校既要学习传统佛教理论和语言知识，还要学习西方社会科学知识和实践禅修活动，以培养行解双优的佛教人才。这一时期还涌现出一批著名的僧侣学者，其中包括尊那法师(Preah Chuon Nath，1833—1969年)，他曾于1948年起担任摩柯尼伽派僧长达20年之久，对古代和现代语言有精深的研究，所编纂的高棉文字典最为著名；胡达法师(Preah Hout Tat)，曾任西哈努克大学校长，1970年继任大宗派僧长，还担任了三藏编译委员会主席，为高棉文三藏编译工作立下了功勋；乔摩法师(Preah Khieu Chum)，他是一个丰产的作家，一生致力于佛教知识的普及工作，而且根据佛教教义对现实社会存在的问题提出了可行的答案，主要著作有《治国知识必读》、《生命之问题，据佛陀和学者而言》、《涅槃的概念》、《戒律的概念》等11部；潘卡法师(Preah Pang Khan)是最著名的佛教史学者，擅长于佛教和印度教的研究，着有《柬埔寨佛教》、《高棉文化与文明》、《吠陀、婆罗门、印度教教义》和《高棉与印度文化和文明》，等等。

这一时期的柬埔寨有三个较大的佛教社团组织：一是“世界佛教友谊会——柬埔寨中心”，负责与世界各佛教国家有关国际性佛教活动的联系。1961年11月，第6次世界佛教友谊会在柬埔寨首都金边召开，有25国派代表参加。二是“居士巴利学会”，负责佛教宣传工作，协助在家佛教徒学习巴利语及其他国家语言的研究。还有一个是1952年佛教各派联合成立的“柬埔寨佛教共和会”，这是柬埔寨最高级的佛教徒组织，一直以来都参与佛教和国家社会的活动，如哥梳玛医院（僧侣医院）的建设。

3. 持续战乱中佛教的黑暗时期

从1970年朗诺政变之后柬埔寨经历了20多年的持续战乱和政治动荡，使得刚刚得到复兴的柬埔寨佛教又遭受到毁灭性的打击。朗诺政府虽继续奉行佛教为国教，但佛教僧侣对新政府的看法产生了分歧。大多数住在乡村的佛教徒，明确支持西哈努克亲王领导的合法政府，为此而遭到压制；住在城市的僧人，尤其年轻激进的知识僧侣，对新政府表示欣赏。朗诺政府一方面着力安抚佛教界，晋封两派僧长为僧王，给予特殊礼遇，宣称尊重佛教在民族传统的人民生活中的重要性；另一方面则对僧团施加压力，强调僧侣必须服从国家政府的领导。为分化和控制僧团，朗诺政府支持成立了柬埔寨宗教学生共和会、柬埔寨佛教青年会等佛教组织，政界要人在各组织中担任负责人，并给予强有力的财政资助，与原有的僧团组织对抗。所有这些表明，柬埔寨的佛教越来越世俗化，与政治不可避免地交织到了一起。

1975年4月，柬埔寨民族统一阵线解放金边。1976年1月，新成立的民主柬埔寨宣布取消佛教的国教地位，并执行政策严格排斥和打击各种宗教。柬埔寨的佛教在此期间遭受到沉重的打击，僧侣遭到迫害，寺庙受到损毁。在民柬政府集中整治的44个月内，僧侣人数急剧下降，从4万～6万人骤减到800～1 000人。[①]

1979年1月，越南军队入侵柬埔寨，扶植韩桑林建立起金边政权。金边政府宣布宗教信仰自由政策，但严格限制佛教活动，紧密控制在国家管理之下。当时国内估计约有僧侣7 000人，交还修复的佛寺2 000余所，佛事活动也时有举行。越南的僧人这时开始进入柬埔寨积极活动，试图将佛教“越南化”。所以尽管政府恢复了部分佛教活动，但是大多数佛教徒与僧侣投奔民主柬埔寨势力所在的“解放区”，或逃亡国外成为难民，留下的人也持消极不合作的态度。后来民主柬埔寨武装力量节节胜利，洪森领导的政府为了摆脱困境，于1985年对宗教政策作了一些违背佛教传统的调整，允许55岁以上的男子出家，而青年人一律不得

---

① Death by Government.Rummel, R.J：2, 035, 000 Murdered：The Hell State：Cambodia Under the Khmer Rouge, New Jersey：Transaction Books, 1997, p.187.

出家，出家人必须效忠政府，并支付比普通工人高很多的税金。1988年，国内形势稍有好转。同年4月，柬埔寨国会修改了宪法，将佛教重新定为国教，并允许国家广播电视台播放佛教徒的诵经和祈祷活动，同时放松了对佛教活动的各种限制，使佛教活动逐渐获得恢复和发展。

近现代柬埔寨佛教的发展，除了在西哈努克统治时期获得了极大的发展和壮大之外，在其他时期基本上是被压制和摧残的。在国内形势稍有好转时，政治家就会为了各自的政治利益，开始对佛教加以利用。在复杂动荡的政治环境下，佛教的发展更是举步维艰。但不可否认的是，佛教在柬埔寨已经扎根，特别是在逆境中展现出了顽强的生命力。

4. 和平进程中佛教的全面复兴

柬埔寨自1991年以后，逐渐开始佛教的重建工作。1993年5月，柬埔寨举行第一次全国大选，成立了新的联合政府，并改名为柬埔寨王国。王国政府不仅在宪法中再次确定了佛教的国教地位，还确认了柬埔寨国家的箴言："国家、宗教、国王"。作为一种公共意识形态，宗教、国家、国王三位一体，不可分离，公民可以批评政府，但不可以反对国王和佛教，这将佛教提升到极高的地位。再加上过去的四届王国政府都把佛教领域的发展与推动国家的社会福利与经济发展、实现农村居民的消贫目标等各项发展工作结合起来，佛教的复兴工作得以全面展开。

重建佛寺是佛教复兴过程中的第一要务。洪森总理与柬埔寨政府领导人都非常关注佛寺的重建情况，在金边及暹粒等周围重要古寺的重建动工仪式或启用仪式上，经常能出现政府高层官员的身影。广大民众在佛寺建设与发展中也作出巨大努力，尤其是民间基层组织在社会的建设中作出巨大贡献。佛寺也积极与政府及基层组织密切合作，促使国家社会与佛教的发展，为人民的日常的生活服务作出贡献。随着佛寺复建工程的全面展开，佛寺的教育功能也得到全面恢复。1993年至1994年间，苏拉马里特佛教中学开始恢复招生，西哈努克佛教大学于2000至2001年期间复课。目前，柬埔寨政府把佛教教育与青年教育划入人才培训领域，把宗教事务部与教育部作为柬埔寨社会道德教育培训人才的合作伙伴。

另外，柬埔寨佛教界及政府的宗教事务部也非常注重恢复并加强与外界的交流，以寻求物资援助，另一方面也能提高声誉，恢复柬埔寨作为重要的佛教传播中心的影响力。2002年12月5日，在王国政府及佛教界人士的共同努力下，柬埔寨成功举办了第3届世界佛教大会，来自14个国家的僧王或佛教领袖出席了大会，大会赞扬了柬埔寨人民源于佛教的非暴力教义，指出柬埔寨人民克服了曾经历的悲惨历史，在实践中贯彻佛教精神，在西哈努克国王的领导下，实现了和平与安宁。此次大会的成功举办也被看作是柬埔寨佛教走出战争阴霾，实现全面复兴的一个重要标志，具有重大的历史意义。

总的来看，目前柬埔寨佛教僧团的总体质量不高，佛学研究水平比较落后。主要原因是20世纪70年代红色高棉统治时期一整代中、高级僧侣的丧失[①]。到了20世纪90年代，僧侣多是25岁以下的青年人，而其中只有20%接受过正规的佛教训练。复课后的西哈努克佛教大学虽然也把禅定和佛经研究作为课程的一个重要部分，但从这里毕业的学生大多都会继续学习信息技术、会计或外语技能，以便为世俗生活做准备，只有极少数人会选择到寺院继续投身佛学研究和教育。新闻报刊中常见的僧人被指控性侵或其他犯罪的报道反映出寺院纪律性的缺失，寺院的生活对接受过现代教育的年轻人来说越来越缺少吸引力。缺少权威佛教领袖和佛学专家的现实，也使得柬埔寨人越来越多地转向了更古老的信仰，如涅达神信仰，以得到更现实的精神支撑。

5. 佛教的现代化改革

20世纪初，柬埔寨兴起了传统佛教修行实践的现代化改革运动。这场革新运动曾引发了佛教内部激烈的争论，也自此形成佛教保守派和革新派之间的分野。僧侣、佛学家和信众分裂成了保守派和革新派两个对立派别，并出现了“老派”佛教（Boraan Buddhism）和“新派”佛教（Samay Buddhism）的区分。[②]这一矛盾在其他小乘佛教国家也同时存在。尽管现代化改革与达摩育特派刚从泰国进入柬埔寨时所进行的改革很相似，都是旨在使佛教更纯洁、更系统化，并且“现代化”在很大程度上也影响了达摩育特派，但在实践中，摩柯尼迦派的尊那僧王才是那一时期改革运动的符号。因此，“老派”与“新派”的区别不应与摩柯尼迦派和达摩育特派的区别相混淆。

尊那僧王所主导的改革具体涉及佛教教学的内容、语言书写规范、诵经的发

---

① *Technology Integration Division*: *Khmer Cultural Orientation*, Defense Language Institute Foreign Language Center, 2009, p.18.

② Kobayashi Satoru: *An Ethnographic Study on the Reconstruction of Buddhist Practice in Two Cambodian Temples*: *With the Special Reference to Buddhist Samay and Boran*, Southeast Asian Studies, Vol.42, No.4, 2005, p.490.

音、穿着僧袍及饮食的方式以及宗教仪式中的细节等。在核心层面，他们试图建立一个标准化的宗教实践体系和学制体系。而在传统上，各乡村佛寺的教育方式是非常具有个性化的，并且坚持通过口头修道的实践和教义形式，坚持通过集中冥想的方式交流和提升自我。比如，“老派”佛寺学校中的僧侣使用巴利文棕榈叶手稿，通过死记硬背来记忆和背诵经文，并不关注理解和解释；而在“新派”佛寺中，僧侣使用印刷物教材，系统地学习巴利语语法，强调理解和研究，把巴利文经文转化为高棉文是其首要的工作。“老派”佛寺中师生之间的交流可能更多地强调冥想和精神上的沟通；而“新派”佛寺中的师生之间有更加互动的关系，对冥想、精神洞察力及精神动力的依赖性被削弱。

柬埔寨的“新派”佛教推行者们试图用现代科学的理性主义创造一种更合理的佛教实践道路，并得到了西方一些佛教机构及非政府组织的资助。20世纪30年代，一批革新派僧侣和知名佛学家开展了大规模的对基础佛经（如每日祷文等）的高棉文翻译工作，并开始用高棉文取代巴利文来吟唱。到了20世纪50年代，已经在柬埔寨各地寺院中得到了较为普遍的推行。而与之相对的佛教实践保守派人士强烈抵制这种佛教的“世俗化”改革，对“新派”佛教所主张的宗教实践内容多表示不屑。在当时，“新派”和“老派”的矛盾是非常激烈的，有的村庄甚至家庭被界限分明地划出新派和老派。通常情况下，新派和老派家庭中的子女不得交往或通婚。有的地方还曾出现严重的纠纷，以至于要请出高僧进行调解。在基里隆省有报告称，伊色拉反政府武装在20世纪40年代末就曾烧毁过当地的新派寺庙，理由是新派寺庙是法国殖民者的同僚。柬埔寨政府中的一些高级官员（包括洪森首相）也倾向于支持保守的“老派”佛教，他们相信，坚持对巴利文经文的膜拜和信仰能够帮助自己获得更多世俗的利益。“老派”佛教的代表人物之一——摩柯尼伽派高僧德普·旺（Tep Vong）从新年忏悔仪式发展出以巴利文诵经为主的“群体悔过”（group repentance）仪式，现在已成为柬埔寨社会最受欢迎的宗教仪式之一。目前，“老派”佛教传统在暹粒和磅湛两省保存较好，保守派也仍在致力于继续在全国发扬老派佛教。

三、柬埔寨佛教的组织

（一）佛教派别

1855年以来，柬埔寨佛教一直被摩柯尼迦派和达摩育特派两大派别把持（除了1981年至1991年之间两个派别受政治因素干涉而被统一)。"摩柯"在巴利文中是"大"的意思,"尼迦"意指"群",因此摩柯尼迦派又称"大群派",是从缅甸和泰国传入的小乘佛教,历史比较悠久,是柬埔寨的传统宗派。此派在普通平民中流传甚广,僧侣人数占柬埔寨僧侣总数的90%,寺院数占总数的94%,遍布全国各个省份,总部设在金边的乌那隆寺。"达摩"在巴利文中即指"正法","育特"指"追随",因此达摩育特派又称"追随正法派",源于泰国的法宗派,据说是19世纪下半叶由一个在泰国学习过的僧侣所创立。该派严格奉守小乘佛教正统教派的佛律,认为自己比摩柯尼迦派血统更纯正,戒律更严格,管理也更细化,主要在王室、贵族和高级官员中流传。因此尽管僧侣人数只占全国僧侣总数的10%,但由于有王室和政府的支持,其地位也很重要,总部设在金边市宝东华德寺,寺院除在金边市外,在马德望省、菠罗勉省、贡布省、磅同省也有少量分布。

摩柯尼迦派和达摩育特派在教理、仪轨等方面没有根本的区别,只是在持戒宽严上有所不同。达摩育特派持戒深严,任何细小的戒律都要严守不违。如:手不持金银财宝,行路必须赤足,等等。摩柯尼迦派持戒稍宽松,行路允许穿鞋,身上可以带金钱。此外,在持钵的方法、袈裟的穿着方式、诵经的音韵方面,两派也有一些差别,如摩柯尼迦派僧人诵经时是柬埔寨语语音,达摩育特派僧人的发音则接近斯里兰卡的巴利语语音。达摩育特派还重视佛学教育,专心弘扬小乘佛教文化,因此在国民心中也享有很高的威望。摩柯尼迦派属平民派别,与普通百姓有更近的关系,在劳动人民特别是在农村有着广泛的影响。两派各有自己的僧职系统和寺院,关系融洽,互不打扰。宗教法事活动一般都由本派自行进行,另一派并不参与。

(二)佛教的组织机构

柬埔寨最高等级的佛教徒组织是1952年由两大佛教教派联合成立的"柬埔寨佛教协会"。两个教派内部都有自己的全国僧侣议会"桑卡",由各派的高级僧侣组成。国王是全国僧侣议会的最高领袖,但其职权只是保卫佛教。国王从两派有威望的高级僧侣中挑选任命僧王,每年召集两派僧王召开一次年会。僧王有国家供给的少量薪俸并会担任一些政府职务,这表现出政府对佛教的一种尊重。两派僧王彼此独立,分管各自派别下属的僧侣。两个教派的全国僧侣议会在各地区设有分支机构:每省是一个大教区,称为"孔",由一名方丈主持。每县是一个小教区,称为"阿努孔",由一位副方丈主持。达摩育特派县以下没有机构,设立在各乡、村中的寺庙基本上都属摩柯尼迦派。每所乡寺有一位寺院长老，当地人称其为"梅瓦"(意为"寺庙领袖")，负责主持寺庙与监督僧侣对教规的执行。由于僧侣必须遵守的"十戒"中最后一条是"禁止蓄金银财宝"，佛寺住持不负责管理寺庙的财物，包括前来朝拜者所留下的钱物。佛寺中一切动产与不动产都被交付给一位居士(俗教徒)管理，担当该角色的人被称为"阿嘉"。"阿嘉"通常是人们公认的行为正派、品德端正的人，多为老者担任。他们既是宗教仪式的组织者，也是僧团与俗教徒团体之间联系的媒介，与僧侣一样享有较高的社会地位。

僧侣按资历分为11个等级，前4级为高级僧侣，柬埔寨语称"罗阇加那"(Rajagana)，后7级为低级僧侣，柬埔寨语称"努格拉姆"(Nukram)。摩柯尼伽派高级僧侣共35个，达摩育特派共21个，其出家年限必须在20年以上。高僧及寺院主持生活丰裕，出门乘车马，仪从甚盛。一般民众对受到僧官居阶位的出家人也特别尊重恭敬。下7级是初级僧侣和普通比丘，通称"塔纳努克兰"，主要依靠化缘度日，生活俭朴清苦。僧人每日清晨4点到5点就必须在佛像前冥想和祈祷。然后离开寺庙外出化缘，接受教徒们的布施。教徒们(多为妇女)事先准备好饭菜，待僧人走近，便合十致礼，恭恭敬敬地把食物装进僧人的圆钵，以积功德。[①]在接受布施后，僧人通常需要为布施者念诵经文，然后返回寺中，继续诵经。正午之前，全寺大小僧人共同进餐，餐食皆为清晨化缘所得。午后至次日早餐前不得进食。除皇家寺院外，其他佛寺的经济来源主要依靠教徒的施舍。教徒向佛寺捐献各种物品，包括金钱、土地、建筑物、衣服、面料、书籍、鲜花、香烛，等等，还有教徒自愿为寺院耕地放牧做杂工的。僧侣在柬埔寨享有很高的社会地位。普通百姓在与僧侣对话时需要使用一套特殊的僧族用语，以显示尊敬和膜拜；国王在僧侣面前也要自示谦卑，毕恭毕敬。

寺院中的僧侣分为比丘和沙弥，沙弥为7～20岁的小和尚；比丘为20岁以上的男僧，需严格遵守十戒和另外227条戒律。不论修行时间长短，所有比丘都必须严格遵守戒律。此外，还要远离政治事务，没有纳税和服兵役的义务，也没有投票权，身处法律管辖之外，如果遭遇犯罪，也没有权利提出正式的诉讼；如果违法，必须在被教派宣布解除僧职之后，才能被起诉并接受审判。女性通常是不能出家的，但年长的女性，尤其是寡妇，可以在寺院中做尼姑，参与一些祭坛的

① 现在，农村的僧人多数仍靠托钵化缘度日，但很多城市或城镇的僧人一般不吃四处募集来的食品，而是由富裕的教徒专门供应。

准备工作和劳务。她们需要剃掉头发和眉毛，并遵守与比丘同样的戒律。

依照佛教传统，柬埔寨男性佛教徒一生至少出家一次，时间可长可短，短则几日，长可终身为僧。不仅普通百姓要剃度出家，国王、官员也不例外。1947年6月，时年25岁的柬埔寨国父西哈努克就曾出家入寺，师从高乌长老、僧王俊纳特·德斯·胡达及其他高僧学习佛法，因此被称为“和尚国王”。人们进行短期修行的目的通常是为了报答佛恩以及父母的养育之恩，为父母修功德。另外，出家修行也是判断人品的重要标准，经过剃度当过僧侣的人，在社会上更容易得到认可和尊重。而青少年剃发为僧，受到寺院的严格管教和修身养性、学经识字，即使顽恶的人，通常也能变得听话懂事。因此，家长会鼓励孩子削发为僧。

出家仪式只在每年雨季到来之前的佛历比萨月进行，这也是佛祖诞生、成道和涅槃的纪念日，被看作一年中最神圣的时期，又被称为比萨宝蕉节、佛吉祥日或卫塞节。出家仪式非常隆重并有深厚的宗教色彩，出家者的亲戚朋友都会前来祝贺。出家者落发、着僧装、告别亲友，由家人敲锣打鼓，送进寺院，拜谒住持，受戒为僧；直至3个月雨季结束后，方可还俗回家。

（三）佛寺

传统上，每个村庄都有一个佛寺作为其精神中心，根据当地人口数量和寺院的大小，会有 5 ~ 70多名比丘驻寺。以前，寺庙一般为石木结构。现在的寺庙更多是由混凝土浇灌而成。典型的柬埔寨农村中的佛寺建筑由几间比丘居所、大堂、厨房、为无家可归的人准备的避难所、为比丘尼提供的居所和一个池塘组成。寺中还建有一处安放佛像圣坛的圣殿，被称作“维赫”（Vihea），通常只在重要的仪式中开放，且只限于比丘进入。而大部分僧俗一同参加的仪式都在大堂或小广场上举行。“维赫”是寺院中最神圣的地方，会有摆放在八个重要位置上的“息玛”（Sima，巴梵语“界限”）石作为标记，把“维赫”圣殿与寺院中其他区域严格划分开。围绕在圣殿旁有很多佛塔，这些佛塔基层是四方形或者圆形，塔顶为锥形。稍有些权位财富的人都喜欢到寺院塑一尊佛像，或是建一座佛塔，等到死后将骨灰置于佛塔之下。寺院有砖墙或围栏围住，没有门，设有多个入口。主入口朝东，通常只用于仪式；人们平时都由其他入口出入寺院。在很多寺院内东北角还设有一个小屋或是一个微型凉亭，供奉寺院的守护神——寺院涅达，在柬埔寨语中又被称作“寺院的阿纳克提”（Anak Tea Vat）。守护寺院的寺院涅达所承担的区域标记作用似乎更为明显，警示人们这里是寺院辖区，必须言行恭敬。人们相信，寺院涅达也会惩罚那些在寺院随地小便或出言不逊等不规范行为的人。

寺院中出现的息玛石和阿纳克提寺院涅达的崇拜体现了柬埔寨佛教与民间鬼神信仰交织共存的现实。人们信仰佛教的心理动机除了求功德之外，更重要的是解答心中的困惑和克服现实中的困难。为达到这个目的，人们一方面参拜圣迹、朝山进香，供奉据称有佛舍利的佛塔或佛像；另一方面也会敬奉各类鬼神，供养“法力高超”的通灵者。希望借助包括佛陀及其他圣灵鬼神在内的一切特有的超自然力量，以驱邪求福，求得庇佑。

佛教本身就具有强大的精神凝聚力量，佛寺则是佛教对柬埔寨社会产生实质作用的主要媒介。众教徒在佛教精神的引领、佛教教义的指导下，以佛寺为中心展开生活。佛寺不仅是培养柬埔寨社会道德、民族、智慧的知识宝库，也是国家社会各领域发展的根基。具体来说，佛寺还充当着学校、医院以及人民举行宗教活动、世俗聚会的中心，人民的生活也离不开佛寺。

作为宗教活动的中心，佛寺每年都要根据传统举行一定的法事活动，这些活动不限于宗教节日，在许多国家法定的或传统的节日里，人们都会相约来到佛寺举行活动。佛寺住持有时也会根据信徒的要求单独举行一些超度亡灵的法事活动。在每个月新月和满月这两天，是佛寺僧侣集中忏悔的日子；每个月的第八日是“戒日”，僧侣们在这一天要遵守所有十戒。而同时，普通佛教信众会在“戒日”这一天到寺院举行庆祝活动，这与僧人们庄严的守戒氛围形成了强烈的对比。除了举行宗教活动外，佛寺还是村落的政治、社会、文化生活的中心，如村民选举、紧急集会议事，甚至是放映电影、演戏剧、举行体育活动等都安排在佛寺内。

佛寺在柬埔寨所承担的教育功能是非常重要的。在现代教育未产生前，佛寺教育是传统柬埔寨社会千百年来唯一的社会教育形式。无论是穷人或富家子弟都要进到佛寺学习经文，读书认字。虽说佛寺中的教育是一种系统的、以灌输佛教道德观为基本出发点的宗教教育，教育的目的在于学经、弘法、知真谛，但对于进入佛寺学习的小沙弥们来说，他们除了希望能通过学习佛教原理、伦理教育、宗教文学和诗歌以培养良好道德与品格外，还希望能获得一些技能与职业性手艺能力。因此，一些世俗的知识和技能，如基础算术、木工、石工、手工锻造及编篮技艺等，也由僧侣在传经布道的过程中附带传给小沙弥们。宗教教育和世俗教育都落在佛教界身上，寺庙是提供教育的正式场所。可以说，佛寺教育是柬埔寨教育的起源。近代以降，受到西方教育制度的影响，世俗教育开始扩大到社会各阶层。为了适应人们的传统习惯，当时的大多数学校还是建在寺庙里。担任教师的僧侣被要求教授政府规定的“现代”课程，如标准高棉语、历史、地理、数学和自然等，将传统的佛寺教育也纳入到国家控制之中，使教学内容服从于国家发展的需要，世俗化、现代化的教育也因此在佛寺中得到普及。如今，随着柬埔寨公共教育的发展，青少年接受教育的机会与渠道都大大增加，受教育的条件也有了明显改善，但佛教寺庙仍与国家公共教育机构以及一些私立教育机构共同承担着柬埔寨初等教育的任务。在佛寺中接受教育的孩子多是家境贫寒的穷人。在这里他们无须支付学费，通过在寺院中的劳动就可以获得食宿和学习的机会。据2005年1月的统计表明[①]，全国目前共有4 060所佛寺、579所佛教小学，12 718名学生；中级佛寺学校共有31所，学生6 891名；在金边的佛教大学共有265名僧侣参加学习，主要的学科为教育科学与佛教哲学；另外，国内还有395所佛教纪律学校，学生有18 080人。通过佛寺和佛教教育，许多乡村的贫困家庭子女获得教育，脱离文盲。

几个世纪以来，佛寺还一直传承着施善济贫的佛教理念。对于很多失去土地或极度贫困的农民或在城市里失业的穷人来说，寺庙是他们的避难所，为他们提供免费的食宿。他们可以安心在寺庙劳动，等待新的工作机会。在普通百姓眼中，僧人是最有学问和道德品质最好的人，他们以众生平等的态度，用经典佛语给病患和遭遇不幸的人们以安慰。甚至很多地方的佛寺还承担着医疗救助的功能，为穷人提供免费的医疗服务，这其中包括一些传统的疗法，也有现代意义上真正的科学治疗。

佛寺在发动人们进行社会建设方面也发挥着关键性作用。佛寺的方丈们能够动员数千民众义务修路，或是每年募集数百万瑞尔来支持寺院和建造小学、图书馆、桥梁等等社会活动。有柬埔寨地方政府官员评论说，佛寺僧侣们创下的业绩可以远大于地方当局所能为。[②]

① 数据来自：http：//www.mocar.gov.kh/。

② 参考易同著：《柬埔寨环境保护中的作用》，载《世界宗教文化》，2006年第3期。引自网页：http：//read.goodweb.cn/news/news_view.asp?newsid=47446。

四、佛教对柬埔寨文化的影响

柬埔寨的文化是一种深受佛教影响的文化。纵观柬埔寨文化发展的历史，几乎所有的文化形态都与佛教有着密切的联系，不但那些直接标志着人类文明的文学、艺术、书法、绘画、雕塑、建筑等无不打上了佛教的印痕，就连那些作为各个时代上层建筑核心的政治法律思想和制度、道德规范等也深受佛教的影响，都在某种程度上体现着佛教的思想。

首先，佛教对柬埔寨道德体系的形成发挥了重要作用。佛教各方面的道德规范已有几百年的积淀，已深入人心，人们行为处事都会自觉遵守。佛教的道德准则主要可以概括为：与人为善、诚信待人、与世无争等，进一步归结起来，还可以高度凝练为一个“善”字。这些道德规范在人们出家时即受到教化；一些德高望重的僧人利用宗教活动或传统节庆活动中宣讲佛法的机会，结合社会发展，将深奥的佛理经过深入浅出的阐释融入到人们的现实生活当中，从而实现教化的作用；在出现各类不道德和不法行为时，众人也会引经据典，利用佛教的道德规范加以制止。现在，柬埔寨主流的电视广播媒体每天早晨都要播出僧侣讲经说法的节目，不论是政府官员，还是普通民众，乃至各所学校的学生都会收听收看、接受教诲，在潜移默化中人们接受了佛教的道德观念，进而形成了社会普遍的道德准则。佛教“善有善报，恶有恶报”的教义是道德标准得到有效执行的根本驱动力，“善恶有报”的思想观念已深入人心，其约束力并不亚于法律，成为维护社会稳定的一种无形力量。佛教的道德规范是维系传统社会的主要力量，在柬埔寨文化中起着至关重要的作用。

佛教对柬埔寨古代文化中的文学、绘画、建筑、雕塑、音乐、舞蹈等文化形式产生了巨大而深刻的影响。纵观柬埔寨文学发展的脉络，佛教文学曾经是早期柬埔寨文学的主要内容，并一直是柬埔寨文学家们取之不尽、用之不竭的素材宝库。这些故事经过了柬埔寨文学家的艺术加工和再创造，但作品中的主人公和故事情节基本上都能在《佛本生经故事》和《五十本生经故事》（又译《般若本生故事》）中找到原型。有的佛经故事（如《毗输安呾罗王子本生经故事》）还以古寺浮雕或绘画的形式表现出来。而在建筑方面，佛教的寺庙塔窟也在柬埔寨留下了永恒的符号。举世闻名的吴哥寺即是佛教和婆罗门教的共同产物；吴哥通当中的巴戎寺则是由40多尊四面佛像堆砌而成，四面佛的微笑更被誉为“东方的蒙娜丽莎”；象征着柬埔寨首都金边市发源地的塔仔山等等都是佛教与建筑融合的结晶。

柬埔寨传统音乐和舞蹈的许多形式与题材也是直接取材于佛经中的故事和传说，如音乐的曲调、调式都与佛教仪式有关。用以演奏传统音乐的笛、鼓、排铃、钗、木琴等主要乐器也是佛教祭祀活动中使用的乐器。柬埔寨古典舞蹈的最初起源也是宗教仪式，并被赋予多种宗教仪式功能，从驱邪、与神灵沟通、作为献祭的供品，到葬礼仪式等，都扮演着重要的角色。因此，舞蹈的初期发展多附属在仪式之下。后来，逐渐脱离了宗教仪式功能的舞蹈在内容和形式上也继续受到佛教文化的影响，特别是舞蹈动作与姿势上明显有佛教造像的影子。

在柬埔寨，佛教还不仅仅是一种宗教，它还是一种生活方式。佛教贯穿了柬埔寨人生命的始终，出生时的剃胎发仪式，进入社会的剃度仪式，民众日常的婚丧嫁娶，甚至是迁新居、新工程落成典礼等，都要邀请僧侣参加并主持相应的佛教法事。柬埔寨各种传统节日也都具有浓郁的佛教色彩，在全国休假日中，如新年、斋僧节、加顶节、亡人节、送水节、转法轮节、维莎迦节都源自佛教或与佛教密切相关。

综上所述，佛教经过一千多年的传播和演进，已与柬埔寨的本土文化融为一体。作为柬埔寨的文化核心，千百年来佛教一直影响和参与了柬埔寨社会、政治的发展进程，不仅从整体上影响着民族文化精神，而且从思想内容到形式等各方面对各种文化发生深刻的影响。

第二节　婆罗门教

一、婆罗门教的基本教义

婆罗门教（Brahmanism）是人类最早创造出来的宗教之一，是印度古代宗教，现在流行的印度教的古代形式。婆罗门教起源于公元前2000年的吠陀教，形成于公元前7世纪，没有创教人，因崇拜大梵天神（Brahma）及有婆罗门种姓担任祭司而得名，以吠陀（Veda）为主要经典教义。

公元前6世纪至公元4世纪是婆罗门教的鼎盛时期，4世纪以后，由于佛教和耆那教的发展，婆罗门教开始衰弱。8、9世纪，婆罗门教吸收了佛教和耆那教的一些教义，结合印度民间的信仰，经商羯罗的改革，逐渐发展成为印度教。印度教与婆罗门教没有本质上的区别，其教义基本相同，都信奉梵天[①]、毗湿奴[②]、湿婆[③]三大神，主张善恶有报、人生轮回；轮回的形态取决于现世的行为，只有达到“梵我同一”方可获得解脱，修成正果。因此，印度教也称为“新婆罗门教”，前期婆罗门教则称为“古婆罗门教”。[④]

婆罗门教属于多神崇拜，但又带有一神教的色彩。崇拜各种自然的神祇，盛行祭祀祈祷以招福禳灾，又以梵天为创造宇宙万物的主宰。公元前5世纪，吠陀著名的注释家耶斯迦在其所著《尼卢多》中把神分为天、空、地三界。天界的有司法神婆楼拉、天神特犹斯、方位不同的太阳神苏里亚、莎卫德里、密多罗、乌莎司等；空界的有雷神因陀罗（帝释天）、暴风神楼陀罗、风神伐由、雨神帕安尼耶、水神阿帕斯等；地界的有火神阿奇尼、酒神苏摩、大地母神波丽蒂维、智慧神梭罗室伐底、马神达弟克罗、牛神毗湿奴（遍入天，后在印度教中转化为主神之一）、众鬼之王阎罗、魔神罗刹、恶神阿修罗（意译非天），语言神伐尸，无限神阿弟蒂，等等。他们都是梵天所化，都是不显现的梵的显现。到了吠陀晚期，佛教出现后，多神崇拜开始向主神崇拜发展，出现了很多统一的、抽象的神，例如诸神天、造一切神、生主、祈祷主、原人等。在梵书、奥义书时代，吠陀万神殿中的一些神开始成为婆罗门教的主神，从而出现了“三神一体”的创造（欲望）神梵天、护持（保护）神毗湿奴、毁灭（新生）神湿婆。神虽然有三个，但他们都是最高存在的直接化身。主神们都是威力无穷、战无不胜，但他们也有各自不同的气质特点，或不完美之处。[⑤]主神们的地位和威力也常常随着人们的喜恶而随时

---

① 梵天（Brahma），宇宙本原“梵”（Brahman）的人格化，男性神，创造之神（Creative God），众神与众人之父（the father of gods and men）。其形象为四面（four faces or caturanana）、四臂、白袍，骑天鹅或孔雀，或坐在毗湿奴肚脐生出的莲花上。

② 毗湿奴（Vishnu），宇宙的保护者和拯救者，曾以诸多化身（avatars or descents or incarnations）救世，最重要的化身是罗摩（Rama）和黑天（Krishna）。通常呈现为美丽男子，四臂，蓝肤色，四手分别执轮宝（discus or wheel，象征创造和破坏的力量）、海螺（conchshell，象征存在的起源）、莲花（lotus-flower，象征太阳和毗湿奴肚脐生出的生命树）和仙杖（club，象征“知识的力量”）。

③ 湿婆（Shiva），既是宇宙的创造者（creator），也是破坏者（destroyer）；既是生殖神（Fertility God），其象征为“林迦”（男性生殖器，lingam，a phallic shaped stone），又是苦行者（ascetic），也是“舞蹈之主”（Nataraja or Lord of the Dance）。造型为四臂、三目，两条眼镜蛇分别缠绕脖颈和手臂，青颈（blue throat or nilakantha），头发盘成苦行者的高髻，饰有一弯月牙和三叉戟，坐骑为公牛南底（Nandi）。

④ 在本书中我们将统一使用“婆罗门教”。

⑤ 在关于黑天（即毗湿奴的一个化身，是一位完美的“万人迷”王子。在柬埔寨吴哥遗迹中出现频率也很高）的故事里，黑天的敌人罗刹刚沙手下的魔怪底提耶就曾说过这样的话：“那个一直躲在避难所里的毗湿奴……那个一直在火葬灰中和原始密林里寻找清幽的湿婆，又能把我们怎么样呢？难道我们还惧怕那个软弱无能的因陀罗吗？难道我们还惧怕那个沉湎在严厉的忏悔之中的大梵天吗？”

更改。如远古时梵天主神高于一切，到了息瓦教派和湿婆教派兴起之后，梵天的地位就下降了。

“祭祀无前”是婆罗门教的重要纲领。所谓“无前”是指通过祭祀才会显现出的赐人以福的神奇力量，而在祭祀之前并无任何神力可以赐福于人。婆罗门教徒一方面极力神化祭祀的作用，另一方面却又认为祭祀和祈祷能产生一种左右神的力量。祭祀无前也表示了对真神不求回报的奉献与服务，可以使罪业消弭，以获得新生、重蒙福祇。在婆罗门教的祭祀中，最主要的祭祀为两大类。一为家庭祭，主要限于对家庭事务的祭祀，如在人生各个阶段（受胎、出生、命名、哺养、童年、成年、从师学习、学成归家、结婚等12阶段）所进行的祭祀，以及祖先祭、归天祭等；另一类为天启祭，主要包括供养祭和苏摩祭两类，两类下又有许多祭，种类非常繁杂，穷极一生，不可祭尽。“婆罗门（真理）至上”，是婆罗门教的最根本的理论核心。后来的婆罗门教义把“梵天”抽象起来作为宇宙的本体，或宇宙的最高实在，一切事物的主宰。另一方面又从个人观察，认为“我”是个人的主宰和本体，人的身体由“我”而生，人的活动由“我”而起，外界万物也都因“我”而存在。由此推论出宇宙的终极大梵与个我的灵魂阿特曼在本质上为同一的，“我”与“梵”本来不二。人所应当努力的就是经过修行以达到梵我一致的境地，这样才能免去轮回之苦而得到大自在。而具体的修行方式则是按照达摩法的规定，过苦行、布施、正行、非暴力、不撒谎、禁欲与宽容的生活。只有这样，才能直视灵魂的睿智本质，亲证梵我合一，获得真正意义上的解脱。

婆罗门教信仰的其他一些重要观点还包括：灵魂不灭论、轮回转世论、善恶因果论、解脱论，等等。这些重要观点对于佛教哲学的形成起到了重要影响，也成为婆罗门教与佛教在古代柬埔寨并行发展的重要基础。

二、婆罗门教在柬埔寨的传播和影响

大约在公元前2世纪，婆罗门教就传入扶南，这是柬埔寨历史上最早出现的国家。中国诸多史籍对扶南女王柳叶和混填传说的记载为婆罗门教最早传入东南亚提供了证据。《晋书》卷九十七《四夷篇》记载称：“其王本是女子，字叶柳。时有外国人混溃者，先事神，梦神赐之弓，又教载舶入海。混溃旦诣神祠，得弓，遂随贾人泛海至扶南外邑。叶柳率众御之，混溃举弓，叶柳惧，遂降之。于是混溃纳以为妻，而据其国。”《南齐书》卷五十八《东南夷篇》也记载道：“扶南国，在日南之南大海西蛮湾中，广袤三千余里，有大江水西流入海。其先有女人为王，名柳叶。又有激国人混填，梦神赐弓一张，教乘舶入海。混填晨起于神庙树下得弓，即乘舶向扶南。柳叶见舶，率众欲御之。混填举弓遥射，贯船一面通中人。柳叶怖，遂降。混填娶以为妻。恶其裸露形体，乃叠布贯其首。遂治其国，子孙相传。”

叶柳与柳叶指的是同一个人，柳叶是女王，可见扶南国仍处于母系氏族社会，混填和混溃也是相同人名的不同音译。根据史书推断混填来自古印度或是印度化的国家，混填不仅以武力征服了柳叶，还将印度的文化输入扶南，包括风俗习惯、政治制度、语言文字以及宗教信仰，从而开创了混氏王朝。因此混填与柳叶的结合可以视作印度文化与扶南本土文化的融合。到了跋摩王朝期间，柬埔寨又经历了第二次印度化时期。跋摩王朝的开国国君旃檀就是印度贵族，而旃檀的继任者憍陈如也是一位来自印度的婆罗门，在其统治时期已将婆罗门教立为国教。

真腊时期的国王基本承袭了扶南国王的宗教政策，大都允许多种宗教并存。在王室和贵族当中流行婆罗门教，百姓中流行佛教和原始信仰。婆罗门教虽然是国家的官方宗教，但是每一位国王所信仰的教派却各不相同。真腊开国之君拔婆跋摩（约540—600年）和他的继位者摩诃因陀罗跋摩（质多斯那，约600—615年）都信仰息瓦教派，崇拜林伽，当时的碑铭就多次记载了他们在山上修建和供奉息瓦林伽的经历。摩诃因陀罗跋摩国王一生中大部分时光都在征战中度过，每当战争胜利、占领了一个新的地区，国王都要刻石记功，这些石碑上也记录下了国王在扩张领土过程中修建林伽的情况。他建立林伽并把它献给“山君”。[①]摩诃因陀罗跋摩之子伊奢那跋摩一世（约615—635年）即位后，最终征服了扶南，建立起统一的真腊帝国。在其统治期间，诃里诃罗教[②]逐渐占据主导地位，许多碑铭与这种宗教的活动和传播流行有关。伊奢那跋摩一世的继任者跋婆跋摩二世（约639—655年）是湿婆教的忠实信徒。而之后的阇耶跋摩一世（约655—681年）对诃里诃罗教更加虔诚，并对佛教加以排斥，他的大力倡导使得诃里诃罗教在柬埔寨更加盛行。

阇耶跋摩二世（约802—834年）是吴哥王朝的第一位国王。7世纪末爪哇夏连

① “山君”，梵文Girisa，音译为“耆利沙”，意为“山之君主”。引自陈显泗著：《柬埔寨两千年史》，郑州：中州古籍出版社，1990年，第181～182页。

② 亦称毗湿奴教派，所崇拜的偶像是毗湿奴与湿婆的合体，中国史书称为“天神”。

特拉王朝征服真腊后，阇耶跋摩作为王子被俘虏到爪哇，后作为夏连特拉王朝的封臣回柬埔寨即位。约801—802年，阇耶跋摩二世宣布真腊独立，摆脱了爪哇的统治，统一了水真腊和陆真腊，并自封转轮圣王（Cakravartin，意即宇宙之王）。阇耶跋摩二世信奉湿婆，将湿婆教（亦称天王教）尊为国教。他起用婆罗门教僧侣并让他们按照婆罗门教的法则制定出一套宫廷仪式，在王宫供奉湿婆的象征林伽，并大力推崇“神王合一”的信仰，宣传自己是湿婆的化身，将对婆罗门教主神的信仰与帝王崇拜紧密结合，以巩固自身的统治。阇耶跋摩二世还任用婆罗门祭祀，在都城荔枝山上修建神庙，举行仪式供奉林伽，而崇拜林伽就是崇拜国王。此时婆罗门教获得了进一步发展。[①]

吴哥王朝鼎盛时期，苏利耶跋摩二世南征北战，打下了广阔的疆域。这位国王信奉毗湿奴，并将毗湿奴雕像取代了庙宇中原有的湿婆雕像。吴哥古迹所有大型建筑物中最著名的吴哥寺即由他建造，用作他个人的殡葬庙堂。[②]婆罗门教此时进入了全盛时期。苏利耶跋摩二世逝世后，吴哥帝国曾一度衰落，直到阇耶跋摩七世（1181—1215年）领导国民抵御了外族的入侵，复兴并将吴哥王朝推向新的高度。他在位期间大力倡导大乘佛教，使用菩萨雕像替代了林伽和湿婆雕像，这是对婆罗门教沉重的打击。虽然之后的阇耶跋摩八世再次恢复了湿婆教的国教地位，但仅仅是短暂的恢复。

由于婆罗门教各种教派都由国王提倡和宣扬，强迫百姓接受，而且信奉婆罗门教的国王、婆罗门和贵族高高在上，穷奢极欲，喜好修建庞大的庙宇，举行繁琐的祭祀仪式，脱离了下层人民，因此婆罗门教毫无群众基础。1594年，吴哥王朝的首都洛韦被暹罗人攻破，随着信奉婆罗门教的王室和贵族集团逐渐衰落，湿婆神像被改造成佛陀，巴利文手稿代替了梵文碑刻，婆罗门祭祀被僧侣取而代之，小乘佛教开始在柬埔寨大规模传播，婆罗门与婆罗门教便逐步失势。

总的来看，婆罗门教在柬埔寨传播和发展的特点主要包括：

（一）婆罗门教在传入柬埔寨之前，柬埔寨已经有了自己的自然崇拜和鬼神信仰。在改造原始宗教崇拜基础上形成的婆罗门教，其观点和主张容易被柬埔寨人接受和吸收。

（二）婆罗门教主要由国王倡导，作为官方宗教自上而下传播。在扶南和真腊

---

① 贺圣达著：《东南亚文化发展史》，昆明：云南人民出版社，1996年，第115页。

② ［新西兰］尼古拉斯·塔林等著，贺圣达等译：《剑桥东南亚史》，昆明：云南人民出版社，2003年，第132页。

时期，柬埔寨的大多数国王都信奉婆罗门教，他们宣扬神权与王权的统一，并依靠婆罗门教的法则来统治国家，有些国王本身即是婆罗门。

（三）信奉多神崇拜，各种教派并存。婆罗门教信奉三大主神，即梵天、毗湿奴和湿婆。古代柬埔寨国王根据个人喜好所信仰的婆罗门教派不尽相同，崇拜林伽的息瓦教派、崇拜毗湿奴和湿婆合体的诃里诃罗教、崇拜湿婆的湿婆教在不同时期交替占据统治地位。

（四）在婆罗门教传播过程中，当地人将新接受的宗教观念与本土万物有灵论、祖先崇拜、生殖崇拜、山岳崇拜等内容相结合，形成新宗教信仰的具体内容和表现形式，如神王合一理论、林伽崇拜等，其内涵对柬埔寨社会文化产生了广泛的影响，在柬埔寨人的意识形态和思维观念中深深扎根。

衰落后的婆罗门教渐渐远离了主流社会生活。婆罗门教信徒的绝对数量不多，主要存在于印度人移民社会中。现在，柬埔寨婆罗门教在社会中主要以和佛教及各种民间信仰相结合的仪式及天神信仰的形式存在。柬埔寨不少佛教活动或王室活动中融合了婆罗门教的仪式：例如国王登基、王子剃度、王室婚葬、御耕节、政府官员任职向国王宣誓效忠等仪式都要由婆罗门教祭司主持。1941年，莫尼旺国王的尸体入殓仪式就是在一位婆罗门教祭司的主持下，完全按照婆罗门教古老仪式进行，没有任何佛教色彩。国王被尊为婆罗门教教主，婆罗门教祭司则被封为国师。象征王权的王冠、宝剑、掌扇、罗伞、金鞋也都由婆罗门负责保管。[①]柬埔寨王宫建筑多是金顶白墙，金黄色象征着佛教，而纯白色则象征了婆罗门教。金边王宫中专门有一座小庙供奉着婆罗门教信仰中的一个重要角色——神牛（Preah Ko）[②]的半身雕像。这些无一不表现出王室对婆罗门教信仰的重视。而在民间，婆罗门教天神信仰和重祭祀的传统也与人们的民间信仰融合到一起，广泛存在于柬埔寨人的生活中，一些宗教法事和祭奠仪式仍旧在民间流传。柬埔寨民间的婚礼和葬礼至今仍保留着婆罗门教的传统仪式。

可以说，婆罗门教在柬埔寨得以长期存在的原因是多方面的，但最主要的还是人们的认可和接纳。婆罗门教天神一般都有具体的形象，祈求天神保护可以让人心中的“欲”有一定的释放渠道，同时“梵我同一”的理念也让“我”有了存在的空间。婆罗门教的“解脱”即是“梵我同一”，并不是像佛教一样完全切断自己

① 李晨阳、瞿健文等编著：《列国志：柬埔寨》，北京：社会科学文献出版社，2010年，第48页。

② 息瓦神的坐骑。

的欲望。人们一方面用佛教的“虚无”作为抚慰心灵的良药，另一方面也求助超自然的力量来解决问题。婆罗门教崇拜天神和祭祀实际上满足了人们想走捷径的需要，受到百姓的欢迎，能在柬埔寨社会中起到对佛教信仰的补充作用。因此，婆罗门教作为一种宗教信仰仍然在柬埔寨社会文化的发展中发挥着影响。

第三节　其他宗教

一、伊斯兰教

伊斯兰教是柬埔寨国内的第二大宗教。据柬埔寨宗教事务部统计（2013年），柬埔寨共有穆斯林约46万人，清真寺439所，礼拜堂475所，学校304所[①]。

信仰伊斯兰教的绝大多数是占族人，其余为马来、印度尼西亚爪哇籍穆斯林，主要聚居在磅湛地区和沿海一带，其余散居全国各地。居少数的印度尼西亚爪哇籍穆斯林与马来籍穆斯林共同被称为马来族穆斯林，他们多操高棉语。马来籍穆斯林是15世纪随着马来帝国的强盛和马六甲商人活动的扩大而迁入柬埔寨的，而印度尼西亚爪哇籍穆斯林则是大约17世纪才移居至柬埔寨沿海地区。占族人主要从古代与柬埔寨接壤的占婆国迁徙而来。2世纪占婆王国建国时起，就受到了印度文明的影响，早期占族信仰婆罗门教，并一度奉其为占婆王国的国教。11世纪末，印度德里成为东方伊斯兰教的中心。随着商业经济的发展，阿拉伯和印度的穆斯林商人把伊斯兰教传播到了马来人和爪哇人中，随后又传播到了东南亚的其他地区，这其中包括占婆王国。在越南中部广南沿海出土的一些陶片，被认为是10世纪以前产于伊朗和西亚地区的。这反映了占婆与阿拉伯穆斯林商人存在频繁而广泛的贸易往来关系。同时有学者指出，据14世纪摩洛哥旅行家伊本·白图泰的笔记，他在从印度到中国的途中，曾在占婆南部靠岸停留并拜会了占婆的公主。占婆公主可以与他用土耳其语交谈，熟练地书写阿拉伯文。一些研究者据此认为在13—14世纪，伊斯兰教在占婆已经有了较大的影响。[②]到了17世纪中叶，由于占婆王国的逐渐衰落、瓦解，占族的正统宗教婆罗门教逐渐衰弱，大部分占族人皈依了伊斯兰教。因此可以推测，在占婆王国消亡过程中迁入柬埔寨的占族群体大多已经是伊斯兰教信徒。

---

① 数据来自：http：//www.mocar.gov.kh/。

② 杨捷著：《佛国的“新月”——柬埔寨的伊斯兰教》，载《中国穆斯林》，2008年第2期。

占族穆斯林分为传统(traditionalist)和正统(orthodox)两个分支。传统穆斯林保留了很多古代穆斯林或前穆斯林(ancient Muslim or pre-Muslim)的传统和习俗，他们普遍信奉“老教”(Fojihed)，行为比较保守，穿着纯白色的衣服，不留头发和胡须。清真寺每星期举行礼拜一次，礼拜之后模仿动物跳舞唱歌，《古兰经》没有本族文字的翻译，只有少数会诵经的伊玛目(Imam)享有宗教特权，可以对经文随心所欲解释。在信仰习惯中，除了将“安拉”视为全能的神，他们还吸取了许多佛教修道礼仪，崇拜已故家庭先辈的神灵，相信巫术和超自然的力量，并讲究练习吐纳功夫(被称作“Chai”)与天地通气。传统穆斯林每天祈祷五次，也会去麦加朝觐，但并不热衷于此。正统穆斯林与马来人较为接近，采用马来人的习俗和家庭组织方式，很多人还会说马来语。因此，正统穆斯林采用了更为严格的教规，信仰笃诚，视前往麦加朝觐为一生的追求。1954—1975年间，传统穆斯林与正统穆斯林的矛盾激化，以至于一些村庄被分裂为两个派别，每个派别都建有自己独立的清真寺和宗教组织。现在，正统穆斯林受到越来越多来自穆斯林世界的援助，发展速度在加快。相对来说，保守的老教势力逐渐在退缩，如今只在少数封闭的山林村寨才有老教阿訇主持传统仪式。

柬埔寨伊斯兰教在19世纪末实现了统一，由穆缇(Mupti)、督克·卡里郝(Tuk Kalih)、那加·卡里克(Raja Kalik)和特万·佩克(Tvan Pake)四位宗教领袖领导。四位领袖与负责管理社团和清真寺的哈基姆(Hakem)享受国家免征个人所得税的待遇，还会被邀请参加王室举办的国家重要仪式。20世纪50年代柬埔寨独立后，柬埔寨伊斯兰教由一个五人委员会管理，代表柬埔寨伊斯兰教信众对外交流。每一个穆斯林社区有一个负责管理社团和清真寺的哈基姆，一个主持祈祷仪式的伊玛目和一个负责召集日常祈祷者的比拉尔(Bilal)。伊斯兰教村落或社区中还有一位或多位穆拉(Mullah)[①]负责教授孩子们学习伊斯兰教教法教规。由于占语没有自己的书写系统，无法对《古兰经》进行翻译，因此在柬埔寨的《古兰经》都是阿拉伯文版本[②]，懂得阿拉伯文就是被认可为穆拉最重要的条件之一。位于金边附近的克罗伊·昌格瓦(Chrouy Changvar)清真寺被占族人视为精神中心，几位高级别的穆斯林住在里面。每年10月是大伊玛目桑(Imam San)

① 穆拉：伊斯兰教的一种尊称，意译为先生、老师，指受过伊斯兰神学与伊斯兰教法教育的人。在大多数的伊斯兰世界，地区的伊斯兰教士与清真寺领导者，都会被称为穆拉。

② 目前也有人正在进行《古兰经》的柬埔寨文翻译工作，但由于资金缺乏，进展缓慢。

的祭日，全国各地的穆斯林到金边郊外乌东镇（Udong）的一座寺庙给大伊玛目朝圣上香。

20世纪70年代初，红色高棉上台，伊斯兰教受到排斥，穆斯林村镇被迫养猪和吃猪肉，不服从者格杀勿论，大批穆斯林信徒遇害。根据柬埔寨历史文献中心保存的资料，在红色高棉统治期间，柬埔寨有170万人死于非命，其中50万是占族穆斯林，原有的10余万穆斯林陆续迁往马来西亚、泰国、美国、法国、大洋洲等地。在首都金边，原有的113位懂得古兰经的资深教职人员（阿訇）中绝大多数在迫害中受酷刑惨死，到了1980年只有20人幸存下来。[①]此前金边有约118座清真寺被毁，到了1988年，金边的清真寺仅存6座，且大都破烂不堪，无法使用。柬埔寨穆斯林所处的环境和状况得到了伊斯兰世界的关注，并在伊斯兰世界联盟的援助下修复了清真寺和穆斯林小学。进入20世纪90年代，一些国家的穆斯林组织在金边和一些省份建立了一些穆斯林非政府机构，这些机构注入大批资金，推动了柬埔寨伊斯兰教发展，一定程度上改善了穆斯林的生活。近年来柬埔寨与东南亚及中东穆斯林国家的交往加强，也为柬埔寨的穆斯林创造出了更好的生存环境，使穆斯林能够传承自身的文化，并与其他各民族和睦相处，在商业和政府中发挥了重要作用。柬埔寨的穆斯林属于逊尼派，通常性情温和，从总体上来说已经融入了当地社会，与其他各族人民相处融洽。据美国的独立民调机构皮尤研究中心（the Pew Research Center）估算，2009年柬埔寨约有1.6%的人口信仰伊斯兰教。[②]

作为柬埔寨的第二大宗教，虽然伊斯兰教穆斯林的人数远不能和佛教僧侣相比，但他们在一定程度上也影响着柬埔寨的政治社会发展。目前，柬埔寨有部分穆斯林和境外非法穆斯林组织保持了联系，而且不断有外国穆斯林组织利用金钱引诱柬埔寨的穆斯林，如2008年科威特政府表示将给柬埔寨5.46亿美元贷款，卡塔尔也给柬埔寨贷款2亿美元；2012年，科威特还出资500万美元对金边的清真寺进行了翻新。可以说柬埔寨穆斯林已经成为一些外国非法穆斯林组织甚至是恐怖组织的渗透对象，能否积极防范柬埔寨穆斯林成为外国势力利用的对象直接关系到柬埔寨社会的稳定发展。

---

① http：//www.time.com/time/magazine/article/0917142813300.html.

② 数据引自：http：//en.wikipedia.org/wiki/Islam_in_Cambodia。

二、天主教和新教

已知的第一个来柬埔寨传播天主教的是来自葡萄牙的罗马天主教传教使团传教士斯帕达·克鲁兹(Gaspar da Cruz)。但据这位传教士的说法,"没有人敢不经过国王的允许下改变宗教信仰",因此他的传教行动以失败告终。天主教真正传入柬埔寨是在1660年,但由于受佛教影响很大的柬埔寨人在风俗和生活习惯上都和西方人相差很大,柬埔寨的天主教在很长一段时间内的发展都十分缓慢。法国殖民者统治期间对天主教采取了保护政策,天主教因此获得发展。其间,从事天主教传教活动的主要是法国的"外方传教会"和"法国耶稣会"。他们成立了以米塞神父为首的教友会。20世纪50年代初,教徒发展到12万人,一度超过伊斯兰教,成为柬埔寨第二大宗教。2001年柬埔寨的天主教信徒总数为6 619人,其中男性为2 841人、女性为3 778人。天主教教徒主要是在柬埔寨的越南人[①]和法国人,还有部分华人以及葡萄牙传教士的后裔,教徒主要集中在金边和南部的各大城市。天主教现在在柬埔寨的影响正在逐渐扩大,特别是通过为贫苦民众提供一些食物、衣物等生活必需品,而逐渐受到人们的认可。但天主教近年来在柬埔寨有强行传教的倾向,这也引起了许多人对天主教的不满,成为破坏柬埔寨安定团结的一个不稳定因素。

新教在1923年由美国人传入柬埔寨。新教初传柬埔寨时,也很难在信仰佛教的高棉族人地区打开局面,只好在柬埔寨北部和东北部的一些少数民族地区另辟途径,主要通过救济生活物资、建学校、建医院、免费提供社会服务等树立基督教的仁爱形象。1962年教徒人数达到2 000余人。1976 年民主柬埔寨政府执政期间,外国传教士全部被驱逐出境,教会学校、修道院、慈善机构则一律被取消。这一时期柬埔寨曾有的一些教堂也悉数被毁,其中包括金边的圣母玛丽亚大教堂(Notre Dame Cathedral)。20世纪80年代,在泰国边境的难民营中新教有了一定的恢复,当时有许多慈善团体开办的商店为新教徒免费提供食物。许多柬埔寨人为了生存改变了信仰。但这些人在离开难民营后往往又重新皈依了佛教。1993年,新成立的王国政府实行自由开放的宗教政策,天主教和新教得以恢复发展。根据2000年柬埔寨宗教部的统计数字,全国共有基督教徒3.7万人,教堂145座,教会学校99所。

---

① 1970年,大约5万越南天主教徒因为政治原因被遣返越南,可见越南人在天主教中的分量。

前文简述了柬埔寨主要宗教的基本内容和基本特征。从文化现象上看，印度宗教对柬埔寨的影响最为显著。一方面，它使柬埔寨由信奉神灵到建立了系统的宗教，拥有了教首、教规和教徒；另一方面，它使得柬埔寨古代国王借宗教来神化自己，宣传君权神授，巩固了专制统治，在一定程度上推动了国家的形成和社会的发展。从祖先崇拜到婆罗门教、佛教的传入和并存发展，应该说14世纪前柬埔寨的宗教情况是复杂的，是婆罗门教、佛教势力相互交替发展的过程。14世纪时，同样是产生于印度的小乘佛教又传入了柬埔寨，至此，柬埔寨改变了众多宗教平分秋色的局面，小乘佛教从此一直处于主导地位，并持续到当代。柬埔寨的伊斯兰教以柬埔寨固有民族占族人为主要信众，伊斯兰教在该族群内有着悠久的发展历史，带有较多本土化特征，占族穆斯林与柬埔寨主体民族相处融洽。到了近现代，受西方文化的影响，西方宗教势力来到柬埔寨，但数百年来发展缓慢，信教人数不多，小乘佛教的地位难以撼动。总的来说，作为柬埔寨文化重要组成部分的宗教，其主要特点是：世俗王权的力量始终高于宗教力量，因此常常表现为政治指导宗教；各种宗教地位平等，和谐共处，各宗教的排他性不强烈，融合大于纷争；宗教与万物有灵的原始信仰始终并存。这些都是由于源远流长的柬埔寨传统文化中兼容、宽容等精神的影响所致。

第五章　艺术

艺术作为一种独特的文化形态或文化现象，在人类文化的大系统中占据着极为重要的地位。艺术的起源同人类文化的起源一样古老，并始终参与和推动着文化的历史发展进程，体现和反映出文化发展的各个历史阶段。作为文化的有机组成部分之一，艺术也受到文化大系统的制约。文化大系统作为一种总的文化氛围或文化条件，直接影响着每一个艺术参与者（包括艺术创作者、表演者、组织者及观看者、收听者等）“文化心理结构”的形成，从而间接对艺术的创作与欣赏产生巨大的影响。而就文化构成而言，经济、政治等物质文化和制度文化对于包括艺术在内的精神文化的形成、发展同样有着十分重要的作用。仅仅从精神文化内部来看，艺术在哲学、宗教、道德、科学之间，也是相互关联、彼此作用的。从远古时期就开始流传于柬埔寨民间的“阿拉乐”到宫廷中的“扶南乐”，从拜林民间的“孔雀舞”到阿普莎拉古典舞；从暹粒的吴哥窟到金边的王宫建筑，等等，从这些不同时代、不同种类的艺术作品中，我们都可以强烈感受到柬埔寨传统文化对艺术的巨大影响，以及艺术与其他文化构成要素之间不可分割的联系。

在长期的历史发展过程中，柬埔寨的艺术已经逐渐形成了独具特色的艺术风格和表现形式，具有鲜明的民族特色和地域特征，不仅有着明晰的历史继承性，而且也随着艺术实践的发展不断地丰富和更新，显示着现代感和包容性。本章将重点对柬埔寨艺术中的音乐、舞蹈、戏剧、建筑、雕塑等艺术门类进行探讨。

第一节　音乐

一、起源与发展

柬埔寨的音乐文化历史悠久，在长期发展进程中，曾先后受到印度、爪哇和泰国等音乐文化的影响，特别是印度文化对柬埔寨音乐内容、传统乐器和音乐理论方面都有着较深入的影响。现今流传于柬埔寨的传统音乐是在扶南时期扶南乐的基础上逐渐发展起来的。

“扶南乐”是中国史书对柬埔寨早期宫廷舞乐的称呼，多被形容为一种带有深厚印度色彩的宗教舞乐。舞乐即融诗、舞、音乐于一体的艺术表现形式，与今天的单纯意义上的音乐或舞蹈是不同的。据中国史书记载，早在三国时代吴国赤乌六年(243年)，扶南的范旃国王(225—243？年在位)便遣使献乐于孙权，这已反映出当时扶南乐人已具备相当的演奏技术和作曲技术。据《隋书》所记：“隋开皇初，置七部乐，又杂有七部外诸国之乐，扶南乐是其中之一。”到了隋朝，扶南乐已经被引入中国的宫廷。而《旧唐书》卷二十九中又有“扶南乐，舞二人，朝霞行缠，赤皮靴”的记载，可见，扶南舞乐以别具一格的双人舞艺在诸多异国舞乐中占有独特地位。据《旧唐书》记载，隋炀帝征伐林邑时，从林邑带回了扶南乐工和扶南乐器“匏瑟琴”，但是其“陋不可用”，后改用天竺乐器来演奏扶南乐。直到唐代，扶南乐都一直以其较高的艺术性和民族特色在中国的外来乐舞艺坛中独树一帜。从扶南乐在中国宫廷的影响已可窥见扶南时期的柬埔寨音乐的较高水平。

真腊王国时期，柬埔寨音乐得到了进一步发展。作为一种观念文化(主要是宗教)的载体，音乐的仪式性、宗教性功能突显出来。在祭祀、大典、国王出巡及与宗教、寺庙有关的仪式上，肃穆庄重的音乐都是其重要的组成部分。这种仪式性音乐在发展上很容易得到统治阶层和上层人士的支持，音乐的快速发展也反过来促进了它所依附的宗教的传播和发展。中国的史书《诸蕃志》记载：“(真腊国)奉佛谨严，日用番女三百余人舞献佛饭，谓之阿南(即舞者)。”可见当时的统治者已经开始把音乐作为敬佛的手段来使用。根据《真腊风土记》卷四十的记载，“(真腊国王)凡出时诸军马拥其前，旗帜鼓乐踵其后……”而且国王每日有两次坐衙治事，凡诸臣与百姓欲见国主，皆列坐地上等候。等听到由远及近的奏乐声音，外面便开始吹螺迎接。等螺声停止，人们才能抬头，国王也随之就座。中国元朝时期的一位大航海家汪大渊曾游历到过真腊国，并在其著作《岛夷志略》的“真腊”条目中描述到：“富豪出入，用金车羽仪”。不难看出，无论是国王出巡和治事，还是民间富贵人家出行，都会使用鼓乐以增强宗教性和仪式性。音乐也成为构成真腊举国上下具有的异常浓厚的宗教文化氛围的重要因素之一。

除了仪式性音乐，主要用于帝王享乐的宫廷舞乐继续发展。建于12—13世纪的分布在吴哥地区的庙宇浮雕上多有反映当时宫廷舞乐表演的场景，当时的乐器和乐队已经与现代十分相似。在吴哥通城最中央位置的巴戎寺的浮雕中，多处出现中国式的平底船和载有中国乐师的游船，展示了古代柬埔寨与中国之间音乐文化的交流，也暗示了音乐在古代柬埔寨文化中的重要地位和作用。

除了上面提到的多见于宫廷或寺庙的仪式性音乐和宫廷舞乐之外，柬埔寨民间和百姓生活息息相关的民间音乐也有充分的发展，民众基础广泛，如老百姓的民俗活动和节庆聚会离不开的以吹奏击打乐为主、热闹喧哗的民乐，以及与鬼神交流的"阿拉乐"(Arak，意为"鬼乐")。在《真腊风土记》之"正朔时序"中，较详细地记载了真腊国每一年间各种岁时节日。其中有一个月是专门的音乐舞蹈之月——"八月，挨蓝。挨蓝者，舞也。点差伎乐宫内挨蓝，且斗猪斗象，国主亦请奉使观焉，如是者一旬。"这里所反映出来的举国喜乐的景象也是民间音乐兴盛的重要证据。《真腊风土记》"室女篇"在对当时真腊女性成年礼活动及婚姻生活习俗的详细描述中，多处提及鼓乐齐鸣的景象。

可以说，柬埔寨的传统音乐在与宗教、仪式、帝王享乐、民间习俗等的良性互动中得到良好的发展。14世纪，柬埔寨传统音乐还传入了泰国，成为该国大城和曼谷王朝宫廷音乐的基础。到了19世纪，这种在泰国经过了发展的音乐又传回柬埔寨。时至今日，既传承于古代传统音乐，又受到了现代西方流行音乐元素影响的柬埔寨音乐仍在不断地发展，不断地充实着人们的精神生活。

二、传统乐器和乐队

柬埔寨音乐文化的一个重要特点是乐器种类的繁多。柬埔寨传统乐器可以分为以下几类[①]：

1. 旋律性打击乐器：竹琴(Petronel)、木琴(Petronel de)、铁排琴(Petronel thuong)、围锣(Kong)

竹琴是柬埔寨相当普及的一种乐器，很多儿童都会演奏，其音色柔和动听，常用来伴奏民间舞蹈或古典舞蹈。竹琴可分高音竹琴(Roneat ek)和低音竹琴(Roneat tom)两种，前者有21块长短厚薄不等的竹板(发音板)用绳子穿挂在共鸣箱(呈船形)上，横向长115.5厘米；后者有14块竹板，共鸣箱比前者略大一些，

① 以下有关乐器的详细介绍参考了毛继增在1986年发表于《乐器》杂志上的《柬埔寨民族乐器采访录》一文及续篇中的内容。

横向长111厘米。

铁排琴和木琴是在竹琴基础上发展起来的乐器，其主要区别在所使用的材料上。木琴由硬木板制成，音色明亮，音区较竹琴更高；铁排琴的发音板是由铁板制成，音色高亢尖锐，音区是三类琴中最高的。

围锣又称套锣，是由置于圆形竹架上的十多面小锣组成。演奏者坐在竹架中间，用两根木槌敲击小锣发音。柬埔寨围锣可分中围锣（Kong do）和大围锣（Kong tom）。中围锣发音较高，竹架外径达105厘米，最小的锣直径达9厘米，最大的锣直径达13.5厘米；大围锣发音较低，竹架外径达130厘米，最小的锣直径达13厘米，最大的锣直径达17厘米。

打击乐器在乐队中占主要地位。竹琴和围锣作为旋律性的打击乐器，通常担任主旋律的演奏，声音突出。

2. 节奏性打击乐器：鼓（Skor）

柬埔寨鼓分大鼓（Skor tom）、中鼓（Skor）、小鼓（Sam po）、瓶鼓（Je long）和小手鼓（Lam nea）。大鼓通常以野牛皮制鼓面，鼓面直径约40.5厘米，鼓框为木制，鼓身高约50厘米，鼓槌为竹制。大鼓多在寺院中使用，常在丧事悼念时伴奏。中鼓又称手鼓，高约48.5厘米，小牛皮为面，鼓面直径约26厘米，以两手敲击。据称，中鼓是由马来人从阿拉伯带到柬埔寨的外来乐器。小鼓是一种双面鼓，长50厘米左右，底略小，凹腰，瓶鼓上大底小，高39厘米，面径18厘米，底径13厘米。小鼓演奏时以左右手击奏，可发出11种不同的音响。

此外还有小钹、铓锣等打击乐器。小钹是一对茶碗状的铜钹，有两种击奏方式，一种是敲击时带有向右斜滑动作，表示弱拍；另一种是一个小钹正好重合地扣击在另一个上，表示强拍。铓锣的形状和功能与印度尼西亚甘美兰中的大吊锣相同，在偶数小节的末拍上击奏，表示最强拍。

3. 吹管乐器：柬埔寨唢呐（Sura nay）、竖笛（Kala nay）

柬埔寨唢呐是一种古老的民族乐器，多为红木制。在宫廷、寺院和民间都有广泛流行，在舞蹈伴奏乐队中有重要地位。柬埔寨唢呐的音色介于中国唢呐和管子之间，较为柔和。

竖笛为竹制，有八个按孔（前七后一）。分大、中、小3种类型，以中竖笛最常见。竖笛在民间比较流行，寺院则不用。

4. 弦乐器：鳄鱼琴（Takhe）、三弦胡（Tro Khmer）、低音胡（Tro ou）、中音胡（Tro

sor)、高音胡(Tro ek)

鳄鱼琴的历史相当久远，据说已有2000多年的历史，因早期琴柄一端刻成鳄鱼头状而得名。早期的鳄鱼琴是抱在手里演奏，当时的名称是“Ben”，后来才变为水平放置演奏。该琴是一种拨弦乐器，共鸣箱呈椭圆形，较大，设有12个音品。琴柄窄长，琴上张有5根弦，演奏方式与筝相似。鳄鱼琴音色柔和宽厚，使用比较广泛。

三弦胡是一种古老的擦弦乐器。共鸣体用半个椰子壳制成，上蒙以皮面，硬木或象牙制的琴杆插入共鸣体内，其下方伸出一细长支脚。3根琴弦彼此相隔4度，属低音胡琴。

高、中、低音胡琴在柬埔寨也都历史悠久，宫廷中常常使用，在民间也很流行。

除乐器外，还需要提到的是柬埔寨音乐的音律特点。柬埔寨的传统器乐的音阶采用了和泰国、老挝、缅甸器乐相似的七平均律音阶，即把一个八度划分为7等份，每相邻两音级间距的音分数均为171.4。但乐器并没有严格按照它来定音。一般在乐曲中会避免使用音阶中的第4级音，第7级音也只作为装饰音或移调时的过渡音出现。柬埔寨的传统声乐不使用七平均律音阶，而采用不带半音的五声音阶。由于声乐和器乐所使用的音阶和音律不同，所以演唱和伴奏常常是交替进行的。节拍多采用二拍子和四拍子，但各拍之间强弱差异不大，给人以平稳、沉着、中庸、平和的感觉。合奏音乐是一种支声体结构，是由多种乐器同时进行的加花变奏，即兴感很强。

柬埔寨的传统乐队中也分为了很多类。最具特色的是宾柏(Pin Peat)乐队，它是配合皮影戏、舞剧或宗教活动演出的专用乐队，由竹琴、木琴、围锣、竖笛、双面鼓、大鼓及小钹等组成。现在的宾柏乐团也被细分为两种，一种是小宾柏乐团(有5种乐器)，另一种是大宾柏乐团(有10种乐器)。在王宫，有一种称为“王家交响乐”的特殊宾柏乐形式，演奏时有16种乐器之多。马何里(Mahori)乐队(又称弦乐队)是另一种常见的表演模式，多用作现代民间歌曲的伴奏，以弦乐为主。主要乐器有木琴、铁排琴、低音胡、三弦胡、鳄鱼琴、竖笛和节奏性打击乐器。另外还有用于民间庆典活动和巫术仪式的高棉乐队，乐器包括三弦胡、二弦琴、小管子和鼓；用于民间葬礼活动的葬礼乐队和锣鼓乐队，其乐器以围锣和鼓为主。

三、传统音乐的内容及分类

柬埔寨传统音乐虽历史悠久，但由于早期没有乐谱，乐曲的流传全凭乐师和艺人的口授心记，演唱弹奏也多有很大的随意性，这使得很多传统曲目逐渐形成了多种唱法和演奏法，也有很多曲目失传。现在我们所知的很多传统曲目在内容上主要是演出印度史诗剧《罗摩衍那》(柬埔寨语称《罗摩赞》)。由于该剧很长，故为它创作的伴奏乐曲也非常多。后人为了演出方便，按内容将其分断形成不同主题的小曲目，每逢出演则根据剧情需要选用。过去，这类演出多在宫廷进行，以舞乐形式出现①，而现在也被改编、加工运用到了普通百姓的各种民俗仪式和节日场合的演奏中。

柬埔寨传统音乐有很多种类，每种音乐都有其各自的特点和相应的演奏场合。

1. 阿拉乐(Arak ensemble)

柬埔寨人信仰鬼神，用音乐与鬼神取得交流是人们自古形成的传统。在召魂仪式上演奏的用于与鬼神交流的音乐就被称为阿拉乐(又称“鬼乐”)，这也是柬埔寨最古老的音乐形式。据柬埔寨文化艺术研究院的楼桑教授所提供的资料，柬埔寨流传至今的阿拉乐共有56首。依照柬埔寨的传统，当有人生病时，如果想询问鬼神其生病的原因，就要演奏这种乐曲来召唤鬼魂。在询问完生病的原因后，人们还会准备很多贡品，以请求鬼魂施法让病人早日康复。据说，这种阿拉乐的出现源于一个神怪故事：相传在过去有一个村庄，村庄里很多小男孩小女孩常常聚在一起玩一种过家家的游戏，孩子们分别扮演客人、主人、丈夫、妻子和孩子，在一起开宴会大吃大喝，开心地欢呼，一直玩到累得睡着。一开始他们只是白天玩，后来慢慢痴迷到不分昼夜地玩乐，甚至忘记吃饭、喝水和睡觉，父母如何阻拦都没有用。看到这种反常的表现，老人们判断孩子们是被鬼迷住了心窍，于是请通灵师召唤鬼神，希望他们帮助这些孩子摆脱困境。受到召唤后的鬼神附到其中一个孩子的身上，要求老人们准备祭祀品并为鬼神们演奏音乐，这样鬼神才会保佑这些孩子们。于是，在鼓乐声伴奏下的一系列祭祀仪式结束后，人们发现那些孩子果然不再痴迷于游戏，恢复了正常的生活。从那时起，村民们就开始对鬼神深信不已，并将其作为供奉的对象，阿拉乐也就这样流传开来。现在，除了召

① 有学者考证认为，中国南北朝时期就已有以表演故事为主的扶南舞乐(即柬埔寨戏剧“Lakhon”的雏形)传入，并刺激了中国戏剧的发展。引自李未醉著:《古代柬埔寨音乐对中国的传播及其影响》，载《音乐探索》，2005年第3期。

魂仪式，在一些葬礼上也会演奏阿拉乐。

2. 幸福乐（Wedding-musical ensemble）

幸福乐又被称为“高棉乐”，是所有音乐形式中最贴近百姓生活，使用最为广泛的，因此也是高棉音乐最重要的代表。现在的幸福乐主题旋律有135个，多在古代阿拉乐基础上翻唱或改编而成。但幸福乐的起源最早可追溯到1世纪，是第一位柬埔寨女王那伽公主和柏列唐举行婚礼时所使用的音乐。按照柬埔寨的传统，结婚、生子、入学、高升等需要庆祝和祝福的仪式和典礼上多会演奏幸福乐。人们相信，在这些仪式和典礼上演奏幸福乐不仅能够衬托出隆重喜庆的氛围，还能为人们带来好运。用于婚礼上的幸福乐曲目特别多，人们会随着婚礼的进程在不同的阶段演奏相应的乐曲，比如送聘礼、新郎入婚棚、剃发仪式、将新娘迎入婚棚、转烛筒、新郎叩拜、系红绳等仪式都有专门的曲目。

3. 宾柏乐（Pin Peat ensemble）

宾柏乐最初是一种宗教音乐，其演奏形式最早是从印度引入的，柬埔寨乐手在印度乐的基础上加以改变最终形成了具有本民族特色的音乐形式。据说宾柏乐曲共有250个，多用于大皮影戏、面具戏和宫廷舞剧的配乐伴奏，也常常用在宗教仪式的祈祷环节或葬礼仪式中。演奏宾柏乐的乐器包括叩击、打、吹、奏各类乐器。之所以称之为宾柏乐是由于过去在这类乐曲的演奏中，人们喜欢最先使用鼓琴，而鼓琴在柬埔寨语中的发音即为“宾”。

4. 马何里乐（Mahori ensemble）

在古代，马何里乐也是一种与神灵、寺庙供奉联系在一起的音乐，特别是在吴哥时期，这种音乐形式得到了充分的发展。目前，已记录下来的马何里乐共有664个主题旋律，据说还有数百种旋律尚未发现。

5. 昌扬乐（Chai Yam ensemble）

昌扬乐属鼓乐。演出所使用的乐器相当少，只要4只长颈鼓（有时是5只），一个中号的铜锣，一对铙钹，一副竹板。其中鼓手的地位最重要，掌握着整个表演的节奏。昌扬乐节奏欢快，曲调鲜活，常见于与宗教相关的仪式上，如加顶节、“供花”仪式（Bony phkaa，即向寺院进行捐赠的活动）等，也可用在普通的庆典活动中，如公路、学校、医院等落成典礼等。关于昌扬乐的起源并没有明确的说法。由于这种音乐的节奏有跳跃感，一些人认为可能祖先们的原意是想模仿动物看到人那种受惊的模样。还有一些人则认为，当人们收获成功时通常都会非常高兴，正是在这种情绪下创作了昌扬乐，以纪念这种成功的感觉。

6. 科隆齐纳乐（Sgor Chanah ensemble）

科隆齐纳乐又被译为“齐纳鼓乐”，通常在送葬、下葬仪式上演奏。这种乐曲节奏平衡、旋律规则性强，给人一种稳定的情绪感，能寄托生者对逝者的哀思。也有人受泰国的影响习惯而称这种音乐为“科隆凯乐”，意为“爪哇鼓乐”。根据东乌先生的描述[①]：相传很久以前，在干丹省戈通县的波提利米寺庙里，一位在当地负有盛名的高僧色利翁萨有一支专在加顶节负责演奏的乐队，色利翁萨将这支乐队称为“凯”乐队，可能就是现在“科隆齐纳”乐的起源。

7. 锣鼓乐（Gong Sgor ensemble）

同科隆齐纳乐一样，锣鼓乐旋律十分凄凉忧伤，也常常在有人去世或是举行葬礼时演奏。据柬埔寨民俗学家称[②]，锣鼓乐起源于甜瓜国王执政的时期。流传于民间的甜瓜国王的故事大概讲述的是，吴哥王朝时期有一位看守甜瓜园的农民，误将夜晚偷偷溜进瓜园的国王当成偷瓜贼刺死，遂后被士兵拥立为新国王。当甜瓜国王登基之后，他十分怀念以前做甜瓜庄园园主时天天听到的动物叫声和风雨雷电声混在一起的各种声音。为了纪念这种自然界的声音，甜瓜国王便指派王宫官员创作出了锣鼓乐。

8. 手摇鼓乐（Sgor Youl ensemble）

过去，手摇鼓乐常常由军乐团演奏，演奏者还经常将手摇鼓挂在大象的背上。到了现代，人们通常在鬼节和自由拳击比赛中演奏这种乐曲。

9. 芦笛乐（Pi Kav ensemble）

芦笛乐是柬埔寨宫廷乐曲之一，通常在王宫举行宗教仪式中倒椰子水祭拜祖先时演奏。

四、现代流行音乐

柬埔寨受到外来流行音乐的影响要追溯到法国殖民时期。1872年，当时的

---

① ជ័យចាប.វប្បធម៌ទូទៅ（《文化概论》）.ឯកសារប្រើប្រាស់ផ្ទៃក្នុង. 2010, p.90.

② 同上。

诺罗敦国王出访西班牙殖民地菲律宾。在其回国时，菲律宾派遣一支由西班牙人古佛吉尔率领的军乐队跟随诺罗敦国王回到金边。诺罗敦高规格地安置了这支乐队，他们在王族举行正式仪式时履行演奏的使命。之后，这些音乐家们和高棉人通婚，并向那些对音乐感兴趣的年轻人教授西方音乐知识。从那个时候起到后来的西哈努克国王时期，柬埔寨不断接受外国音乐的影响，本土流行音乐也不断发展壮大。1959年，西哈努克国王在柬埔寨开设了第一所音乐学院，而其本人也创作了很多脍炙人口的美妙歌曲。20世纪50年代蜚声国内外的"高棉音乐之王"辛西萨穆(Sinn Sisamouth)就是那个时代的杰出代表。

柬埔寨流行音乐通常分为两类：一类是南旺舞曲(ramvong)，南旺舞是非常有名的民间舞蹈，该舞曲节奏舒缓，经常在节日或聚会的时候演奏；另一类是"克巴"舞曲(ramkbach)，这种舞曲深受泰国民间音乐的影响。同时，在柬泰边境的暹粒省等地流行一种叫"坎川"(kantrum)的乐曲，其特点是用柬泰方言双语演唱。而在年轻人群中更为流行的音乐是轻快的情歌，韩国和欧洲的Hip Hop音乐在年轻人中有较大的影响力。

第二节 舞蹈

柬埔寨的舞蹈与音乐存在着天然的共生关系。因此，与音乐艺术一样，柬埔寨的舞蹈艺术与农耕劳动、宗教仪式、宫廷娱乐、民间信仰、文化交流等方面有着密切的联系。舞蹈承载着柬埔寨的灿烂文化和历史，是柬埔寨人民宝贵的精神财富之一。柬埔寨舞蹈可根据不同的风格特点大致分为两类：古典舞蹈和民间舞蹈。

一、古典舞蹈

古典舞蹈又称宫廷舞蹈或皇家芭蕾舞。在柬埔寨语中，"古典舞蹈"中表达"舞蹈"意义的两个词可以混用："Rabam"(舞蹈)和"Lakhon"(舞剧)。这也说明，柬埔寨古典舞蹈与古典舞剧是无法截然分开的，古典舞蹈形成初期的宗教仪式元素使其天然即带有明显的戏剧成分。Toni Samanttha Phim和Ashley Thompson在所著《柬埔寨舞蹈》一书中指出，以柬埔寨现存的表演艺术来说，"任何试图将舞蹈和戏剧作严格区分是不可能的事”[①]。很多没有故事线、纯舞蹈的演出都是从长段戏剧表演中撷取出来的舞蹈片段表演，类似中国戏曲和日本歌舞伎中，有些舞蹈性较强的片段经常被抽取出来单独演出；而有的舞剧也可能是一些著名舞蹈基础上扩充而成的大型剧场表演。一般来说，柬埔寨古典舞者既表演舞剧也演出舞蹈，视场合和节目而定。[②]

为了分类更加清楚，我们仍对古典舞蹈和古典舞剧进行区分。[③]古典舞蹈主要是指古典舞艺术中纯舞蹈性、用时较短的舞蹈表演，如祝福舞（Rabam Junpor）、阿普莎拉仙女舞（Rabam Apsara）和神仙欢乐舞（Rabam Devamanoram）等，在柬埔寨语中称作“Rabam Preah Reach Trop”（可译为“王国珍宝之舞蹈”，即古典舞蹈）；古典舞剧则是那些有完整故事线，特别是以古典文学作品为内容的舞剧形式，在柬埔寨语中称作“Lakhon Preah Reach Trop”（可译为“王国珍宝之舞剧”，即古典舞剧）。但在对古典舞蹈和古典舞剧的源起和发展进行研究时，则不再对二者进行区分。

1. 源起与发展

柬埔寨古典舞蹈/舞剧最初起源于宫廷内的宴享娱乐及中央庙宇中祭祀仪式、葬礼仪式中的舞蹈表演。从各地寺庙以及古代遗址上的浮雕和出土石碑上的记载可推断，宫廷中的舞者应当在扶南王国时期就已经出现。

20世纪70、80年代，在扶南王国都城的中心“谷姆鲁”（Gumnur）寺（位于今茶胶省境内）附近挖掘出的舞女和持棍猴子（疑为神猴“哈努曼”）造像的陶塑，可以作为古典舞蹈起源于扶南王国时期（1—6世纪）的证据。其中舞女塑像的姿态与印度舞者十分相似：双腿叉开呈舞蹈中的“折跃”（Brise）预备体式，似乎给予足部强大的压力，足尖朝外；双手举至头两侧高度，左手手指弯曲朝外，右手手指弯曲朝内[④]。据吴哥波利K.557、K.600石碑及K.137号石碑所载，阇耶跋摩一世（655—681年）曾将舞者当作敬献神灵的祭品。与一般的劳役和技术类的奴隶不同，这些舞者被看作是“神的奴隶”，受到过严格的舞蹈训练，并被赋予了象征高贵的梵文名字，以提升其在仪式中的超自然力，以求更好地侍奉神明。据中国宋代赵汝适所撰《诸蕃志·真腊国》记载：当时真腊国王“奉佛谨严，日用番女

① Phim, Toni Samantha and Thompson Ashley: *Dance in Cambodia.* New York: Oxford University Press, 1999, p.11.
② Shapiro, Toni: *Dance and the Spirit of Cambodia.* Ph.D.Diss., Cornell University, 1994, pp.87-88.
③ 对古典舞剧的具体阐述将放到“戏剧”小节中。
④ ពេជ្រ ទុំក្រវិល. របាំខ្មែរ（《高棉舞蹈》）.Toyota Foundation.២០១០: ៣៦.

三百余人舞献佛饭，谓之阿南，即妓弟也。”有学者考证，“阿南”即舞者。此类采用300人表演的佛事舞蹈，从其表演规模和活动性质来看，应该属于一种每日在宫廷里举行的大型宗教仪式乐舞。舞者还扮演了皇室成员葬礼中守护者的角色，陪伴死者前往灵界，并协助死者的灵魂在灵界获得重生。

一般推断，柬埔寨古典舞蹈大约在8—12世纪的吴哥王朝有相当蓬勃的发展，从吴哥时期所遗留的多达1 700尊以动态舞蹈姿势出现的阿普莎拉仙女（Apsaras，“天上舞者”）形象的浮雕以及石刻碑文的记载显示，舞蹈在当时宫廷、寺院的宗教仪式中扮演重要角色。阿普莎拉仙女出自印度神话。在当时的柬埔寨，许多庙宇中都供奉着印度神祇，其中就有被奉为舞蹈之神的湿婆。湿婆的雕像和浮雕经常呈现跳舞的姿态，两条那伽绕其肩，阿普莎拉仙女与锣鼓乐师伴其旁。由于舞蹈与宗教的密切关系，柬埔寨舞蹈自然也承接了印度的影响，阿普莎拉仙女的舞姿明显与印度传统舞蹈的姿势接近，而在体态、相貌和服饰上又与印度神话中的仙女形象有了较大区别，体现出鲜明的高棉民族的特征。随着吴哥王朝时期高棉文化达到高度繁荣的鼎盛状态，舞蹈已成为宗教仪式和皇宫庆典活动中不可缺少的重要程序，舞者的规模也庞大起来，在宫廷和神殿中都有人数众多的歌舞艺人。据记载，在13世纪吴哥王朝盛世时，阇耶拔摩七世在波列甘寺（即“圣剑寺”）中就养了6 000名舞女。

值得注意的是，这时期的舞蹈除了延续前吴哥时期的宗教祭祀功能以外，似乎也有向生活和娱乐面拓展的迹象。[①]有碑文显示，吴哥皇室成员接受舞蹈训练在这一时期似乎成为普遍现象。据碑文记载，耶输跋摩一世就是一位悉心学习舞蹈的国王，此外还有其他碑文中留下了记录和赞美皇族成员舞蹈能力或技巧的文字。这代表舞蹈可能已经成为皇室成员宫廷训练和教育的一部分。另外，到了吴哥后期（12世纪末13世纪初），阿普莎拉浮雕形象出现了变化，从吴哥早期的以展现各种翔姿、斜腰、摇臀等动态姿势为主，到后来巴戎寺（阇耶跋摩七世统治期间建造）浮雕中呈现的洗澡、梳头、整发、按摩和练习舞步等较为生活化的景象[②]，似乎可以显示阿普莎拉已从早期神话层面的表达逐渐延伸到生活层面。换言之，阿普莎拉不仅仍为传说和宗教的重要元素，同时可能也逐渐成为宫廷和社会

① Diamond, Catherine: *Emptying the Sea by the Bucketful*: *The Dilemma in Cambodian Theatre*, Asian Theatre Journal 20, 147-178.Academic Search Premier.EBSCO.Web.7 Mar, 2010, p.104.

② Brandon, James R: *Theatre in Southeast Asia*.Cambridge: Harvard University Press, 1967, pp.58-59.

生活中的一部份。[①]

13世纪之后，柬埔寨历经占族人、暹罗人的数度入侵，连年征战加上农业经济受到的破坏，使得吴哥王朝覆灭，吴哥文明自此成为失落的文明。暹罗人在征战吴哥王朝的过程中俘虏了一些宫廷的工匠、乐师及舞者，柬埔寨古典舞蹈因此得以在泰国宫廷中保留下来。但在15—18世纪之间，几乎找不到任何宫廷舞蹈的文字或图像记录。直到1841年，长期在泰国充当人质的安东王子(Ang Duong，1841—1859年在位)回到柬埔寨继位后，才又开始着力重建柬埔寨古典舞蹈的传统。安东国王带领从泰国带回来的一批舞者，对古典舞蹈进行了舞蹈动作、服装及音乐、舞剧编排等一整套的技术规范和要求。这些规范的来源除了有泰国宫廷舞剧的影响外，更重要的是参考了吴哥时期阿普莎拉浮雕的形象，以及柬埔寨老一辈舞蹈老师的建议。安东对古典舞蹈的重建被看作是一系列恢复吴哥光辉文化的举措。他的贡献不仅在于赋予了柬埔寨古典舞蹈的形态与生命力，更重要的是将宫廷舞蹈当作现代柬埔寨王权正统性的展示，而这种正统性正是过去泰国和越南不断试图要抹灭的，而就算此正统性的建立对邻国产生不了作用，“至少在柬埔寨的农民百姓眼中，宫廷舞者如同皇冠和圣剑一样是个强而有力的象征”[②]。

继位的诺罗敦国王(Norodom，1860—1904年)继承了老国王的做法，亲自参与到古典舞蹈的复兴中去。在他统治期间(约1903年)，柬埔寨皇宫内首次成功演出全本的《罗摩赞》，演出规模达到史上之最，古典舞蹈的发展达到了前所未有的高度。

19世纪中期，柬埔寨建立了皇家舞蹈团和舞蹈学校。西哈努克国王的母亲戈沙曼王后(Kossamak)和女儿帕花黛维公主(Bopha Devi)都曾担任过皇家舞蹈团的团长。戈沙曼王后一生致力于古典舞蹈事业。在艺术创新方面，她将许多传统舞剧片段扩充成大型的群舞式的剧场表演，而大型舞蹈在过去只有在敬献神灵的祭礼上才有。此外，她还将欧洲剧场舞台技术融入古典舞蹈，曾将演出安排在吴哥窟前，用火炬照亮吴哥窟作为演出背景，整个演出更像是一场壮观的仪式。戈沙曼王后还非常注重提升与塑造皇家舞蹈团的公众形象。她鼓励皇家成员加入舞蹈团，并让她们成为舞蹈团的明星，将舞团与正统的柬埔寨传统、皇室捆绑在一

① 林伟瑜著：《来自亚洲传统剧场的启示——柬埔寨传统宫廷舞剧的消失与重现》，载(中国台北)《戏剧学刊》，2010年第12期。

② Cravath(1985)的观点，转引自林伟瑜著：《来自亚洲传统剧场的启示——柬埔寨传统宫廷舞剧的消失与重现》，载(中国台北)《戏剧学刊》，2010年第12期。

起，这也使得国王的皇家舞蹈团与宫廷之外那些自称为宫廷舞剧舞团的地方舞团区分开来。另一方面，戈沙曼王后谨慎地选择演出场合，她始终保持皇家舞团与外界的距离，从不让舞者接受外界访问。在她的精心打造下，皇家舞蹈团就如同一颗珍贵又神秘的宝石，让人心生向往而又感到敬畏。在西哈努克国王执政时期（1958—1970年），柬埔寨皇家舞蹈团的人数达250人之多，曾随国王到过10多个国家访问演出。

1970年高棉共和国成立，西哈奴克被迫流亡北京，失去皇室支持的皇家舞蹈团被转移到皇家艺术大学（Royal University of Fine Arts，RUFA）中。接下来几年的政治纷乱使得大量古典舞者受到迫害，有些舞者甚至隐姓埋名，逃至国外。古典舞蹈因此面临极大危机。直到1993年柬埔寨王国政府成立，柬埔寨古典舞蹈再度成为其传统艺术中保存和发展的重点，皇室也再度成为推动古典舞蹈发展的重要力量。

2003年，柬埔寨古典舞蹈被联合国教科文组织列入世界非物质文化遗产名录。古典舞蹈的角色功能已逐渐多元化。宗教仪式的功能依旧存在，如在国王加冕、婚庆、殡葬及重要宗教和传统节日时的表演等。除此以外，古典舞蹈还衍生出纯娱乐性功能和代表高棉文化对外交流和文化传播的功能。如今，作为柬埔寨文化重要象征的柬埔寨古典舞蹈在柬埔寨与世界各国文化交流中承担着重要的角色。

2. 艺术表现

古典舞蹈以舞者优雅的手势和精美的服饰著称，舞者手指的变化是古典舞蹈的精华所在。舞者通过每一个蕴含明确象征意义的手部动作、身体姿势和面部表情来表达人物的喜怒哀乐与爱恨情仇等各种复杂的内心活动：如手握拳头表示愤怒，四指紧合并将拇指放在手心表示诧异、忧愁、沉思、祈祷，拇指与食指相联与手掌成直角同时其他三指向后弯则表示快来、摘花等，手指伸直紧合各指向手背弯，表示胜利、“为什么这样”等意思。其台步又分为惯步、快步、告别台步、出入台步、飞行台步和交战台步等。[①]舞者的舞衣及饰品做工非常精美，都是全手工制作，有的饰品由纯金打造，整套服饰奢华且厚重。制衣师们通常将这门手艺作为秘不外传的技艺在家族中代代相传。

① 少林、天枢著：《浅谈柬埔寨的文化艺术》，载《东南亚》，1995年第1期。

古典舞动作具有内在控制外在柔和的风格。在厚重的衣饰下，舞者要将限制繁多的动作用一种较为柔软的舞蹈风格呈现出来。Shapiro指出，现代柬埔寨舞蹈（主要指古典舞蹈）之美在于舞者强调将其身体的能量延伸至手足的末端，其特征为手指回弯、脚趾经常性地向上弯曲，舞蹈中充满了弯曲的、整齐的、有节奏感的和具高度控制力的动作；这种舞蹈需要有内在强壮的控制力，但外在展现却必须要柔软和具有弹性，以便她们的四肢可以弯曲；为了达到这种舞蹈特质，控制的能量被视为是这门艺术的重要原则。①这种刚柔并济的舞蹈对舞者有着很高的要求，需要舞者的四肢非常柔软、还要灵活而有力。舞者们从七八岁开始就要每天接受专门的训练，需经过至少15年的训练才能成为专业舞者。在古代，高雅的舞者被人们看作是国王与上帝和祖先之间的信使；在现代，舞者们又被看作是现实世界与灵界的信使。因此，在正式成为舞者之前都要先举办一个宗教仪式，象征着得到神的认可。

舞蹈表演过程中乐队伴奏音乐的节奏与旋律多稳重、变化少，给人以庄严肃敬的感觉。一支女子合唱队用歌声为剧情的发展以及舞蹈所传达的情感进行解说。整个表演体现着高雅、崇敬和灵性等传统价值，具有一种神圣的象征性作用。

柬埔寨现在仍保留有很多古典舞蹈节目，如《祝福舞》(របាំជូនពរ)、《阿普莎拉仙女舞》(របាំអប្សរា)、《神仙欢乐舞》(របាំទេពមនោរម្យ)、《扇舞》(របាំផ្លិត)、《蝴蝶舞》(របាំមេអំបៅ)、《剑舞》(របាំបារ)、《海龙舞》(របាំស្វា)等。其中,《祝福舞》产生于吴哥王朝之前，在吴哥时期十分盛行，后经过戈沙曼王后的改编被传承下来，通常在晚会开场时演出，表演时代表仙女的舞者们一边跳着优雅的舞蹈，一边抛洒金花银花，表达对人们的美好祝福。《阿普莎拉仙女舞》又称《百花园中的仙女舞》，也是古典舞蹈的主打节目，描述了阿普莎拉仙女和她的六位侍女一同下凡在百花园中翩翩起舞的场景。《神仙欢乐舞》所表现的是生活在天界的神仙们无比快乐情感的舞蹈，常常在求雨仪式或祭神仪式上表演，以求得风调雨顺、国泰民安。

二、民间舞蹈

柬埔寨的民间舞蹈是由广大人民群众在长期历史进程中集体创作，不断积累、发展而形成的，并在群众中广泛流传的一种舞蹈形式。民间舞蹈创作、流传

① Shapiro, Toni: *Dance and the Spirit of Cambodia*.Ph.D.Diss., Cornell University, 1994, pp.80-81.

于民间，直接反映了劳动人民的生产生活和情感情趣，具有浓郁的民族特色和相对于古典舞蹈更为活泼而富有生气的艺术风格，是柬埔寨舞蹈艺术的重要组成部分。1993年柬埔寨王国政府成立以后，在以文化部艺术办公厅的传统艺术团队为首的艺术家们的不懈努力下，很多来自不同省份和地域的民间舞蹈经过抢救、修复和再加工，以崭新的面貌重新出现在世人面前。

根据舞蹈所表现的内容和功能，我们可以把目前仍流行于柬埔寨民间的舞蹈分为习俗舞蹈、宗教舞蹈和社交舞蹈。前二者舞蹈形态非常丰富，或源于先民的生活、生产方式及风情习俗，或源于土著部落的图腾、祖先、动物或神灵崇拜。大部分来源于人的自然动作，有的是鸟兽的拟态，有的是对景物的模仿，舞蹈多纯朴自然的舞蹈，反映出柬埔寨人民崇尚自然美、和谐美、崇高美的文化传统及宽厚豁达的民族气质。

1. 习俗舞蹈

习俗舞蹈又可称为节庆、仪式舞蹈，是柬埔寨各民族在婚配、丧葬、种植、收获及其他一些喜庆节日所举行的舞蹈活动，多反映劳动场景，表达欢快喜悦的情感。这类舞蹈有昌扬舞（Chai Yam Dance）、木杵舞（Pestle Ringing Dance）、椰壳舞（Coconut Shell Ringing Dance）、打鱼舞（Fishing Dance）、祭竹笙舞（Ploy Worship Dance）、摘豆蔻舞（Cardamom Picking Dance）、杀牛饮酒舞（Buffalo Killing and Wine Drinking Dance）、收稻舞（Harvest Dance）、棕糖舞（Palm Sugar Dance）、水缸舞（Water Jar Dance）等。

昌扬舞是一种喜剧舞蹈，其全称是“鲁本·昌扬”，是深受百姓青睐的一种喜剧形式，过去常常在加顶节、捐赠仪式、出家仪式（又称“那伽落发仪式”）等宗教仪式和传统节日庆典中表演，现在也常见于丰收、农闲时的聚会以及道路、学校的落成典礼上。参与舞蹈的舞者通常为6名，全部由男性表演。演员面部要画各种脸谱或戴假面具，在锣鼓声中，舞者上蹿下跳、扭动身体，模仿人或动物的动作，做出各种鬼脸，表情生动滑稽，常常引得观众哈哈大笑，为节日增添更加热闹的气氛。

椰壳舞又被称为“螳螂舞”，来自柬埔寨东南部的柴桢地区。柬埔寨人相信，椰壳分雌雄，分别代表水和土地，因此跳椰壳舞有欢庆丰收、歌颂兴旺发达、赞美肥沃富饶的土地的含义。它的历史悠久，有一个观点认为椰壳舞可能是从扶南国王祈求多子多福的仪式中传承下来的①。经过艺人们的改编加工，在20世纪60年代由民间舞团搬上了舞台。而由于椰壳舞所表达的快乐情绪加上雌雄椰壳的观念，现在也常被用在婚礼仪式中，特别是在新郎新娘在仪式后走回女方家的路上，人们边走边跳椰壳舞，喊声连天，笑声不绝，动作粗放，喜悦的情感被表现得淋漓尽致，气氛被烘托得热闹无比。

木杵舞是男女结伴对跳的一种习俗舞蹈，多在收割季结束后的仪式上表演，有庆祝丰收、感恩土地、感恩神灵的庇佑之意。木杵是人们日常生活中常见的劳动工具，用来舂米或敲打收割下来的稻子，人们将其巧妙地用作舞蹈的道具。舞蹈时两位男青年呈蹲姿，双手各持两根长约4米的木杵的两头，随着音乐节奏有规律地开合木杵。木杵两头下方各垫有一根垫木，保证木杵不会落地。一对男女舞者随着木杵与垫木间有节奏、有规律的撞击声，要在木杵分合的瞬间，敏捷地进退跳跃，潇洒自然地配合做出各种优美的动作。过去，木杵舞的流传范围很广，但现在仅在少数传统文化保留较好的地区或是与外来文化接触较少的村落还有出现。关于木杵舞的来源有不同的推测，有的说该舞蹈来自圭依族的民间舞蹈，也有说法是来自诺罗敦国王当政之时访问马尼拉期间学会该舞蹈，后并带回柬埔寨来的。

2. 宗教舞蹈

宗教舞蹈是进行宗教活动时使用的舞蹈形式，也是对超自然、超人间的神秘力量——神灵的一种形象化的再现，使无形之神成为可以被感知的有形之身，是神秘力量的人格化。这类舞蹈主要用以祈求神灵庇佑、除灾去病、逢凶化吉、六畜兴旺、五谷丰登，或是答谢神灵的恩赐。过去人们用以表示对祖先的怀念或是希望祖先神对自己的保佑和赐福。柬埔寨民间的宗教舞蹈主要有德洛舞（Trot Dance）、野牛角舞（Wild Animal Horn Dance）、孔雀舞（Pailin Peacock Dance）、高戴莱舞（Kantere Dance）、德洛梅乌舞（Trot Neang Maev Dance）、青蛙舞（Frog Dance）等。

德洛舞的历史比较悠久，是暹粒省和马德望省广泛流行的一种宗教舞蹈。人们喜欢在过年的时候跳德洛舞，为辞旧迎新，也为寻求福佑。在一些乡村，人们会在长期干旱后祈雨时跳这种舞。关于德洛舞的起源有很多说法，有人认为，德

① ពេជ្រ ទុំក្រវិល.របាំខ្មែរ（《高棉舞蹈》）.Toyota Foundation，២០០១：១៥៨.

洛舞源自柬埔寨古老民族松莱族（现在居住在洞里萨河北部）。松莱族曾每逢过年就到吴哥为国王献上这个舞蹈。因此，德洛舞便在暹粒省流传了下来。还有人认为德洛舞所讲述的是马德望乡村人们驱赶野兽的过程。相传在古代的马德望乡村里经常会有野兽光顾，村民们认为每当有野兽进村，就会有灾祸发生。于是村民们就向那些野兽投食，并向它们祈福。他们相信，只要这样做了，就算日后野兽们再来，也不会发生灾难了。舞蹈中就编排了这样的场景，舞者会扮演野牛、鹿、孔雀等动物，扮演村民的演员则向“动物”投食并用棉线圈巧妙地拴住“动物”的脚，再投去钱币以消灾祈福。而暹粒省也有记载称德洛舞的起源与另一个古老的传说有关。相传佛祖还是修行者的时候，有一天碰到佛的敌人米尔伪装成的鹿拦住道路。修行者无法前行，便虔诚地向上天求助。神仙们便下凡伪装成奥斯（柬埔寨古代文学作品中一个人物）悄悄杀死了那只鹿。正因为有了这个传说，人们在编排德洛舞的时候还会加入这些角色：奏乐的人代表神仙；舞女代表簇拥的天仙；野鹿代表米尔；猎人代表由神仙伪装成的奥斯。至于德洛舞中常常出现孔雀尾巴，有人说是由于亚洲民族喜欢将孔雀看作是太阳的象征。人们常常向太阳祈祷风调雨顺。因此，在过年的时候，人们喜欢跳德洛舞一方面是为了驱邪消灾，同时也是为了向太阳祈福，这就像中国人喜欢在过年时舞龙舞狮一样。

野牛角舞讲述的是在磅清扬省巴里宝县阿占隆村流传已久的一个民间传说。相传过去有个叫布的猎人受命去猎捕野牛，但猎人却两手空空地回来了。在向国王复命时，他说自己碰到了一对会跳舞的神奇的野牛，野牛跳舞跳得非常美妙，甚至让一头本想捕食野牛的威猛老虎也放下了杀心，改用爪子为野牛敲打节奏，野牛的舞蹈还吸引来一群蜜蜂，它们一边围着野牛转圈飞舞一边发出悦耳的声音为野牛伴奏。布也深受感动，最终不忍射杀野牛。国王听毕便要求布表演出当时的场景，而布的表演最后就发展成了野牛角舞。野牛角舞中野牛的表演者头戴野牛角，模仿野牛的动作；鼓声代表老虎的声音；一种像笛子一样的乐器代表蜜蜂的声音。最近一位法国学者的研究则认为，野牛角舞的起源是来自一个叫布的民族，他们大多居住在菩萨省格拉万山县的格拉万山一线、磅士卑省斯洛山县、磅清扬省德坡县和戈公省磅逊县。布可能就是来自布族的猎人，该舞蹈应该是这个民族的文化遗产。

孔雀舞在拜林地区最常见。孔雀舞均为男性演出，既生动地表现了神鸟孔雀喜怒哀乐的情绪，又展现出雄孔雀的阳刚之美，深受民众的喜爱。拜林的人们称这种舞蹈的起源与一个民间传说有关。一位公主在梦中爱上了一只会魔法的雄孔雀。这只雄孔雀不仅会说话，还能带给人好运。公主对雄孔雀念念不忘，日思夜想，终于患上了重病。国王于是召集所有杰出的猎人按照公主梦中孔雀的样子去森林中寻找。其中一位猎人终于找到了这只有魔法的雄孔雀。猎人多次想抓住这只孔雀却因其魔法太强而屡屡失败，于是猎人捉来一只美丽的雌孔雀去诱惑雄孔雀。雄孔雀上了猎人的圈套，被猎人捉住带回王宫，日夜为公主施法并治好了公主的病。国王对雄孔雀感恩不已，遂赐予它重获自由。表演该舞蹈的演员要身穿庞大、厚重的孔雀羽毛道具服，整场表演下来对演员的体力和技艺是非常大的考验。该舞蹈常在年节时演出，伴奏歌曲仍然使用古拉族的语言演唱，主要意思是为民众祈祷，希望村民平安幸福、风调雨顺、获得好的收成。

高戴莱舞是流行于磅士卑省西北部山区一直到磅清扬省、菩萨省和戈公省等地区的民间舞蹈。高戴莱舞起源于一个民间故事。从前，有一位叫高戴莱的姑娘与她的两只老虎同伴生活在密林中。高戴莱对待两只老虎如同对待自己的骨血亲人，与它们朝夕相伴，从不分离。两只老虎也一直相亲相爱，一心服务主人。可是有一天，两只老虎野兽之性受到了鲜活食物的诱惑，开始狂燥不安，最后竟然互相攻击要致对方于死地。高戴莱姑娘见状忙去阻止，却丝毫不起作用，两只老虎又来攻击姑娘，妄图把她吃掉。危急时刻，一个老道的猎人来到这里，帮助姑娘制服了凶猛的老虎，并将姑娘带入王宫，将她的经历讲述给国王听。高戴莱舞中两位男性舞者扮演老虎，模仿老虎的动作姿态，惟妙惟肖，颇有特色。

3. 社交舞蹈

社交舞蹈是人们进行社会交往、增进友谊、联络感情的舞蹈活动。柬埔寨的社交舞蹈主要有南旺舞和伊给舞。

南旺舞是柬埔寨民间社交舞蹈中流传最广、最受民众喜爱的舞蹈。在节日庆典或家庭庆典中，众人齐跳南旺舞通常是必不可少的节目。即使在农忙季节，人们也常常聚集在田边跳起南旺舞来缓解劳动带来的疲惫。柬埔寨语“南旺舞”中的“南旺(vong)”的直译应为“圆圈”，即参与舞蹈的人男女自由组对、不限人数，在南旺舞曲的伴奏下，围成圈跳舞。南旺舞舞蹈动作借用了古典舞蹈中手上动作，动作整体感觉柔软优雅。柬埔寨人多认为，南旺舞是源自柬埔寨本土的古老舞蹈艺术，后来传到了老挝及泰国，在邻国得到发展后又流传回柬埔寨，因此在这三个国家都有南旺舞。各国南旺舞的大致形式相似，但柬埔寨南旺舞对舞者手指、手腕和手臂的要求比老挝、泰国的南旺舞更为严格。现在的南旺舞的参与者多为年轻男女，跳南旺舞也成为男女社交的一个重要方式。

伊给舞也是一种很有历史的社交舞蹈，人们常常在节日或农闲时跳这种舞，男女老少都可参与。伊给舞曾在19世纪末到法国殖民时期经历了一段衰退期。直到独立后，伊给舞重获生机。关于伊给舞的起源，一些研究者认为该舞蹈源于爪哇或马来，大概是阇耶拔摩二世访问爪哇后带回柬埔寨的，或是由占族引入柬埔寨。

第三节 戏剧

戏剧是文化发展到一定阶段的产物，是文化的重要载体，在一定程度上代表着文化的总体风貌和发展状况。作为人类文化的一个子系，戏剧文化也必然受制于其所在的文化，具有所在文化的一切特征，必然带有时代性、民族特色的总体风貌。

柬埔寨戏剧艺术与柬埔寨人的精神文化和民族心理息息相关，反映了柬埔寨悠久的历史和深厚的文化，是以语言、动作、舞蹈、音乐等形式达到叙事或抒情目的的一种综合性舞台表演艺术，而道具、布景、舞台装饰的设计与安排等无不体现着它同绘画与雕塑艺术的完美交融。它始自原始舞蹈，与古代柬埔寨人的宗教仪式密切相关。直到今日，柬埔寨传统戏剧仍以舞、乐的表现手法为主，音乐、舞蹈、武术等元素是柬埔寨戏剧艺术性最突出的表现形式。史诗与民间故事是柬埔寨戏剧的表演剧目。20世纪末，政府文化部组织艺术家们经过大量的文献收集、田野调查整理，为世人整理出柬埔寨传统戏剧共20多部，其中还有几部已经失传，或仅留下了名字和少许信息。得到传承和发展下来的柬埔寨戏剧主要有：大皮影戏（Large Leather Shadow Theatre）、小皮影戏（Shadow Puppet）、彩色皮影戏（Colored Leather）、面具戏（Masked Pantomime）、宫廷舞剧（Royal Dance-Drama）、马何里舞剧（Mahaori Dance-Drama）、巴萨剧（Basack Theatre）、伊给舞剧（Yike Dance-Drama）、女性剧（Lakhon Paol Srey）、巴茂岱剧（Lakhon Bamaodhai）、阿北剧（Lakhon Ape）、剑戏（Lakhon Kaen）、鲍勃特剧（Lakhon Bauek Bot）、幸福乐剧（Lakhon Pleingkar）、塔克塔剧（Lakhon Ta kkato）话剧（Lakhon Niyai）、诗剧（Lakhon Kamnap）以及嘉倍伊剧（Chapey Keung）、克塞德剧(Khsae Dev Keung)和阿雅剧等。这些传统戏剧又可分为古典戏剧和民间戏剧两种。

一、古典戏剧

柬埔寨古典戏剧艺术是东南亚地区较早成型的戏剧艺术形式，它起源于扶南时期，在吴哥时期得到了较大的发展，发展至今已有近千年的历史。在很长的一段时期里，柬埔寨古典戏剧的表演题材基本上全是本土化的印度史诗《罗摩衍那》中的故事内容，因此也有人称柬埔寨古典戏剧为“史诗戏剧”。《罗摩衍那》在柬埔寨流传的过程中，与音乐、舞蹈、戏剧等表演艺术融合在一起，极大地促进了柬埔寨古典艺术的全面发展和繁荣，对于古典戏剧的产生和发展也起到了重要的作用。《罗摩衍那》的柬埔寨版本叫做《罗摩赞》,《罗摩赞》故事在人物及故事情节的安排和语言的运用上明显融合了柬埔寨民族的传统文化。

通常认为，史诗的诵读艺术是东南亚及印度戏剧表演艺术的开端。据考证，在6世纪末，柬埔寨的三界自在主神庙(Tribhuvanesvara)前就有很多人每天诵读印度两大史诗《罗摩衍那》和《摩诃波罗多》。真腊时期的维尔德碑也证实了，人们每天都要吟诵这两大史诗。[①]据此大概可以推测，当时的柬埔寨社会是有很多诵读能手的。在史诗诵读的基础上结合音乐、舞蹈的同步表演，形成了柬埔寨早期古典戏剧诵、唱、舞、白、奏五者有机结合的独特表演形式，而舞在其中占据着比较重要的位置。因此，柬埔寨戏剧主要以舞剧形式出现，舞台上的演员没有或只有少量对白和唱词，主要以舞蹈动作、眼神和体态来表现剧情。有的剧种也有幕后的诗歌韵白负责叙述剧情。

到了近现代，柬埔寨古典戏剧形式也不完全拘泥于《罗摩赞》这一单一题材，更多经典的、受人们喜欢的文学作品也开始被用作古典戏剧题材，如《神绶带》、《海螺》、《真那翁》等佛经故事或民间故事。这些故事情节大同小异，描写一个王子少年时受虐待，幸遇神仙，长大成人后，又巧遇仙女或公主，结为百年之好；后又遇妖魔迫害，国王得知便求助于神猴哈努曼；故事的结局总是把国王比拟成菩萨，最后战胜妖魔。广为流传的古典剧目还有《东姆和狄欧》、《特明吉的故事》、《阿勒沃的故事》。《东姆和狄欧》(1859年)被认为是柬埔寨文学发展到现实主义

① 张玉安著:《略谈东南亚的史诗表演艺术》,载《东方论谈》,2013年第5期。

时期的标志。故事以东姆与狄欧二人的爱情悲剧为主线，真实反映了当时柬埔寨的社会矛盾和阶级冲突，揭露和鞭挞了封建礼教和封建恶势力对百姓的压榨和迫害，歌颂了东姆和狄欧忠于爱情和反抗封建恶势力的精神。《特明吉的故事》、《阿勒沃的故事》成书于1420年暹罗攻占吴哥后的战乱时期，其作者使用辛辣的语言揭露封建统治者的丑恶面目，歌颂普通农民特明吉和阿勒沃的机智和勇敢，使他们成为历代传颂的传奇人物。这些故事都是非常有价值的民间文学作品，受到人们的喜爱。

根据表演形式、伴奏乐器和服装道具的差别，古典戏剧还可细分为古典舞剧(Lakhon Preah Reach Trop)、考尔剧(Lakhon Khol)、女性剧和皮影剧等。

1. 古典舞剧

古典舞剧与古典舞蹈有基本一致的起源和发展历史，在柬埔寨语中"古典舞剧"(Lakhon Preah Reach Trop)和"古典舞蹈"(Rabam Preah Reach Trop)是可以混用的两个词。与古典舞蹈不同之处在于，古典舞剧特指那些有完整故事线，特别是以古典文学作品为内容的舞剧形式，为叙事性的舞蹈表演。柬埔寨古典舞剧的传统剧目有《罗摩良和吉普良》、《玫卡拉雨神》、《金色神鱼》、《坦·莫诺隆之舞》、《莫诺丽亚和波拉绍顿》、《裴拉沙恩传奇》、《伯雷阿·金纳凤的神话》、《黑猴与白猴的战斗》等。这些舞剧内容丰富、表演时间较长，一般演出神仙、魔鬼、国王、王后、王子、公主、仙女、猴王等各种角色之间爱情、义气或战斗的故事，情节曲折、跌宕起伏，引人入胜。

《罗摩良和吉普良》舞剧表现的内容取自柬埔寨长篇叙事诗《罗摩赞》中的一个小故事。罗摩良是悉达和罗摩王的亲生儿子，吉普良则是悉达与一位隐修者之间的私生子。两个孩子在深山中跟随这位隐修者习艺修行。一天，罗摩良和吉普良瞒着师傅偷偷来到一棵巨大的柳安树下比试射箭技艺，他们的箭离开弓发出的嗖嗖响声震耳欲聋，惊动到了王宫中罗摩王，宫内引起一阵骚乱，以为又有和罗摩王一样武艺惊人的敌人出现了。罗摩王遂命皇兄带着神猴哈努曼及一队士兵前去查看，并放了一匹白马进林，白马的脖子上挂着写有"胆敢骑上白马者处死"的牌子。罗摩良和吉普良看到白马便顽心大起，争相骑上白马玩乐。哈努曼想拿下这两个顽童，却不料被罗摩良和吉普良打晕在地，并用树藤五花大绑起来，并留下字条："只有你的主人才能解开树藤。"醒过来的哈努曼果然用尽一切办法都没能解开树藤，尽管不甘心，哈努曼也只有低下头去找到罗摩王，最终解开了树藤。这个舞蹈情节跌宕起伏，高潮不断，是非常受人们欢迎的剧目之一。

《玫卡拉雨神》舞剧常在祈雨仪式上出演。其剧情大致是，罗摩伊索巨人、瓦拉春王子和玫卡拉姑娘三人师从同一位智者。当他们学完所有本领后便一同前去辞别师傅。智者想送给三位徒弟每人一份礼物，但三份礼物各有不同，分别是一把圣剑、一把神斧和一只神杯。于是智者让三位徒弟去收集露水，收集到的露水最多的则能得到最好的礼物。玫卡拉姑娘用她美丽的纱裙收集到最多的露水，智者非常满意，便将最好的礼物——神杯赠予她。

《金色神鱼》舞剧讲述的是神猴哈努曼与金色鱼公主之间的故事。哈努曼受命带领猴军帮助罗摩王搭建了一条通往兰卡岛的桥，以找回被长着10头、20臂的邪恶魔王托萨堪劫走的王妃悉达。在建桥的过程中，哈努曼发现士兵们搬进河里的石块沙砾不断地在减少，经过查访才发现他们建的桥正好阻挡了河中鱼儿们觅食的道路，于是魔王托萨堪的爱女金色神鱼公主带领她的水族从中破坏。哈努曼在查访中爱上了神鱼公主，两人从相识、相恋进而结合。神鱼公主答应协助哈努曼继续建桥，条件是给鱼儿们留出道路。最后，哈努曼顺利完成了使命，自己也抱得美人归，娶了神鱼公主为妻。

2. 考尔剧

考尔剧产生于10世纪吴哥王朝初期。考尔剧主要由男性演员表演，因此又称为男人剧。剧目内容根据《罗摩赞》改编，剧中人物设计、故事情节安排和语言的运用都具有柬埔寨民族特色。演出时，舞台上的演员头戴象征罗摩王、魔王、哈努曼等主角的面具，用舞蹈动作、眼神和体态来表现剧情。舞台后安排专人负责叙述戏剧情节。演出时的伴奏乐队是宾柏乐队。

3. 女性剧

女性剧的演员全部是女性。该剧起源于哲塔二世国王（Chey Chettha II，1573—1627年）统治时期。与考尔剧有很多相似之处，女性剧演出时的伴奏乐队也是宾柏乐队，同样都是古典戏剧与舞剧结合的表演。但女性剧不像考尔剧那样专门有叙述故事情节的工作人员，台上演员在其他演员演出时，会轮流摘下面具向观众们讲述剧情的进展。

4. 皮影戏

柬埔寨皮影戏是一种集音乐、舞蹈、戏剧、雕刻、诗歌及造型设计于一体的综合艺术。柬埔寨皮影戏分为大皮影戏（Nang Sbek Thom）、小皮影戏（Nang Sbek

Toch）和彩色皮影戏（Sbek Paor）。其中大皮影戏于2005年11月被联合国教科文组织列入了世界非物质文化遗产名录。大皮影戏所使用的固定道具皮影由整张牛皮雕刻制作而成，高约1～2米，由于皮影巨大，除了用线控制之外，表演时演员需要手举皮影进行表演。演出的剧目为《罗摩衍那》中的故事，通常在宗教仪式上演出。小皮影戏又别称为"阿扬戏（Ayang）"或"囊卡伦戏（Nang Kalun）"戏，所用皮影不足1米高，表演的剧目趋向世俗，题材涵盖神话传说、民间故事、市井新闻，等等，不仅内容丰富多样，而且表演生动活泼，因此在民间广受欢迎。大、小皮影戏通常在夜晚举行，在剧场或空旷处挂上白色幕布，在幕布上投射灯光或者用椰子壳点燃篝火，将演员操纵的皮影投影到幕布上供人观赏。后来人们开始为皮影描上各种颜色，使皮影更加绚丽多彩、引人入胜，就形成了只在白天进行演出的彩色皮影戏。彩色皮影戏的皮影介于大皮影和小皮影之间，故又称为中皮影戏，也有人称其为彩色木偶戏。柬埔寨皮影戏与泰国的南戏（Nang也称"皮影戏"）、马来西亚和印度尼西亚的哇扬戏（Wayang）有密切的关联性。有不少学者都认为皮影戏源自马来西亚或印度尼西亚，但大部分柬埔寨人和柬埔寨学者仍坚持认为大、小皮影戏均是柬埔寨土生土长的艺术表演形式。

二、民间戏剧

伊给剧与伊给舞有一定联系，在形成和发展过程中受占族和马来文化影响较大。过去，伊给剧是一种祭祀剧，常在人们拜祭自然神灵、祖先以及婆罗门诸神时表演。如今，伊给剧已经演变为一种民间戏剧，在柬埔寨茶胶省得到了比较完整的保存，多见于年节和农闲时的表演中。伊给剧通常在临时搭起的戏棚子里演出，不需要布景。开演时，所有的演员先在舞台上依次亮相，由导演逐一介绍。表演时以演唱和舞蹈为主，设有专人解说，伴奏多用单面鼓。

巴萨剧一名来自于柬埔寨和越南毗邻的"巴萨河"地区。在法国殖民统治期间，这些地区都在法国统治之下，巴萨剧团得以将越南戏剧的一些元素吸收到巴萨剧中，创作出兼具柬埔寨传统戏剧和越南戏剧特点的现代巴萨剧表演。巴萨剧剧目繁多，包括古代神话、历史故事和民间传说等。演出时有专门的乐曲伴奏，使用的乐器包括鼓、锣、胡琴等，舞台上还布置有背景和各种道具。桑沙伦是20世纪五六十年代巴萨剧的著名演员，他擅长扮演国王的角色，拥有很多戏迷。

幸福乐剧是在婚礼上表演的剧目，在幸福乐的伴奏下，演员们会上演民间故事“混填与龙女”中的故事情节。相传在混填刚当上国王的时候，他与龙王的女儿柳叶一同加冕。他们在人间举行完婚礼后，龙王要求他们再去龙宫赴宴。由于混填水性不好，所以他抓住龙女的尾巴才进入龙宫。正是这个传说才有了新人进房间时新郎要抓住新娘裙边的习俗。也正是这个故事让柬埔寨人相信在婚礼时演出幸福乐和幸福剧，就能为新人带来福佑。

马何里舞剧又叫“弦乐剧”，是20世纪60年代人们根据弦乐曲、舞蹈、对白等艺术形式创作而成的舞蹈剧。弦乐剧由马何里乐队（即弦乐队）伴奏，表演动作和舞蹈形式类似古典舞蹈。

三、现代戏剧

20世纪中期，柬埔寨的戏剧在西方文化的影响下进入了一个新的历史时期。

20世纪七八十年代，出现了著名的现代话剧《母亲们的牺牲》、《送子参军》等，反映柬埔寨人民救国斗争的现实生活，成为了民族解放斗争的有力宣传武器。进入21世纪，展现柬埔寨民风民俗和璀璨历史文化的现代实景戏剧也应时而生。实景戏剧是旅游演艺节目形式的一种，它以真实建筑作为舞台场景，展现某特定地域的民俗风情，利用多种影视特技特效再现当地具有典型意义的经典故事情节。2007年12月，位于柬埔寨暹粒省首府暹粒市的民俗文化村推出大型实景水上歌舞剧《繁荣的吴哥王朝》，该剧主要反映柬埔寨于1世纪下半叶建国，历经扶南、真腊王朝，最终在9—14世纪吴哥王朝统治期间达到发展顶峰并创造吴哥文明的历史故事，展现柬历史上吴哥王朝鼎盛时期的繁荣景象。演出在夜间进行，舞台搭建在湖面上，所有参加演出的200多名演员都是乘船登台进行演出。这一别具匠心的设计，搭配上现代化的灯光效果和现场演奏的民族音乐，使得灯光水色、人影、船影相映生辉，规模宏大、气势恢弘、画面唯美，让人在重温柬埔寨历史的过程中尽享视听盛宴。

2008年12月25日，柬埔寨历史上第一部现代派歌舞剧《大象哭泣之地》公演，并随后在美国上演。该剧的音乐部分由“美国柬埔寨艺术委员会”委托柬埔寨著名作曲家亨·索菲创作，融合了柬埔寨古乐、经典西方音乐和当代美国流行音乐的元素，演员用英语和高棉语演唱。所用乐队不仅包括一支柬埔寨宾柏乐队、一支摇滚乐队，还有一支来自美国的新英格兰交响乐队。唱词由柬埔寨文化专家、美国剧作家凯瑟琳·菲利欧克斯执笔。歌舞剧以30年内战后的柬埔寨社会为背景，讲述了一个叫萨姆的柬埔寨难民从美国回到柬埔寨寻根后发生的爱情故事，萨姆在决定出家后，却又爱上了女歌手波帕。其部分情节取自古代柬埔寨的经典爱情故事。尽管这部歌剧在柬埔寨国内引起巨大争议，但模式化的成份明显减少，形式和内容更贴近普通人生活的现代戏剧元素得到了不少柬埔寨人特别是年轻人的认可。有评论认为，这部歌舞剧是"柬埔寨戏剧文化历史上一个伟大的成功"，这部作品向世人展示了现代柬埔寨的变化，描绘了西方文化和柬埔寨文化融合的成果。

第四节 建筑

建筑是文化的具体反映，一个民族的文化特质总能在建筑上得到体现。由于宗教在柬埔寨文化起源和发展过程中所起的重要作用，在古代柬埔寨人的文化心理中，人的重要性是远远低于神的，祭拜神灵才是最重要的事。他们将这种文化心理传递到建筑上：平民百姓、王公大臣都只能住在竹木造的房屋里，甚至连国王的皇宫也是一些竹木结构建筑，唯一不同之处在于民居是茅草盖顶，宫殿则有金窗镶嵌，顶部覆以铅瓦和土瓦，只有神灵才能住进用经久耐用的岩石和砖为材料建造的建筑里。竹木结构建筑经过千年的风吹雨淋和蚀化，现已无存，遗留下来的只有石基和一些石柱，基本看不到古代皇宫或典型古代民居的面貌；而绝大多数由砖石建造的庙山、塔殿等宗教建筑则被较完整地保存了下来，并在历史进程中潜移默化地对受其庇护的信众们产生影响，强化其承载的宗教文化。因此，柬埔寨的建筑史几乎就是一部宗教建筑史，宗教建筑正生动地诠释并体现着柬埔寨文化中最核心层面的意识形态和精神灵魂。

一、建筑的基本形式和材料

柬埔寨宗教建筑是在印度的婆罗门教影响下发展起来的。与佛教寺庙、基督教修道院和穆斯林清真寺是以僧众修行为建筑存在的主要目的不同，柬埔寨庙宇完全是为彰显神的存在而建造的。人们相信，庙宇是神的住处，而非信徒们的聚会之所，因而建筑不必考虑人群聚集的空间，建筑的造型比建筑内部的空间更重要。另外，由于技术上的制约，当时的人们也很难造出巨大的建筑，因此，很多柬埔寨宗教建筑都采用将小的建筑单元连接在一起形成建筑群的建筑方法。

柬埔寨宗教建筑有塔殿、庙山和回廊三种基本形式。较大规模的建筑都是这三种要素的不同组合。塔殿在柬埔寨语中称作“普拉萨特”(Prasat)，通常正面朝东。早期的塔殿为四方形塔，是在印度帕拉瓦[1]建筑箱形单一殿样式的基础上发展出的一种内部空间明显增大的塔殿形式，上部顺次递减地重叠成数层与主殿同形的结构。后来发展为塔尖呈炮筒形的高棉式塔殿，即在单独的祭殿上建高塔状屋顶，塔上装饰繁复、华丽的叶形花纹。发展到成熟期的塔殿由须弥座[2]、墙体、假层、屋顶及塔刹五个部分构成，塔殿在须弥坛顶层采用斜十字布局，平面形式多为四出抱厦的十字形。塔殿的功能是用于祭祀，不同时期的(中央)塔殿供奉着印度教或佛教崇拜物，如果有分布在中央塔殿周围的小塔殿，其中可能供奉有国王的祖先。台基结构源自希腊，传入印度，从印度传入真腊后，演变成为吴哥窟建筑重要特色之一。可能是因为柬埔寨常遭受湄公河泛滥之灾，时至今日，许多民居仍在高架上躲避洪水。吴哥许多古迹都有台基，台基起初可能是避洪水，到后来发展成为吴哥建筑艺术的一个重要组成部分。

庙山是按须弥山意象进行设计和建造的，平面布局按照中心对称和轴线对称相结合的方式组织。整体是逐层收进的多层[3]方形须弥祭坛，坛顶为塔殿。建造于7—9世纪的阿约寺(Ak Yum)就是单塔殿庙山建筑最早的实例，也是最简单的一种形式。而发展到成熟期的典型的庙山，或中国人习惯称的“金刚宝座式”，多是在三层或五层台基上建造五座塔殿，中间一座，四角各一座，按梅花瓣状排开。四个小塔与中央主塔形成对比，不仅反衬其高大，而且能增强其气势。这种建筑形式后来也传到了中国和东南亚其他国家。

回廊是10世纪比粒风格建筑之后才出现的，比粒寺中的回廊还仅仅是不连续的类回廊建筑形式。真正的回廊样式首先出现于10世纪末南北仓风格建筑空中宫殿[4]的顶层台基。空中宫殿的中心塔殿就是矗立在有回廊的祭坛之上的。12世纪初的塔布茏寺的塔殿和长廊结合成为塔门长廊。到12世纪中后期建成的吴

---

① 帕拉瓦王朝，约325—897年。

② 须弥座是一种台基结构，源自希腊，传入印度，从印度传入柬埔寨后，成为柬埔寨建筑艺术中重要组成部分之一，取印度神话中须弥山的意象出现在很多庙宇建筑中。

③ 平台数量在不同时期都有变化。

④ 所谓“宫殿”，并非王宫，而是国王和王族们祭祀的神殿。由于“宫殿”建筑构筑于高台之上，给人以似在空中的感觉，故有“空中宫殿”之名。它也是吴哥城里最高的建筑。

哥窟则有机地融合了前期建筑艺术中逐渐发展起来的塔殿、长廊、回廊、祭坛等要素，将塔门回廊与祭坛融合为一体，形成有多层塔门回廊的祭坛。

柬埔寨宗教建筑所使用的材料有砖块、灰浆、砖红壤和砂岩石。早期建筑以砖块和灰浆为主。这些材料持久性较差，建筑受损严重，于是人们开始使用砖红壤和砂岩石作为建筑的主要用料。砖红壤是一种在热带季风气候下发生强度富铝化作用和生物富集作用下发育而成的特殊红土。这种红土粘性极强，但在自然状态下却因含有大量水分而松软零散，便于运输。柬埔寨工匠们将红土放在特制的大模具中，夯实成形，经过晾晒风吹，就形成非常结实的红土块，这些红土块颜色类似烧过的红砖，故得名“砖红壤”。在晾晒的过程中，红土块表面黏性较好但并不十分坚硬，工匠们可以在上面精雕细刻，画面能做到线条分明，图案生动。当土块完全风干后，即变得异常坚硬，十分适合做建筑材料。砖红壤建筑的代表之作是女王宫。

砂岩石又称青砂岩。从10世纪下半叶开始，易于雕刻的砂岩石开始取代砖红壤，到了11世纪时，砂岩石已大量使用，成为柬埔寨建筑的主要材料。距离吴哥40多公里的荔枝山出产的砂岩石，石质松软，颗粒细密，内部结构与木料相似，有利于雕刻匠人在上面精雕细琢。吴哥寺、巴戎寺等知名建筑所使用的建筑材料即砂岩石。据推测，这些100～1 000公斤不等的石块，除使用大象作为运输工具外，吴哥城四通八达的河渠与护城河可能是运输的重要通道。人们会在洞里萨湖水上涨时，利用变深的河道，用木筏将荔枝山上的砂岩石运到建筑工地。砖红壤和砂岩石都可以抵御各种恶劣天气，使寺庙保存完整。

二、建筑的发展史

根据建筑材料、建造技术、平面形式、装饰艺术、雕塑等要素的不同，可以将柬埔寨宗教建筑按照时间顺序划分出6个发展时期，包含共14个风格阶段。这14个风格阶段均以每个阶段的代表性建筑命名。

（一）奠基期

柬埔寨建筑奠基期的宗教建筑受到印度建筑风格影响较大，可划分出4个不同风格：

1. 达山风格（1—6世纪）

达山风格也被译为普依达风格（柬埔寨语中“普依”即“山”的意思）。茶胶省吴哥波雷（Angkor Borei，又称Vyadhapura，在6世纪时曾是水真腊的都城）以南几公里之外的达山山顶上的正方形寺庙建筑——红土寺（Laterite Temple）是达山风格的主要代表，也是柬埔寨最早的石构建筑之一。这些建筑明显受到印度艺术的影响，都是直接在山体上开凿修建而成，规模小且分散，没有成规模的建筑群。在布局上一般呈四方形或长方形，外观简单，平墙，无假门。屋顶比较考究，为多层次的楼房，每层均有装饰，给人威严华丽之感，是庙宇的主要部分。建筑结构都以砖瓦为建材，石料仅仅用于基部、入口的楣上，囿于社会经济基础的限制，都是小规模的。这一时期的雕像也受印度文化的影响，造型以侧弯腰姿势为主，服饰也与印度接近。

2. 三坡风格（7世纪上半叶）

三坡风格的建筑出现在伊奢那跋摩一世时期，以今天磅同省三坡波雷库［Sambor Prei Kuk，又称伊奢那补罗（Ishanapura），曾是7世纪初真腊国王伊奢那跋摩时代的都城］①的寺庙建筑群为代表。该建筑群由一百多座散落在森林中的小庙组成。寺庙群的主建筑三坡寺（Sambor Temple）供奉湿婆神，是三坡建筑风格的代表，寺中几个塔上的雕塑仍保存完好，中间塔上有大型尤尼造像。②这一时期的寺庙规模较小，且相互分离。出现了锥形高塔，有单座塔，也有多个塔连在一起的塔群，都建在平地上。建筑材料主要使用砖石和由石灰和糖制成的灰浆，使用灰浆的建筑部分并不牢固，至今已几乎完全脱落。门、窗、楣、支柱多由灰色与玫瑰红色的砖红壤制成。

极丰富的雕刻镶嵌装饰是三波风格建筑物较之前建筑物明显不同的一个重要特点。山花③、过梁④上都有雕凿后的石头作镶嵌。过梁的中部雕凿的图案多为未张开的弓，弓的上方有三朵横向排列的玉兰花，弓的下方有坠子和花边饰带，饰带之间有对称的叶状图形。有的梁的弓形雕刻下面是人物雕像。在人物雕像方面，男性雕像雄健高大，女性雕像则较小，且臀部大，她们都头戴圆形王冠。

3. 布雷克蒙风格（7世纪下半叶）

布雷克蒙风格建筑出现于阇耶跋摩一世时期，以布雷克蒙（Prei Kmeng）、斯

---

① 三坡波雷库直到吴哥时代都是重要的宗教学习中心。

② 尤尼是女性多产的象征。有人认为这些尤尼造像是是出自后世人之手，体现了文化的衔接。

③ 山花又称三角楣，即檐部上面的三角形山墙，是立面构图的重点部位。

④ 当墙体上开设门窗洞口，且洞口较大时，为了支撑洞口上部砌体所传来的各种荷载，并将这些荷载传给门窗等洞口两边的墙，常在门窗洞口上设置横梁，该梁称为“过梁”。

外婆罗、普侬巴色特、波雷布拉萨和安贷(Andet)等寺庙建筑为其代表。阇耶跋摩一世大力倡导诃里诃罗教信仰，修建了许多神庙以供奉毗湿奴和湿婆合为一体的神像。这些神庙建筑风格与三坡风格相似，神庙中的塔型及塔内的神像雕塑深受印度影响，但又不完全是印度原物的照搬，具有了比较鲜明的柬埔寨自身特点。

更为明显的变化是更加精致和富丽的建筑中雕刻的图案和人物造型。雕刻所选择的图案和造型都较之前风格的寺庙有所变化，如过梁上的图案由玉兰花变为莲花花苞，弓形雕刻的两端是交叠的叶状图案。人物雕刻方面，印度式的侧弯腰造型被直立造型替代。雕饰更加精细、美观，显示出对外来文化的吸收和本民族文化创造的和谐统一，在很大程度上影响了此后直到吴哥时期建筑雕刻的发展。

4. 磅波列风格(8世纪)

以磅波列(Kompong Prah)、阿约寺(Ak Yum)、德罗边蓬(Trapeang Pong)等寺庙建筑为代表。寺庙的建筑风格与之前的风格类似，寺庙皆修建在平地上，但阿约寺是一个例外，该寺庙为多层结构，被视为最早出现的单塔殿庙山建筑。建筑物的过梁上不再沿用弓形图案，而是用莲花浮雕；柱子上有对称的叶状图形。

(二)萌芽期

柬埔寨建筑的萌芽期是以荔枝山风格(802—877年)建筑为代表的。802年，柬埔寨在阇耶跋摩二世国王的带领下摆脱爪哇的统治，进入了吴哥时期。数度迁都后，同年定都摩诃因陀罗跋伐多城(Mahendraparvata)，荔枝山是该都城的中心。阇耶跋摩二世受婆罗门教影响很大，创立了“天王仪式”祭祀典礼，并大兴婆罗门教仪式，在荔枝山上及周围修建了20多座庙宇，以丹雷格拉寺(Damrei Krap)、卢阿列寺(Rup Arak)、涅达寺(Neak Ta)等为主要代表的荔枝山风格在这一时期形成。为了迎合国王的宗教理念和宗教典礼要求，这一时期的建筑艺术家们充分发挥丰富的想象力和精湛的建筑技艺，融合前吴哥时期的古印度建筑风格和占族、爪哇等外来艺术形态，进行了大胆的创新改革，创造了一种高大、多层的或建于山上的“山形建筑”，并建有一座座独立的密檐式塔。自荔枝山风格开始，人们开始更多地修筑有多层台基的“山形寺庙”，或将寺庙建在山上而不是平地上。

从建筑特征上看，圆柱被废弃，以方柱或八角形立柱代之。八角形立柱的每个侧面都有叶状花纹装饰。在雕饰方面，荔枝山风格建筑的正面过梁浮雕图案呈多样化趋势。过梁中部重新出现弓形图案，弓两边雕刻的鲨鱼有的头向内侧，有的则把头转向外面，可能是受爪哇浮雕的影响。玉兰花也重新出现，但细节之处与以往有所差别。弓的下面有的是交叠的叶状花纹，有的是单列的叶状花纹，也有两种花纹同时用于一个过梁的。山花雕饰在简单的花纹图案基础上添加了神祇及其侍从的人物浮雕装饰。人物雕像开始重视细节和规范化，如男性雕像为方型脸，身着短裤，裤脚上卷且有两个褶裳，海锚形的布结统一垂在齐腰处。雕像的身体姿态也是比较固化的，以左腿为重心支撑。男性雕像第一次出现了头饰，被认为是皇室的象征。

总的来说，这一时期建筑的革新对后来的吴哥建筑影响非常巨大，指示了未来建筑艺术的方向。荔枝山风格时期也被看作柬埔寨艺术史上“第一次文艺复兴”。

（三）成型期

圣牛风格时期（877—925 年）被看作是柬埔寨建筑的成型期，也是吴哥建筑风格和艺术的开端。圣牛风格建筑是以罗洛士寺庙群（Rouluos Group）中的圣牛寺（Preah Ko，建于879年）、巴空寺（Bakong，建于881年）和罗莱寺（Lolei，建于893年）等古寺为代表的。罗洛士又称诃里诃罗洛士耶，是阇耶跋摩二世晚年时选择的又一处都城，距暹粒东南15公里，离荔枝山不远，有采集岩石的地理之便。

圣牛寺又名普列科寺，由因陀罗跋摩一世建造，建筑主体由六座红色砖塔构成，是一座纯粹的祭祀庙。六座砖塔旁还有一座焚尸塔，据说因陀罗跋摩一世死后，他的遗体就是在这座塔内焚化的。六座砖制塔殿面向东方，排成两排，由砂岩石雕和石膏浮雕作为装饰。前排塔殿较高大，中间塔殿最高，是用来纪念真腊国的开国王君阇耶跋摩二世的，左边和右边两座是分别是纪念因陀罗跋摩一世父亲和祖父的。后排塔殿相对低小，分别用来纪念其所对应的前排塔殿中祭祀的君王或君王祖先的妻子。后来吴哥王朝采用红色石砖建成的无比辉煌的女王宫，显然是受了圣牛寺风格的影响。

巴空寺是罗洛士遗址中最典型、最壮观和最具影响力的建筑，曾是国都中心的一座大型庙宇，在9世纪晚期时由国王因陀罗跋摩一世建造。除砂岩结构的五层中央高塔外，还有一个佛教僧院、两个藏书阁、八座砖和砂岩混合结构的小塔、两座小型圣殿。在中央高塔的第4层台阶上，人们还修建出12座砂岩石的小塔，每个方向各4座。圣殿位于第5层，与吴哥窟的中央塔属同一风格。考古学家们认为，这种建筑风格与印度尼西亚的波罗浮屠极为相似，应该是受爪哇宗教思想影响的结果。也有人认为，因陀罗跋摩一世建造与爪哇夏连特拉王朝一样的神殿，目的是表示与其分庭抗礼的决心。

罗莱寺是罗洛士遗址三座寺庙中最小的一座，它是由因陀罗跋摩一世之子耶苏跋摩修建，是一座尚未完工的寺庙。据史料记载，真腊国王因陀罗跋摩一世为提升国力，在国都附近修建了一座大型水库，以增加水稻产量，富民强国。建造水库时挖出的泥土堆积在未完成的人工湖中央，形成了一个小岛。耶苏跋摩继位后就在这个小岛上修建寺庙，这就是罗莱寺，所以人们又把罗莱寺称为"岛庙"。耶苏跋摩本想把罗莱寺仿照圣牛寺的风格，修成有六座红色砖塔的祭祀庙，但后来他决定将国都迁往吴哥，罗莱寺便在完成四座砖塔后就停工了，大型水库因为同样的原因也未能最后完工。

这一时期的柬埔寨宗教建筑已经具有了比较固定的庙山式框架结构体系。主体建筑的祭台台基较高，多为5层，象征印度神话中位于世界中心的须弥山。在祭坛顶部立塔，象征须弥山的山峰。建筑外部环绕一道护城河，象征环绕须弥山的咸海，既增添了神圣性，又起到防御作用。水也赋予建筑和雕塑以灵性，那些瑞兽在有了建筑体和水系之后，便获得了赖以生存的空间。建筑内部除了主体建筑外，还设有经院、藏书阁等实用建筑。特别是巴空寺的建筑构造已经具有了后来建成的吴哥窟的雏型：护城河、长引道、高台基、山形塔，吴哥窟的建筑格局显然是对巴空寺风格的继承。另外，在修建罗洛士寺庙群之前，人们通常只使用较轻型(且不够持久)的建筑材料，如砖石和由石灰和糖制成的灰浆。到了这一时期，柬埔寨人开始使用不易损坏、更具持久性的砂岩材料修建寺庙。因此，罗洛士寺庙群是柬埔寨早期建筑中大型、持久性寺庙群的重要代表。

圣牛风格建筑的建筑雕饰和人物雕像方面也更为精致和复杂。山花饰的浮雕图案更加丰富，楣框仍为猫爪印图案，但框的上缘增加锯齿形图案装饰，框的两端还有纤巧精致、向外翘起的鲨鱼头图案。山花中央是两位合十的神簇拥一位更重要的神的人物浮雕。壁柱浮雕图案同样精美，或刻有莲花，或呈甘蔗杆节形状。建筑中还出现了站立的神和武士雕像，守卫着圣殿。人物雕塑更加注重细部，如首饰、眉毛以及女性裙子的褶皱，使雕像更加生动而真实。人物的身体、脖子和手腕上都刻有各种首饰，男性雕像还出现了胡子。个别女性人物的头上出现了精巧的王冠造型。可以说，圣牛风格建筑的艺术特点具有纯正的高棉风格，标志着柬埔寨建筑风格的初步形成。

（四）发展期

柬埔寨建筑的发展期包含了巴肯风格（893—925年）、戈格风格（928—944年）、比粒风格（944—967年）、班迭斯雷风格（968—1000年）、南北仓风格（965—1010 年）以及巴方风格（11世纪下半叶）共6个风格阶段。从班迭斯雷风格开始，建筑开始逐渐由以砖结构为主变为砖石混合使用，再向以石结构为主的建筑类型过渡。庙山、塔殿和回廊组合而成的建筑成为发展期建筑形式的主流。

1. 巴肯风格

巴肯风格建筑始见于耶输跋摩一世王朝，包括了巴肯山（Phnom Bakeng）、格罗姆山（Phnom Krom）、博山（Phnom Bok）上的寺庙以及格罗万寺（Prasat Kravan，又称“豆蔻寺”）和巴克赛湛格龙寺（Baksei Chamkrong）等寺庙建筑。这一时期的建筑与之前不同，人们开始使用砂岩石修建更大型的庙宇，庙山祭台层次的数量增多。巴肯风格的重要代表巴肯寺建在巴肯山上，以极其雄伟的姿态耸立在早期的吴哥城[①]——耶输特拉补罗的中心。整个神庙共分为7层，分布大小塔殿100多座，高低相间，分层排列。主体建筑部分是5座用砂岩建造的塔殿，呈梅花状分布，中央高塔高65米，是吴哥庙宇塔殿中海拔最高的一座。

巴肯风格建筑的男性雕像比较有特色，它们多体形健壮，胡子与发际相连，眼睛、眉毛和嘴唇都有明显的艺术夸张处理。雕像的高度更加固定，姿势也有严格规范。过梁与山花雕饰似乎不如圣牛风格建筑那样精细，过去直条状的枝叶编织饰带变成中部下凹，坠子形花纹装饰没有了。山花装饰中的人物雕刻也被省略不用。但多重曲线的顶饰第一次出现，三角形、倒“U”字型的顶饰相继出现。这些都是柬埔寨建筑的独特风格。

2. 戈格风格

戈格（Koh Ker）是篡位者阇耶跋摩四世在928年所立的新国都[②]，位于吴哥城

---

① 耶输特拉补罗是吴哥地区最早的都城，在今吴哥通王城的地方。此后吴哥王朝的都城大体上都在这里，不过历代国王对吴哥城的改造和扩建从没停步，因此也有的文献中对不同阶段面貌变化着的吴哥城用不同的称谓加以区别：早期的吴哥、第二吴哥、第三吴哥。

② 阇耶跋摩四世是伊奢那跋摩二世的叔父，在伊奢那跋摩二世统治期间公开发动叛乱，并洗劫了王室宝物，在戈格建新都，形成了两个国王、两个国都对峙的短暂局面，伊奢那跋摩二世逝世后，阇耶跋摩四世称王。其继任者罗贞陀罗跋摩二世在944年将都城迁回吴哥。

东北方向约100公里。戈格城内的寺庙建筑群都属戈格风格。戈格建筑群中有一座寺庙修建了7层，高达35米，这种前所未有的建筑高度极大地丰富了这一时期的建筑构成元素，如长厅的出现。除了建筑高度的提升，戈格风格建筑几乎全部使用砖红壤建造，表现出因地制宜的特点。戈格建筑的过梁上首次出现了以人物为主的情节性浮雕。立柱和山花饰变化不大。人物雕像多形体高大，形态多样，出现了行走、舞蹈以及战斗厮杀为内容的浮雕。

3. 比粒风格

比粒风格的建筑出现在罗贞陀罗跋摩二世(Rajendravarma II)时期，比粒寺(Pre Rup)、东梅奔寺(East Mebon)、帕萨克拉万寺(Kravanh)、塔勃龙寺(Taprohm)等都属比粒风格建筑。这一时期的建筑基本都是三层五塔的庙山塔殿式，建筑中出现了长厅和类似回廊的建筑形式。比粒寺是早期"庙山"建筑的典型代表，基座为砖红壤，上层为砖制塔殿，为砖石结合的工艺。建筑形式与吴哥窟一样也是三层五塔，有彼此不相连的回廊。东梅奔寺与比粒寺建筑风格相似，有一个三级平台，台上筑五个砖制塔殿，在第一层台阶中还出现了长厅。比粒风格建筑表层的浮雕装饰也很精细，最具特色的是一些巨型动物雕像，如比粒寺中第一二层台阶的四个角落上的象形雕塑(取古代印度神话中4只大神象分立四方以巨齿把宇宙支撑起来的寓意)和巨狮雕塑。

4. 班迭斯雷风格

班迭斯雷风格建筑以阇耶跋摩五世时期修建的班迭斯雷寺(Banteay Srei，又称女王宫)为主要代表。女王宫是吴哥古迹中最重要的建筑群之一，无论其造型还是雕刻都堪称精美，被誉为"吴哥艺术之钻"和"吴哥古迹明珠"。女王宫建筑以小巧精致、富丽堂皇闻名于世，采用方形的城廓式规划，由三层围墙环护，墙外有濠沟。主建筑由建筑在一米高台基上的三座塔殿建筑组成，中央塔殿为5层，高10米。每座塔殿开有东、南、北各一个门，门两侧都有守护神石雕像。质地坚硬且附着性好的红砂岩是女王宫整座建筑的主要建筑材料。从这一时期起，以红砂岩石为主的砖石结构越来越多的出现在庙宇建筑中，成为全部采用石结构建筑方法的前奏。

女王宫建筑内部几乎每寸墙壁都装饰着精美的浮雕图案。女性人物雕刻多小巧精致，慈眉善目，嘴唇厚、微微上扬，无冠，发式奇特。其中最经典的雕刻是一个优雅的女人手持莲花，其身上所穿传统衣裙的褶皱都清晰可见。除了精美绝伦的女性雕像之外，女王宫南北两个藏经阁中豪华的雕饰也是这个建筑的精华之处。藏经阁的山花上出现了大规模的叙事性浮雕，都是古代印度神话或柬埔寨人喜闻乐见、家喻户晓的故事，人物大多也具有高棉民族的特色，因此更加亲民。最为著名的一幅讲述的是坐在凯拉萨（Kailasa）上冥想修行的湿婆神面对恶魔罗波那（Ravana）摇山、爱与欲望之神迦摩（Kama）的诱惑而不为所动的情节，此外还有恶魔康萨（Kamsa）之死、因陀罗的雨，等等。浮雕人物刻画生动、逼真，动态夸张，线条流畅。在构图上，壁龛的巨大边饰与门楣的巨大"几"字形形成呼应，浮雕整体紧凑，疏密得当，雕刻手法精湛，表现出高棉工匠高超的雕刻技艺和丰富的想象力。

5. 南北仓风格

南北仓风格起源于10世纪末，是吴哥时期建筑风格中非常重要的一种，它包括茶胶寺（Ta Keo）、北仓（North Kleang）、南仓（South Kleang）、空中宫殿（Phimeanakas）等建筑。这一时期人们不再使用砖石修建寺庙，全部改用砂岩石。整个建筑被护城河和池塘环绕，在主入口两侧通常设有经室。主体建筑中的回廊和角塔在这一时期得到了极大的发展，特别是狭长回廊和回廊拱顶的建筑方式在之后的吴哥建筑中被广泛应用。

南北仓风格建筑最突出的代表是建于10世纪末到11世纪初的茶胶寺，它也是柬埔寨第一座全砂岩石建筑。主体建筑整体是逐层收进的5层方形须弥坛，坛顶5座塔殿成梅花状布置。第一层平台长120米、宽100米、高2.2米，平台两侧各有一个长方形大屋，屋两侧是官员朝拜的地方。第二层平台长80米、宽75米、高5.5米，平台一圈有回廊，周围都是长方形大屋，其中有两个朝西的图书馆。第三层平台上按梅花瓣的排列方式建造了一个莲花形塔殿，中央塔殿高50余米，其余4个小塔分布于四角。第一二层平台四周绕墙，在东西和南北轴线与其相交处均设有一座寺门，藏经阁和回廊建筑分布在东西轴线两侧，建筑群外有壕沟环绕，东侧有长长的甬道，一直通向东池西岸，以码头平台作为结束。

茶胶寺正处于庙山建筑的转型时期，其建筑形式及布局都发生了重要转变，出现了一些新的特征。首先，寺门不仅与须弥坛结合在一起，而且结合塔殿的样式形成了假层[①]，空间跨度变小，寺门不再是过道性空间，而放置有祭祀对象，成

① 假层是指塔殿的最上一层，高度低于正常高度，为非正式层，通过假层可加高塔殿高度。

为重要的祭祀空间。其次，茶胶寺出现了十字等臂平面的塔殿，改变了前期寺庙中方形平面、单独入口的塔殿建筑形象，丰富了建筑内容，也是茶胶寺独特风格的重点所在。再者，茶胶寺首次出现了连续的回廊建筑。回廊位于第二层台基四周，呈围合状，向庭院敞开，并无任何入口通向回廊，向外一侧分隔为假窗。回廊四角均设有角亭或角塔，具有高棉早期塔殿的建筑形制。回廊的出现规整了寺庙的整体布局，也更加凸显了庙山建筑的象征意义。回廊取代了长厅，长厅建筑在茶胶寺之后就消失了。可以说，茶胶寺主体建筑部分基本确定了柬埔寨庙山建筑实施方形四角布局，中轴对称规划、左右对称建造为特点的外观形式，并发展出典型的古印度金刚宝座塔形，成为这种始于三坡风格中阿约寺的单塔殿庙山建筑型式发展到成熟的标志。从装饰细节来看，由于是未完成状态[①]，茶胶寺须弥坛顶的5座塔殿外立面上的山花和线脚只粗凿出了轮廓，反而形成刚硬有力的外形，形成独特的建筑风格。

6. 巴方风格

巴方风格的建筑出现于优陀耶迭多跋摩二世王朝（1050—1066年）和易利沙跋摩三世王朝（1066—1080年），包括巴方（Baphuon）、西梅奔（West Mebon）和克纳寺（Vat Ek）等建筑。这一时期庙山建筑进一步发展，出现了紧紧环绕着塔殿，以砂岩为顶的双层回廊，回廊的四角建有角亭。各级平台间均有阶蹬相通，通向塔殿的台阶也较前期更为陡峭，因此阶蹬两侧有矮墙式扶手。

建筑装饰融入了不少之前的风格，在过去的基础上又有了一些发展。正面的过梁浮雕以描述毗湿奴故事的情节性浮雕为主，居中的枝叶编织饰带饰雕图案中部下凹更加明显，其上有张开大口的那伽蛇王。山花框也出现了那伽形象，那伽的头昂起伸向两侧。山花中央以莲花浮雕者居多。过梁和山花上的浮雕图案类型不会相同，如果过梁为莲花图案，则山花为情节浮雕，或者相反。

（五）成熟期

小吴哥风格建筑是柬埔寨建筑进入成熟期的代表。这一时期的主要建筑有吴哥窟（Angkor Vat）、周萨神庙（Chao Say Thevoda）、托玛侬寺（Thommanon）、奔密列寺（Beng Mealea）、班迭色玛寺（Banteay Samre）、普拉比图（Preah Pithu）和柏威夏寺（Preah Vihear）等。相比前期奠定下来的柬埔寨特色的庙山建筑模式，小

① 根据 G.Coedès 的碑刻研究，茶胶寺在苏利耶跋摩一世时期未能完工可能是因为建造过程中遭遇的一次雷击。尽管举行了一个赎罪仪式希望能祛除不祥，但人们最终还是对这座笼罩了不祥光环的圣殿失去了兴趣。

吴哥风格建筑以其更大的规模，更巧妙精致、更为匀称的结构布局，更丰富多彩的装饰浮雕以及完全垒石而建的建筑技巧，而成为柬埔寨古典建筑艺术成熟期的代表之作。下面以吴哥窟为例说明。

首先，吴哥窟的结构布局十分匀称，可分为两种形式的对称——镜像对称和旋转对称。从护城河、外围墙到主体建筑群，以横贯东西方向的中轴线为中心，呈现准确的镜像对称，甚至广场大道中轴线上南北两个藏经阁和两个水池，也呈对称分布。从正门或广场大道看主体建筑上的塔殿，为正中一高塔被两座较小的塔左右对称相陪衬。5座塔殿，除了中轴对称外，还有更严谨的旋转对称：从东、西、南、北四方，呈现相同的山字形构图，成90°旋转对称；从西北、西南、东南、东北四个对角方向看，也是一样的山字形构图。5座塔殿的这种排列最大限度地达到了对称效果，无论在哪个方位，看到的都是同一造型主题。

其次，吴哥窟中的回廊相较前期建筑有了极大的发展和完善。3层台基都建有回廊，且样式不拘一格，有的有石柱，凡有石柱的回廊或是一边两排石柱，或两边各两排石柱，没有一边一排或两边各一排的格式。回廊由3个元素组成，内侧的墙壁兼朔壁，外向的成排立柱和双重屋檐的廊顶，既有实用功能，又对美感作出了贡献。吴哥窟凡有双柱的回廊必有单边偏廊，只有一边看去是重檐。凡有四排石柱的回廊，即每边各两排石柱，则两边各有偏廊，从任何一边看去都是重檐。回廊有两排石柱的一边是敞开的，另一边是石墙壁。回廊的墙壁，有的是整片雕墙，中间不留窗子，有的开着明窗，可以外望，有的开着装饰性的直葫芦棂假窗。明窗之间或假窗之间的墙壁，装饰着头戴金冠、足带金镯的女神的浮雕。回廊的出入通道也相当考究，分为有塔的塔门和没有塔的廊门两种形式。廊门像个亭子间，在与游廊成直角的方向，向外延伸两三进，每进的亭子有拱顶，有两三对方柱，每进的顶上有雕刻精细的门楣和山花。[①]

再者，更加精致的雕刻装饰，构思精巧的浅浮雕也是这一时期建筑雕饰走向成熟的重要表现。吴哥窟建筑上的雕饰出现了一些变化：人物浮雕被广泛应用于过梁、山花和壁柱；出现了新的过梁浮雕设计：没有了枝叶编织饰带，中央是一只巨龙，两侧为交叠叶状花纹，伸展至两端；出现了接近圆的16角立柱，柱上雕饰更为密集。主体建筑平台第一层回廊中的叙事性浮雕是吴哥窟浮雕中的精华。

① 参考郭树林著：《吴哥窟——人类建筑的艺术宝藏》，中华建筑报，2011年11月18日。

与前期的浮雕相比，这些浮雕场面更大、人物更多，写实精致，有较强的民族特征。虽然也出现了一些反映战争和生活的场景，但仍以印度史诗《罗摩衍那》和《摩诃婆罗多》中的神话故事以及国王事迹为主要内容。可以说，吴哥窟回廊浮雕作为柬埔寨古典美术的一个重要缩影，展现了柬埔寨人民高度的智慧和能力，也代表了世界文化中的浮雕艺术的最高水平。

最后，建筑材料的变化体现了柬埔寨建筑水平的高度发展和日臻成熟。吴哥窟基本上是垒石建筑，即用长方石块层层堆垒，偶有工字形咬合，绝大多数石块之间没有使用黏合剂。吴哥窟使用木材的地方很少，在游廊顶铺有时设木质天花板。吴哥窟的砂岩砖以灰砂岩砖为主，石块上常见的直径为几厘米的圆孔，可能是古时建筑工人搭棚架运送砂岩石块用的，完工后这些圆孔被石拴或石灰封闭。过去建筑中被用作主要材料的砖红壤在这里被用作台基的护墙，或用于铺地、造堤和围墙。

（六）巅峰期

高棉建筑发展的顶峰是以巴戎风格（12—13世纪）建筑的出现为标志的，出现在阇耶跋摩七世在位期间（1181—1218年）。作为吴哥王室的后裔，阇耶跋摩七世带领人民打败了占婆占领者，被拥戴为王，把吴哥王朝推向了鼎盛时期。他的对外扩张使吴哥的版图达到柬埔寨历史上最大。他还是一位虔诚的佛教徒，兴建庙宇的狂热胜过任何一位国王。巴戎寺（Bayon）、吴哥通王城（Angkor Thom）五门、塔布茏寺（Ta Prohm）、班迭喀带（Banteay Kdei）、班迭基玛（Banteay Chhmar）、妮嫔寺（Neak Poan）、塔逊（Ta Som）、圣剑寺（Preah Khan）、诺哥寺（Krol Ko）、塔雷寺（Ta Nei）等庙宇都是这一时期建筑的重要代表，尤其是位于吴哥通王城中心位置的巴戎寺[①]中四面佛塔的建造，将柬埔寨庙宇建筑所具有的复杂而完善的象征性推向了巅峰。

巴戎寺是一座佛教庙宇，但仍属庙山式建筑，建筑结构十分复杂。与吴哥窟严整的对称布局不同，巴戎寺并不是一次性设计规划的建筑，整个建筑是由造型不同的寺庙叠建在一起的。从远处看去，巴戎寺更像是一大组石林组成的不规则方阵，层叠无序，只有进入寺庙才能体味到建筑真正的魅力。巴戎寺主体部分分为三层，大体上与它修建的三个阶段相吻合。建筑的第一二层为正方形，并且装

① 巴戎寺原叫“耶输特拉芝里”，意即“耶输跋摩山”，象征宇宙的中心。后称“巴戎干丹”，“干丹”即柬埔寨语中“中心”的意思。

饰着浅浮雕；第三层为圆形，49座宝塔建于其上。中央的一座金顶宝塔已部分坍塌，剩余高度为45米，其余48座宝塔如高低起伏的群山环绕着中央宝塔。这些塔的顶端四面都雕有巨大的佛面，佛面端庄俊美，头戴王冠，鼻子扁平，前额宽坦，耳垂略长；佛眼微合，眼睑下垂，厚唇微翘，安详中带有神秘，悲喜不形于色。浮雕的空间压缩手法高妙，雕工精巧，造型饱满，立体感强，形体间的过渡与衔接处理也十分自然顺畅。佛脸面对四方，象征着国家思想的高度统一，象征着天堂与地狱、天上与人间、国王与人民、佛教与婆罗门教之间的统一，代表着国家从上到下都应遵守的统一法规。[①]巴戎寺四面佛塔建筑形式的出现充分显示出设计者强烈的宗教意识和艺术家精湛的技艺，让人为其独到的艺术理解力和作品呈现出的强烈的艺术表现力所折服。

除了四面佛塔外，巴戎风格建筑中的浮雕作品也呈现新意。在第一二层分别有两个围绕着台基的同心方形回廊，内层回廊的浮雕主要是反映神话故事、婆罗门教传说和佛祖释迦牟尼生活的内容；外层回廊的浮雕则多反映了战斗题材的内容，并且还有当时人们务农渔猎、集市贸易、婚礼祭祀等生活的场景，真实地再现了当时的风俗。这在世界雕刻遗迹中亦属罕见。巴戎寺浮雕采用的是多视角、多风格、多空间的雕刻手法，将丰富的内容置于一个层面来处理，如把战争图景和日常生活图景很好地安排在一起，对战争与和平进行了生动的现实主义的概括。似乎在告诉人们，人民厌恶战争，但如果有人要夺取他们自由的权利、破坏他们的家园，他们将放下镰刀，拿起武器，无所畏惧地同敌人战斗。

因此，尽管因占婆人和暹罗人的入侵，这一时期的多数建筑没有完全建成，有的雕饰显得草率和粗糙，修建所使用的砂岩石质量也不如前期庙宇，但不管怎样，巴戎风格建筑所展现出来的有独特创见的建筑理念和越发精湛的建筑技艺，充分代表了柬埔寨建筑发展的巅峰水平，在世界建筑史上也有其显赫地位。巴戎风格建筑之后再也没能超越这一建筑艺术的高峰。

从《真腊风土记》的记载看，高棉王国于14世纪后还在繁荣，但几乎没有再出现以往那种盛大的建筑活动。此后，南方小乘佛教渗透进来，柬埔寨又数次遭泰人的侵略，不久便放弃吴哥，向东南方退避；随着吴哥王朝逐渐走向衰落和灭亡，原来由对王权和国王的崇拜所激发的建筑艺术也开始衰落，不耐久的建筑材

① 卡门著:《柬埔寨——五月盛放》，北京：中国青年出版社，2004年，第100页。

料被重新使用。随之受泰人影响，木构建筑开始流行起来。

纵观柬埔寨建筑史，多样的风格划分不仅反映了柬埔寨建筑技术的发展水平，同时也反映了古代柬埔寨人用自己的理解对传统宗教的释译和对高棉艺术的不断追求。柬埔寨古代建筑为人类文明所作的重大贡献，当之无愧地在世界艺术史册上留下了光辉的一页。

三、新高棉建筑运动

最后值得一提的是柬埔寨近现代建筑的革新。1434年，柬埔寨王国迁都金边，金边城市建设始具规模，拥有辉煌的旧王宫、秀丽的塔山以及富有民族色彩的寺庙、尖塔等建筑。19世纪中期法国殖民柬埔寨后，西方建筑文化开始影响柬埔寨。19世纪五六十年代，在金边开始了"新高棉建筑运动"。该运动始于1953年，于20世纪60年代达到高潮，不少突破传统、体现东西文化交融的建筑在这段时间出现。

诺罗敦·西哈努克是这次"新高棉建筑运动"的主要推动者。1953年柬埔寨获得独立后，曾经历了一段短暂的现代化黄金时代。很多在二战结束后留学海外的留学生学成归国，成为主导这一时期国家发展、民族复兴的栋梁之才，其中就包括像万·莫利万（Vann Molyvann）这样的建筑师。他们的建筑设计既具有西方现代主义新思想，如根据功能需要简化形式和设计；同时又受到本国那些与热带环境和谐一致的传统建筑的启发。总的来说，这个时期的建筑结合了现代和传统、西方与本民族的风格，将古代建筑同现代建筑、西方建筑与民族建筑的元素很好地融合在一起。到20世纪60年代，金边建起了很多这种风格的"新高棉建筑"，其中最具代表性的有金边皇家大学中的图书馆、国家体育中心、内阁办公楼、独立纪念碑、国家剧院等。

这一时期建筑的具体特点体现在：和传统高棉民居一样，建筑通常都用柱子升高，既能提供一个开放又凉爽的空间，还可以免受洪灾的袭扰。为了使房屋更凉爽，很多建筑都会使用多层墙板和天花板。建筑以浅色和白色为主，结构清晰。有时还会使用一些具有传统寺院特色的元素，比如多层砖瓦的房顶、金色的尖塔、三角形饰物和屋顶装饰物。这一时期的建筑还借鉴了吴哥时期的特色，即运用护城河。护城河不仅仅是装饰，还可以作为雨季时的蓄水池并起到调节温度的作用。

金边皇家大学中的图书馆也是典型的“新高棉建筑”。这座图书馆是一座规模较小的圆形建筑，其建筑形式源于柬埔寨传统的棕榈叶帽子，圆形的混凝土屋顶，好像是漂浮在圆形的玻璃墙上。与西方现代主义建筑物不同，玻璃结构并未广泛使用，主要通过开放的空间设计让空气自然流动，通过窗户的精心布局，过滤外部的光线，调节室内照明。

“新高棉建筑运动”随着1970年的政变的发生戛然而止。但更为不幸的是，近年在柬埔寨由于不规范的开发，那一时期的很多建筑正在消失或受到威胁。一些建筑学家和历史学家正在做出努力，希望能借助旅游业的发展将这些优秀建筑遗产保留下来。

第五节　雕塑

雕塑在柬埔寨没有像西方那样独立的地位，雕塑与建筑的结合是柬埔寨雕塑艺术的一个显著特征，雕塑几乎一直是建筑的一部分。但雕塑形象又一直都在被创造出来，从中国史书中记载的扶南雕刻贡品白檀像、金缕龙王坐像、珊瑚像、象牙塔，到在茶胶省达山出土的扶南早期的八臂毗湿奴立像、持斧罗摩立像等宗教造像，再到吴哥时期宗教建筑中的狮、象、牛、那伽等石兽像，直到吴哥窟中的大型浮雕。受宗教文化影响，柬埔寨雕塑多是与婆罗门教、佛教或是民间信仰等宗教信仰相关联的，因此往往凝结着厚重的文化内容。

柬埔寨雕塑可以分为建筑雕塑和工艺雕塑两个大类，建筑雕塑包括建筑中象征神性的各种人物、动物、神祇的塑像，为图解宗教教义而制成的情节雕塑以及在建筑物门楣、过梁、墙体等处用作美化、装饰的图案雕塑等。工艺雕塑则包括工艺性的泥塑、陶塑、竹雕、石雕、木雕、珊瑚雕，等等，题材也以宗教题材为主，既有宗教意味，也可作闲欣清赏之用。

一、建筑雕塑

（一）塑像

柬埔寨雕塑艺术与建筑是紧密相连，相辅相成的，几乎所有的柬埔寨建筑上都有雕塑艺术的存在。立于塔殿门前或神道两旁的雕塑，既能显示出殿中所供神祇的威严和地位，又是对祭拜者心理上的震慑。塑像的内容和题材丰富多彩，雕像中的林伽像、神像、佛像主要用来供奉，象像、狮像或那伽像则是象征着守护者。雕刻的材质主要有石质、木质、金属等。作为人体雕刻的神像、佛像上多使用圆雕（round-bosse）和高浮雕（haut-relief）技法。早期为追求强有力的表现而为这些神像、佛像制作固定的直立像，后来又逐渐发展为寻求均衡和协调的倾向，被称为巴云样式。柬埔寨最优秀的雕塑作品也都出现在这里，如女王宫中的女神雕像[①]和巴戎寺塔殿上巨大的四面佛脸雕像[②]等。

雕塑与建筑结合的存在方式来源于印度建筑艺术形式的影响。早在孔雀王朝时期，印度就出现了许多通过雕塑艺术与建筑完美结合对宗教教义进行图解的艺术表现形式。[③]到了后期印度教时期，建筑上面的雕刻艺术更加繁缛华丽。柬埔寨深受印度宗教文化的影响，因此雕塑艺术附着于建筑的形式应该是对印度雕刻方式的一种承袭。

雕刻艺术风格上也受到印度的影响。在茶胶省达山出土的扶南早期的八臂毗湿奴立像和持斧罗摩立像，体态丰满，扭腰，与印度神像姿态极为相似。吴哥附近发现的印度笈多风格的砂岩制佛头和佛立像，被推测制作时间最晚是在5—6世纪，也说明当时印度的造像艺术已波及柬埔寨。到了真腊王国时期，庙宇中人物、动物、神祇的塑像或浮雕造像的风格大概主要是受到印度秣菟罗造像流派的影响，重视肉体形象的表现，体量圆润、厚实、夸张。如吴哥寺庙建筑中常见的仙女像与秣菟罗的恒河女神、药叉女神的风格十分相似，多有饱满的半裸上身、圆润的乳房和柔软的腰肢。印度秣菟罗艺术崇尚肉感的审美情趣深深地影响着柬埔寨雕刻，与吴哥古老文明的农耕文化与生殖崇拜相契合而得到人们的认可和接纳。再如，藏于金边国家博物馆的另一件精美的雕刻——阇耶跋摩七世的盘腿坐姿像，与藏于萨尔纳特博物馆的笈多秣菟罗时期释迦牟尼说法像对比，也是有异曲同工之处。[④]狮、象、牛等石兽造像也能在印度建筑中找到呼应。以石狮雕刻为例，受印度文化的影响，狮子在柬埔寨被看作为“兽中之王”，是护法之物。

① 女王宫中的女神雕像均属高浮雕，是与浅浮雕（bas-relief）相对应的一种浮雕技法，雕刻时深入石体，起位较高、较厚，形体压缩程度较小，立体感强。通常在天花板、立柱或墙壁上雕刻。

② 四面佛脸雕像属圆雕，即三维立体的雕像，人们可以多方位、多角度欣赏雕像的各个侧面。在所附着石体的衬托下，雕像的明暗对比更加强烈，视觉效果更加突出。

③ 比较典型的代表有阿育王石柱、巴尔胡特和桑奇大塔等。

④ 参考自徐晶著：《吴哥雕刻艺术的三个特征》，载《美苑》，2013年第3期。

对比印度比哈尔州兰布尔出土的公元前3世纪的狮子柱头与柬埔寨狮庙（Prasat Tao）[①]、比粒寺、东梅奔寺中的石狮雕塑，其身体的流线造型和站立的姿态，尤其是高昂的胸部，都非常地相近。柬埔寨的石狮雕塑非常程序化，出现在不同时期不同风格庙宇周围的石狮都有着相近的模式：蹲踞的姿态，高挺的胸脯，夸张翘起的屁股，尾巴翘起并紧贴脊椎与头顶齐高，头部及前胸鬃毛的表现是多了一些具有柬埔寨特色的装饰性的处理，一些平铺的鬃毛好似由一个个菱形或心形组成的排列均匀的几何造型，体现了设计的韵律美感。

尽管受到印度文化的影响，甚至可以推测有的雕刻品就是在印度师傅的指导下完成的，但柬埔寨雕塑整体上风格更为古朴，表现出柬埔寨工匠们独特的文化气质和技艺水平。尽管这些雕塑大多因程序化而乏于变化，但在作品中也不乏个别杰作在印度雕塑的基础上充分发挥了高棉人的独特造型能力。如7—8世纪初期完成的印度教的诃里诃罗像，其造型表现上瘦而匀称，能把握人的姿态，注意到对颈、腕、胸、腹部的逼真表现手法，线条更为自由生动，似乎更接近通过南海贸易而传入的罗马造型样式。该雕像也被视为柬埔寨雕刻艺术的瑰宝，显示了柬埔寨艺术家们的丰富想象力和精湛技艺。

（二）装饰性雕塑

装饰性雕塑以浅浮雕为主，在雕刻时不深入石体，图案和花纹浅浅地凸出底面，起位较低，形体压缩较大，有时直接用线条勾勒，平面感较强，通常从正面欣赏。装饰性浅浮雕的表现形式包括图纹性浅浮雕和情节性浅浮雕。图纹性浅浮雕即是出现在建筑物门楣、过梁、墙体等处用以美化和装饰各种图案和花纹，情节性浅浮雕以表现印度宗教故事[②]、神话历史传说、国王事迹，反映民风民俗的场景雕塑为主。另外，雕刻中常包含着印度教与其他宗教的混合性题材，诸多不同宗教的神灵共存，甚至不同体系或矛盾对立的神灵也能共存，融合为一体。例如，在吴哥雕刻中就有将佛陀表现为印度教大神毗湿奴的化身之一，且结跏趺坐于原始宗教信仰的那伽蛇王之上。也正是婆罗门教与印度文化的包容性，才会使以婆罗门教为主题的柬埔寨雕刻呈现出如此丰富多彩、多源融合的景象。

情节性浅浮雕的代表作是吴哥寺第一层规模宏大的浮雕回廊。回廊长800米，壁高2米，壁面布满浮雕，整层由石顶遮盖，因此石刻保存仍然十分完整。多数

① 三坡波雷古库寺庙群中最大的建筑。
② 浮雕中表现的古代印度宗教神话传说一直是古典舞剧中人物造型的创作依据。

浮雕都是在12世纪完成的，16世纪人们又在空余的地方增加了一些新的内容。

方形廊厅西壁北侧上刻的是《罗摩衍那》(The battle of Lanka)，有长着20条胳膊、10个头颅的魔王拉瓦纳与罗摩王麾下的哈奴曼军对阵的宏大场面；西壁南侧刻着《摩诃婆罗多》(The battle of Kurukshetra)的战斗场面：来自北方的卡乌拉瓦(Kauravas)军队和来自南方的班达瓦(Bandavas)军队互相攻击，发生激烈战斗。这场战斗持续了18天，最终是王的军队班达瓦军队取得了胜利。步兵出现在最底层，军官骑着大象，首领位于第2层和第3层。

东壁南侧刻有《搅乳海图》(Ocean of milk)，92个戴着头盔的天神和88个恶魔正在将海水搅成了乳海，从中获得了不死甘露。画面中那伽蛇王的身体缠绕在曼荼罗山体之上作为搅乳棒，毗湿奴化作一只巨大的海龟，用其龟壳作为曼荼罗山的支点，恶魔和天神分别在两侧抓住那伽的头尾，奋力搅动；梵天、湿婆神、猴神和美丽的仙女都出现在场景中，非常壮观。东壁北侧刻有《毗湿奴与阿修罗交战》(Vishnu and Asuras)，毗湿奴与数不清的魔鬼激战并最终大获全胜。

北壁东侧上刻有《黑天大胜阿修罗波诺》(Krishna and Bana)，毗湿奴化身为骑着金翅鸟的黑天(或称“克利须那神”)，面对着一座燃烧着的城池，即魔王波诺的住处，魔王被俘。最后，黑天跪在湿婆神面前，祈求宽恕魔王。北壁西侧刻有《天神提婆和阿修罗的战争》(Devas and Asuras)，描绘了婆罗门万神殿中21位神与形形色色的魔鬼之间的战斗。每位神都有其固定的特质和坐骑，如毗湿奴有四只手臂，骑着一只金翅鸟，而湿婆神骑着一只神鹅。

南壁西侧刻有《苏利耶跋摩二世仪仗图》(The historic procession)，描绘的有国王在出征前，让其右下方端坐的占卜师对出征日期以及战争胜负进行占卜的场面；有国王头戴帝王冠冕，手持战斧，在15把皇伞的荫蔽下骑象前行的场景；还有行军中来自暹罗(泰国)的雇佣兵，穿着裙子，披着长发，毫无章法地向前先进，与身披胸甲，手持长矛，阵容严整的高棉士兵鲜明对比的场景。人们从苏利耶跋摩二世国王雕像周围残存的朱红色痕迹推测，当时的浮雕上国王的身上可能覆盖了一层金箔。南壁东侧是《天堂与地狱》(Heavens and hells)，刻画了37重天和32层地狱的场景，阎罗王乘坐在公牛身上，有着18只拿着剑的手。在阎罗王的右侧，画面被水平线分为两部分：上层是被挑选出来的善人居住在美宅中，有女人、孩子和仆人们的侍奉；下层是有罪的恶人正在遭受着痛苦的折磨；除此之外，还有耕作的农夫、捕鱼的渔夫、观看斗鸡的人们等平常生活场景。这些浮雕人物形象生动，姿态变化万千，展现了柬埔寨工匠们娴熟的雕刻手法。

图纹性浅浮雕装饰意匠也是丰富多彩。建筑物上出现的花叶纹、天神像装饰浅浮雕可一一寻觅其样式展开的顺序，几乎可以确立与建筑本身合一的雕饰发展编年史。[①]图纹性浅浮雕由简素到繁复，由古朴发展为奢华，充分表现了高棉人的装饰热情和对纹样的敏锐感受。精美的雕塑让建筑得到了美的升华，可以说，如果没有这些精美的雕刻艺术的附着，柬埔寨建筑的魅力将会逊色不少。

二、工艺雕塑

柬埔寨人的雕刻技艺不仅表现在建筑物上，早在扶南时期，就有如白檀像、金缕龙王坐像、珊瑚像、象牙塔以及琉璃苏铉、玳瑁等雕塑作品，被作为外交礼物送给外国。这些雕塑作品所用材料从白檀、珊瑚到石头、金铜等无所不包，令人目眩；手法和样式变化丰富、技艺高超。能雕善刻的柬埔寨工匠们将建筑雕塑中的经验和技艺应用到工艺品雕塑上，并代代相传，形成了柬埔寨特色的具有较高艺术价值的工艺雕塑文化。

目前，柬埔寨的木雕工艺在东南亚有很好的口碑。柬埔寨的木雕雕工精湛，材料上乘，大都用质地坚硬、花纹细密的乌木、柚木等木料雕刻而成。传统的木雕工艺品以雕刻柬埔寨传统的神像为主，因而其成品收藏价值很高。现在为迎合不同收藏者的品味，柬埔寨木雕的造型更加丰富，有栩栩如生的神鹰、神牛、雄狮、雄牛等动物及各种禽鸟，有惟妙惟肖的渔夫和少女，有民间故事中的传奇人物，也有当代各种抽象艺术形象。另外，与各国技术手法相比，柬埔寨木雕艺术品是利用各类树木的虬根疤节为原料，依据木材本色和天然造型，随形设计，因材施艺，特点鲜明。雕匠们完全用手工加工，加工出的木雕艺术品独一无二。

除了以上艺术门类，柬埔寨的佛教绘画和传统手工艺品也有其悠久的发展历史和较高的艺术价值。柬埔寨佛教绘画出现在阇耶跋摩七世大兴佛教的时期，主要以庙宇中的壁画形式出现，内容以佛祖从入胎、出生、出家、降魔、成道、转法轮，到入涅槃一生经历和佛本生故事为题材。历经多年战乱和灾难后留存下来的柬埔寨古代佛教绘画作品已经不多。2009年，Vittorio Roveda 和 Yem Sothorn 将利用5年时间在柬埔寨100多座寺庙中考察收集到的壁画作品共630幅结集成《柬

① 有关装饰雕塑各个时期的具体表现可参见本章第四节。

埔寨佛教绘画》(Buddhist Painting in Cambodia)一书出版，才第一次将柬埔寨传统佛教绘画艺术较完整地展现在世人面前。

此外，手工艺品是从高棉民族悠久丰厚的文化传统土壤上产生出来的原生态艺术。柬埔寨的手工制造业早在扶南时期就已经获得了极大的发展，当时的高棉人已经能够制作各种精美的手工艺品。据中国古书记载，扶南的手工业内部有着精细的分工，产品包括餐具、日常用品、装饰品、布、锦等，材质则有树木、金银、竹子、泥土、象牙等。丝制品是柬埔寨最具特色的手工艺品之一。现在，以柬埔寨传统手工编织而成的纯丝布品，从种桑养蚕、染色到手工编织，由专家精心设计后，朴实的布品变化出披巾、挂布、衣裤、抱枕、钱包、名片盒及手提袋等样式，再加入多样化的华丽色彩，已成为当地手工艺美术的经典之作。

第六章　传统习俗

“习俗”是在特定的地域和社会文化、一定历史时期内人们所共同遵守的行为模式或规范。传统上将自然条件不同造成的行为模式或规范差异叫做“风”，而由社会文化带来的行为模式或规范差异叫做“俗”。我们在前面章节中已系统讨论过柬埔寨特定的文化历史环境，并将“地理环境对柬埔寨文化的影响”列专节以进行阐述，加之高棉民族在历史上保持了它的延续性，因而本章不再做地域文化的横向比较，集中讲解柬埔寨文化中经历史沿袭而保存下来的传统“习俗”。

第一节　生育习俗

柬埔寨处于农业社会的周期是很长的，在这样的社会形态中，生产力的低下决定了“生育”和“繁衍”是一个民族和国家发展延续的重要动力。为了保障生育的数量和质量，柬埔寨民间也产生过许多关于生育的习俗，对人们行为的约束贯穿了整个生育过程。

一、出生前

为了保全胎儿，顺利生产，柬埔寨女性通常会沿袭古代传统，遵循诸多禁忌，如：不吃辛辣的食物，以免刺激腹中胎儿；不穿太紧身的衣服，以免勒紧胎儿；不伸手取高于手臂的东西，以免脐带从胎儿口中滑落；不喝稀饭，避免孩子生出来不漂亮（不整洁）。

如果孕妇遇到日食或者月食，应当用石灰金属盒（អកកំបោរ）放在肚子上，以便压住肚子里的胎儿，别让他害怕，或惊恐于罗睺魔祖的巨大威力；如果不这样做的话，孩子出生后就会变得很愚笨，精神不健全，有些人也称其为“罗睺影响过的孩子”。

除了与孩子心智健康相关的禁忌（忌口）之外，还有许多与妇女快速顺产相关的很多其他禁忌（忌口），例如：不要睡在太阳下，不要在夜里洗澡，以免使胎儿发胖难以出生；不要坐在门口或楼梯口，以免无法分娩；不要去慰问难产者；不要睡懒觉，要赶在丈夫起身前迅速起床，才能顺利分娩；除此之外，还要寻找快速分娩的助产药，熬好以备足月时喝。

当胎儿越来越成熟时，人们要准备好分娩时和分娩后必要的工具，包括：木柴或者炭火、熬好的药物或泡酒、筹备各种仪式所用的粮食，如稻谷、球姜（一篮稻谷，人们在接生婆祝福新生儿时送给她）、蜡烛、香、纯蜡，等等。

二、分娩时

开始出现阵痛时，丈夫、父亲或者兄弟应该去找本村或邻村的接生婆来帮助分娩。古代的接生知识一般都是从村民那里代代相传的。

在一些地区，在正在阵痛时，人们会对灵验物或祖先举行一个小型的祈祷仪式，祈祷分娩时可以顺顺利利，而不要遇到什么危险或者困难。

三、出生后

分娩之后，母亲需要接连烤火3天甚至一个星期（如果是第一个孩子）；有一种传说称为了避免有鬼怪来侵扰母亲和婴儿，祭司要念经，在周围绕上粗棉线（围绕界限），也可以用白石灰在柱子上方画十字线，或用纯蜡封住十字线；有时人们还会将小刀或者剪刀放在婴儿的床头。除此之外，对烤火者也有禁忌，不能在起床后和来探望的客人或亲友聊天，但是可以和看护火炉的人说话；直到撤掉火炉时，才取消这一禁忌。

在撤掉火炉时还要筹办一个由接生婆主持的仪式：接生婆将4个饭团放在香蕉叶上，然后向土地神和祖先神祈祷，请他们保佑母亲和婴儿，然后将饭撒在地上，同时念咒祈求魔鬼、妖怪、恶魔不要来骚扰。仪式结束时，火炉也应由最初的点火人熄灭，但在通常情况下，产妇还可以自行决定继续烤多几天火。

接下来，产妇要为劳累的接生婆和自己在分娩中遭受的各种苦难举行授奖仪式和宽恕仪式。在一些地区，丈夫也要和自己的妻子一同参加宽恕仪式。如果没有举行宽恕仪式，人们相信孩子的母亲将在来世受到惩罚。在仪式中，产妇需要头顶席子，跟着接生婆奔跑，以乞求原谅。还有一种说法是：接生婆在仪式中不能转身，不能回答任何人的问题。

在仪式中，按照传统，婴儿的父亲要将胎盘埋起来或烧掉，或是选好方向，将它安放在树枝上。在同一天还要举行其他仪式，来为婴儿祈福。人们把婴儿放在母亲隔壁房间的中央，头朝向东方。在婴儿脚后，放有一篮稻谷和像食物盘子形状的祭碟，以及放衣服的托盘和首饰等。

接生婆会主持这一仪式，她决定开始的时间后，点燃蜡烛邀请土地神，祈求土地神保佑婴儿在未来能够诸事如意。然后接生婆将混合了母亲乳汁或酒的墨汁画在婴儿的眉毛和头发上，这一仪式通常称作“开眼”仪式。随后人们会举行剪发仪式(កាត់សក់ព្រៃ)，即剪去一些婴儿的头发，放在蕉叶碟里，并在里面添加一点食物、倒一点酒，并将这个蕉叶碟拿到外面祭拜土地神。

随后要举行的“招魂”或“叫魂”仪式。按照柬埔寨民间的信仰，人的魂有19个，在人们睡觉的时候，魂魄会陆续飞离人的身体。如果魂魄离开太久，这些魂魄的主人将因此患上疾病。因此，柬埔寨民间经常举行这类的招魂仪式，对于刚刚出生的婴儿也不例外。仪式开始时，人们会将一个金戒指穿上粗棉线，然后开始召唤这19个魂魄，请求它们不要再流浪在野外，要一起回来保护婴儿。最后人们将象征魂魄的戒指系在婴儿一只手腕上，再在另一只手腕上系上粗棉线。偶尔有些时候，某些地方的人们还会在招魂仪式后举行转蜡台的仪式，但这一仪式并不十分普及，大多数地方的人们会略去这个环节。

在招魂仪式结束之后，人们会用球姜贴在婴儿的物品上，并每天更换，直到婴儿长到七八个月大时。在仪式结束时，作为仪式主持人的接生婆会点燃香烛，插在各种祭品上，并请祖先们来享用祭品，以及为子孙们祝福。这时父母、兄弟姐妹、亲朋好友将一个一个进入房间，向婴儿洒水祝福，并根据自己的财富状况，把棉线给婴儿系在手上，以示祝愿。

随着社会进步、生产力提高、城市化进程加快、生育观念的转变，这些关于生育的习俗和仪式，对于生活在城市以及近郊的人们而言，因为其形式过于繁琐，在新一代柬埔寨年轻人中已经渐渐淡化了。但是在乡下，多数家庭仍保留着对这些习俗的敬意，会在生育前后举行这些古老的仪式，以祈求新增家庭成员及其母亲的平安健康。

第二节　家庭习俗

在农业社会形态中，人们多是以家庭为社会单元，并通过家庭内部的自给自足来推动生活的延续，因而家庭内部的秩序对家庭成员、民族、国家都有着重大的意义。受小乘佛教教义的深厚影响，柬埔寨普通家庭内部也流传着以一系列礼节礼貌为主要内容的家庭习俗。

一、为人父母

在柬埔寨家庭中，母亲和父亲的地位很高，被尊为"佛陀的母亲(ព្រះករុណា)"，应该得到子女们的供奉。母亲和父亲对孩子们有沉重而深厚的抚养职责，需要在孩子成长的不同阶段尽其义务：保护胎儿直到出生，并且养育和照顾好孩子；用好的建议教育、训导、教导孩子，让孩子们学习知识，拥有技能可以谋生；向孩子们传播美德；为孩子们寻找合适的伴侣；在合适的时候分给孩子们财富。

二、为人子女

在柬埔寨社会中，需要尊敬供奉的宗教偶像和世俗偶像是很多的，有着复杂的体系，比如：佛祖、阿罗汉和僧侣是因陀罗、婆罗门等人乃至鬼神都应当尊敬供奉的人；国王是所有臣民应当尊重供奉的人；父母是所有儿女应当尊重供奉的人；师长是所有学生应当尊重供奉的人；祖父母、外祖父母、兄姐是所有孙子、外孙或弟妹应当尊重供奉的人。但在这其中，柬埔寨人普遍认为父母对子女的恩情是最根本、最深、最大的，为人子女的义务，主要体现在对父母的感恩和报偿上。

为人子女必须做到：父母在世时，子女应当尽心赡养，包括爱戴父母，向父母施合十礼和叩拜礼；听从父母的指示，遵照父母的教诲行事；向父母提供食物、冷热水、衣物和钱财；照顾父母的健康，为他们按摩，准备药物；使父母的心灵在功德、品行、布施等方面得到净化；为父母分担家务；应当保护家族的名誉，不让宗族消亡；应当保护好父母的财产。在节假日，如柬埔寨传统新年、亡人节期间，子女要盘腿向(在世)父母敬献食物、糕点、水果、新衣服和钱财。父母逝世后，子女应当常常为父母举行祭奠仪式，感激他们的善行，纪念他们的灵魂；请僧侣为父母的坟墓或骨灰塔诵经，尤其是在过新年和亡人节期间……

在柬埔寨社会中，按照上述的原则孝养侍奉父母并时时感恩祭奠父母，被视作是身为子女的一种崇高的幸福，因为子女已经蒙受了父母很多的恩情，将这些恩情回报父母，也是子女自身修行的一种形式。而与此相反，人们认为，不善待父母、忘恩负义的不孝子女将堕入地狱受苦，变成4种低贱的鬼。

三、妻子与丈夫

柬埔寨社会将妻子视为家庭幸福和社会安定的首要因素。在家庭中，妻子应同母亲一样，像对待孩子一样帮助、关爱、怜惜丈夫，并且始终对丈夫忠心，这样的妻子能够使丈夫拥有学识、荣誉、财富和健康。

为了使家庭拥有安宁、和睦、愉快的气氛，夫妻之间应当学会一些必要的礼仪，以增加自身品德的修为。妻子应当在以下5个方面扶助丈夫：保持自身聪明、整洁，尽心尽力正确、完美地分配家务；正确地扶助夫妻两边的亲戚，使亲戚们对自己满意；对丈夫的心始终忠诚，不背叛；看管好丈夫拥有的财富；做各种事情时要聪明、快速，不要懒惰、拖沓。丈夫应当在以下5个方面体恤关怀妻子：保护妻子的名誉，爱护关心妻子；不应以任何理由轻视妻子，应当常常扶助；不背叛妻子，对妻子忠诚，怜爱妻子；在分配家务上，给予妻子最大的权力，努力为妻子赚取财富；向妻子赠送珠宝首饰，作为高贵的礼物和衷心的信物。

在日常生活中，夫妻应当坚持以下4项美德：真情：在身体、言语、心灵上都要有真情实意，不偏不倚；正行：教育自己、管理自己的心灵，淬炼、擦拭、净化自己的心灵，使心更加清净；耐心：忍耐，即心态要稳重，不易怒，同时能够忍受各种困难；宽宏：舍弃，即敢于为对方舍弃自己的安乐，譬如在生病时悉心照顾，并且帮助双方的亲戚。

四、师长与学生

老师应当按照以下5项准则对待学生：教育学生成为一个好人，能够发现善的价值；向学生教授知识，使学生获得真正的知识；倾其所能向学生教授各种知识；在各种集会上表扬学生的优点；全方位的爱护、保护学生。

老师是学生的恩人，学生则应当按照以下5项准则对待老师：立身向老师表达敬意；辅助老师的教学工作；听从、遵照老师的教诲，增长智慧；为老师做力所能及的小事；学习吸取知识，这是对老师表示尊敬所能做的最重要的一件事。

五、兄、姐与弟、妹

身为兄、姐要对弟、妹尽以下义务：应当真心地爱护弟、妹，不应忌妒弟、妹，吝啬地只考虑到自己的利益；应将吃的食物、用的物品分享给弟、妹；向弟、妹提供学习的费用；当弟、妹娶妻或出嫁时，应尽己所能提供帮助；对弟、妹言语要温和，要和颜悦色，不能对弟、妹专横无理，威胁恐吓，或使用“阿”(អា)、“蒙”(មីង)这样的蔑称；要热情帮助弟、妹，做对他们有益的事，如尽一己之力帮他们做事，教育他们，为他们讲解什么事为正确，什么事为错误，等等；真诚地爱护弟、妹，不记仇、不怀恨、不结怨，不因任何事由打击弟、妹。

身为弟、妹应对兄、姐尽以下义务：应当真诚地爱戴兄、姐，不嫉妒、不小气，不能只考虑自己的利益；与兄姐一起分享食物和用品；应当帮助、补贴或者救济比自己穷困潦倒的兄、姐；对兄、姐言语要恭敬，行为谦逊；要尊重兄、姐，不能在兄、姐面前摆架子，或使用“阿”、“蒙”这样傲慢、不礼貌的蔑称；不要谈及任何使兄弟姐妹间产生羞愧的事情；应当为兄、姐的利益提供帮助，譬如按照兄、姐的指示递送东西；应当帮助兄、姐做力所能及的事，不能懒惰、拖延，只想着向兄、姐讨要工钱；应当真心地关爱兄、姐，不嫉恨、不结怨，或轻视兄、姐；即使兄、姐曾经亏待过自己，或是他们穷困潦倒、无权无势，仍应当将他们视为自己的兄、姐来爱戴和尊重。

六、未婚的女子与男子

作为尚未成亲的男女青年，应当按照自己的身份遵守必要的礼节：

未婚女子应当守身如玉，学会忍耐，不要做出违背传统礼数，使自己、家族或者未来的丈夫声誉蒙羞的事；应当端庄稳重，不要调皮嬉闹；应当像关爱自己的哥哥或者弟弟一样关爱男子，即流露出高贵的爱，不宜过分亲近，也别太疏远；如果看到心仪男子的去向，不要急于尾随而至，咳嗽暗示、轻佻地笑、忸怩作态将导致男子轻视自己；对待男子要态度温和，言语谦逊；在对一个男子心生爱意之前，应当全方位地观察和考查他的家族、品行、优点、能力、学识，最好门当户对，让父母、家庭成员和亲戚们称心如意；如果心里还没有确定人选，不应用言语或行为使他人对自己死心塌地；对自己曾经山盟海誓的男子要忠贞不二，信守诺言。

未婚男子应当小心谨慎，学会忍耐，不要沉迷于爱情，轻视或侮辱女性，从而违背了传统道德，违犯了法律法规，使自己和家族的名誉受损；应当避免与那些视爱情为玩物、破坏女性贞洁、常常玩弄女性的采花贼交往；应当像对待自己的妹妹或者姐姐一样关爱其他女子，即体现出珍贵的爱，既不要亲密狎昵，言行过界，也不要高傲待人，不可接近；如果看到女子单独一人或和家人一起，不应心神不宁地跟上前去，言语暗示，低声咳嗽，或打喷嚏，大呼小叫，这些都是轻视女性的懦弱行为；如果钟意某位女子，想用现代的方式询问她是否情投意合，应当寻找合适的机会表达恰当的礼节，并先道歉，然后直截了当地说明心意，不要摆出低下的姿态，让人责骂；举止端庄，言语谦逊，当面或者背地里都要真情实意的称呼对方为姑娘、小姐、姐姐、妹妹等；在爱上一个女子之前，应当全方位地观察和考查她的家族、品行、优点、能力，尽量门当户对，让父母、家庭成员和亲戚们感到满意；不要用爱情欺骗他人，使她伤心、产生痛苦；应当诚实正直，对自己曾经山盟海誓的女子要忠心不二，信守诺言。

七、对待生命与财富

在获取与拥有财富方面，现代社会的柬埔寨人信奉4条有益的原则：勤奋：诚实劳动，以自身的技能，勤奋努力地创造财富；积累：要善于保护、管理和节约自己获得的财富；交友：结交益友，即有学识、有道德，能够引导正确道路的人；生活：生活中要注意平衡之道，了解收入，规定支出，量入为出，既不铺张浪费，也不小气吝啬。

获得和积累下来的财富，通常被分成4份：第一份用于建造和维修房屋，抚养家人，让他们衣食无忧；常给自己的父母一些补贴和礼物；给孩子们各种生活和学习上的物质支持，让他们能够健康成长，学习进步；还用于救济亲朋好友，招待客人，布施僧侣，祭祀神灵，拜祭先人，缴纳税款等。还有两份用作谋生的本钱。最后一份保存起来用于遇到灾难时应急使用，譬如遇到火灾、洪灾、抢盗等。

八、合十礼

合十礼是柬埔寨最常见的一种传统礼仪，即举起双手，并拢十指，呈含苞欲放的荷花状，拜向要敬拜的人、方向或物品。

通常柬埔寨人在下列情况都可以行合十礼：问候：在见面问候，嘘寒问暖时行礼；告辞：在告别辞行时行礼；致歉：在请求别人原谅恕罪时行礼；跪拜：在叩拜祈求时行礼；道谢：表达谢意时行礼。

合十礼的使用十分广泛，对于其行礼时的姿态也没有绝对限定：病人可以以睡姿行合十礼；在行走时可以对别人的合十礼进行还礼；在长辈或地位高的人面前需按照身份和规矩站立或者鞠躬行合十礼；还有蹲踞、盘腿、双膝跪地、单膝跪地行合十礼。

合十礼是表示谦逊的、高贵的品行的一种方式，柬埔寨人行合十礼表达了丰富的情感，例如：恭敬，即尊重、礼貌、关心；尊崇，即尊敬、爱戴；感恩，即知恩图报；殷勤，即热情地欢迎和接待；敬畏，即崇拜恩人、师长、权威；知恩，即心中常常念及恩人、师长、父母、佛陀的恩情；尊敬，即尊敬佛陀、阿罗汉、有德行的人、国王、母亲、父亲、师长等；祈祷，即向佛陀、神灵祈求、祷告。

表2　行合十礼的规则

<table>
<tr><th colspan="2">行礼规则</th><th colspan="2">行礼对象</th><th rowspan="2">行礼时机</th></tr>
<tr><th>合十</th><th>高度</th><th>行礼人</th><th>还礼人</th></tr>
<tr><td rowspan="6">1.手指合十</td><td rowspan="6">胸前</td><td>“第1级”
身份相同的朋友
男性</td><td>“第1级”
身份相同的朋友
女性</td><td rowspan="5">见面时
邀请跳舞时等</td></tr>
<tr><td colspan="2">年龄相仿的人</td></tr>
<tr><td>男性</td><td>女性</td></tr>
<tr><td colspan="2">地位相当或相近的人</td></tr>
<tr><td>男性</td><td>女性</td></tr>
<tr><td>佛教徒</td><td>僧侣（不必还礼）
正在诵经或布道</td><td>在节日上</td></tr>
</table>

续表

行礼规则		行礼对象		行礼时机
合十	高度	行礼人	还礼人	
2.手指合十末端	嘴部	"第2级" 年轻的人 工人 百姓 官员	"第1级" 年长的人 老板 官员 大官	见面时 欢迎时
3.手指合十末端	鼻尖	"第3级" 子孙 学生 义子(女) 养子(女)	"第1级" (外)祖父母 老师 义母、义父 养母、养父	离开家或回到家时 前往问候或离开时
4.手指合十末端	眉间	"第4级" 佛教徒 百姓、官员 孩子	"第1级" 僧侣(不必还礼) 国王 父母	见面时 敬请时 觐见时 离开家或者回家时 前往问候时
5.手指合十末端	额头	向佛陀、梵天、湿婆、毗湿奴、帝释天、神灵、祖先神、圣物、圣地等		举办仪式时 路过遇到时

九、忌讳

本书第三章我们曾讨论了柬埔寨民间信仰中的各种禁忌。除因宗教和泛神信仰带来的禁忌以外，柬埔寨人的日常生活中也有一些口耳相传的忌讳，多是与全社会或局部地区的传统习俗有一定关系。

仪态礼仪方面，柬埔寨人认为右手干净，左手有污垢，递给他人物品时要用右手或者双手，而用左手拿递东西或食物是不懂礼貌的表现。人们还认为头是鬼神居住的地方，因此别人不能触摸他们的头部，更不能随意抚摸小孩的头顶，信佛教的柬埔寨人认为这样会给小孩带来灾难。

餐饮习惯方面，柬埔寨人以大米为主食，他们因多信奉佛教，忌杀生，所以不大食动物肉，而喜食素菜，但逢年过节，他们的餐桌上也还是有鱼有肉；如果有人邀请进餐，要等待他们指定座位就坐，千万不能自己颠倒座次。

生活起居方面，农村的房屋多为高脚式竹木结构，用扶梯上下，扶梯下备有水缸，上梯前必须洗脚，一般情况下不得穿鞋子进屋；若子女与父母合住一室，女孩有自己的卧室，男孩则在空地上临时打地铺过夜；如果一家老少几个人一起居住在一间卧室中，年轻者睡觉的地方不得高于年长者的床铺，否则将被视为罪孽；另外，无论是谁脱下的裤子，不能悬挂于他人的头上方；在依水傍河的地方，男女不得同时在一个池塘或湖泊里洗澡，长辈和晚辈也必须分开；在河里洗澡，男性在上游，女性在下游，而且必须相距一定的距离。

到别人家中做客，忌把鞋子带入门内；在乡下，客人上高脚楼的楼梯前应先将鞋脱掉放在梯下，否则是不礼貌的行为。柬埔寨天气炎热，当地人有冲凉的习惯，在接待客人或者去拜访他人之前，要先进行冲凉并换上干净的衣服；拜访做客如果要带礼品应该用彩纸包裹，但是千万不要用白纸，因为白色意味着服丧。

第三节　婚姻习俗

在柬埔寨，男女可以自由恋爱和结婚，近亲之间则禁止通婚。柬埔寨社会中认为结为夫妻的双方应当举办婚礼，这是一种责任，如果没有举行仪式，人们则认为他们不会获得幸福和尊重。柬埔寨语中的“阿帷维帷”(អាពាហ៍វិពាហ៍)表示婚礼仪式，其中“阿帷”(អាពាហ៍)表示将新娘带到男方家，“维帷”(វិពាហ៍)则表示将新郎带到女方家，所以婚礼即被理解为新娘新郎将彼此带入配偶家的仪式。根据柬埔寨的传统，人们先将新郎带到新娘家，然后再将新娘带到新郎在新娘家附近搭建的用来举行婚礼的婚棚。婚棚是婚礼的举行地，也是婚礼期间新郎的临时住所。在某些情况下，仅将新郎带到女方家，也可以称为“结婚”。

有柬埔寨学者称传统的柬埔寨婚礼仪式源自柬埔寨长篇史诗《罗摩赞》中罗摩和悉达(或悉多)结合的故事，也有人称是效仿柬埔寨开国传说中混填与柳叶女王的结婚仪式，还有人称当人们产生害羞感和荣誉感时逐渐开始举行婚礼，并按照婆罗门教的传说举行仪式。

在吴哥时期，柬埔寨女性拥有完全自由的权利选择配偶。在为女孩举行“揭面仪式”(ពិធីបើកមុខកូនស្រី)(通常由僧侣或阿嘉主持，有钱人家的女孩通常在7~9岁举行，穷人家的女孩通常在在11岁举行)之后，父母便无权再管束自己的女儿，她们可以自由婚配。女性有权安排家务事，也有权选择离婚，甚至与近亲通婚。直到柬埔寨王国时期，家庭的领导权才开始完全归属于父亲。根据当时律法，男子可以娶多个老婆，国王可以娶11位妻子，官员或者平民可以娶3个妻子，这些妻子的地位是有高低顺序的，但是每名女子只能嫁给一个男子。由于种族、气候、饮食等原因，柬埔寨人成熟较早，通常男子在19～25岁，女子在16～22岁之间结婚。目前柬埔寨施行一夫一妻制，法律规定男女年满18岁即可结婚。柬埔寨男女青年成婚要经过说媒、提亲、定婚和结婚4个主要阶段，婚礼仪式纷繁复杂，热闹非凡。结婚前、结婚时和结婚后都遵从传统习俗来进行操办。

一、结婚之前

1. 说媒仪式(ពិធីចៃចូរ)

首先男方的父母或者监护人要请一位熟识的、值得信任的、未丧夫的女子(称为媒人或媒婆)去女方家打听消息，通常媒人与女方家的关系也应比较亲密。在得知女子仍旧单身时，男方便挑选吉日，请媒人去向女子的父母或者监护人说媒。说媒要进行三次，每一次都要带上槟榔、蒌叶和烟草作为礼品。说媒时，媒人并不直接说明意图，而是旁敲侧击。第三次说媒时，如果女方家开门迎客，请媒人上楼进屋[①]，就说明女方基本同意男方上门提亲。因此第三次说媒非常重要，也被人们称作“吃订约槟榔”(ស៊ីស្លាជក់)。

2. 提亲仪式(ពិធីដណ្ដឹង)

当得知女方已愿意开门迎客后，男方开始考虑日后提亲的事宜。男方准备在哪一天去提亲，要事先通知女方。负责去向女方提亲的人称为“引路人”(អ្នកផ្លូវ，女性)和“尊长”(ចាស់មហា，男性)，而女方负责接待提亲者的多为女方家的长者，代表了女方的父母，被称为“家长”(មេបា)。提亲的过程也有三次：

第1次提亲

到了约定的那天，男方请三位夫妻关系良好的妇女作为“引路人”，带上一对木盒、成双的槟榔、烟草、黑树胶、香蕉、粽子、椰糕、糯米糕作为提亲的礼物送给女方。这一次女方的“家长”并不做任何决定，称要考虑观察一段时间。

① 柬埔寨人居住在高脚屋中，进入客厅和卧室要先上楼梯。

女方父母家人会托请村里最有威望的老人到男方所在村庄或社区了解情况，包括对方的家庭、经济状况、人品等，家中兄弟姐妹还聚在一起多次讨论。

第2次提亲

由于第一次没有做出决定，男方会再委派3位“引路人”第2次前往女方家。这一次要带上一对木盒，在上面覆盖手巾，带上一对槟榔、蒌叶、黑树胶、香烛、一瓶酒，以及香蕉、粽子、椰糕、糯米糕和油炸糯米糕。女方仍旧不做决定，称因为担心“引路人”不能完全负责，需要“尊长”再来一次。此外也想让男子一同前来，以便考察一下未来的女婿。这个过程又被俗称为“吃手巾槟榔”(ស៊ីស្លាកន្សែង)。

第3次提亲

这次男方派出3位“引路人”和3位“尊长”领着男子，带着礼物，包括一对木盒、成双的槟榔、蒌叶、烟草、黑树胶、香烛、酒、香蕉、粽子、椰糕、糯米糕、油炸糯米糕、篮糕、绿豆糕、米、鱼、肉、蔬菜和各种水果，以及金银首饰、珠宝、衣服送到女方家中。在“引路人”、“尊长”和“家长”商谈完毕后，女方“家长”要求了解一下男子，考察他的人品和德行，而“引路人”和“尊长”也会要求看看女子。这个时候，女子会出来向客人们问候，有的时候还要举办提亲双方互戴戒指的仪式。而在有的地区，佩戴戒指仪式也被处理成一种招魂仪式。然后，“尊长”将象征商约结束的槟榔赠给“家长”吃，这个过程称为“吃商约成立槟榔(ស៊ីស្លាបញ្ចប់ពាក្យ)”。

根据旧制，为了让“家长”对男子的品行有更深入的了解，女方还会要求男子在结婚前在未来的岳父岳母家干一段时间的活，来进行进一步考察。当然男子所干的都是家外活，没有权利进入家中。定婚后双方的关系也要严格遵照婚前的习俗。

3.定婚仪式(ពិធីជូនកំណត់)

柬埔寨人对结婚的月份和日期十分讲究，通常不在斋月和佛历单月筹办婚礼。[①]人们将精心挑选的黄道吉日书写在准备好的一页纸上，带上礼物，包括槟榔台、槟榔、蒌叶、香蕉等，由“引路人”送给女方“家长”。女方“家长”会打开这页纸，将约定好结婚的时间念给客人们听。在将规定时间的纸张送给女

① 斋月是指僧侣们进入雨季时进行斋戒的月份。单月是指佛历中每个月只有29天的那些月份。

方“家长”后，“引路人”还会请“家长”吃槟榔，这个仪式称作“吃定婚槟榔”(ស៊ីស្លាកំណត់)。在一些地区，人们约定将取槟榔盒或者“吃定婚槟榔”当作结婚的过程已经进行到一半；如果国家处于不安定的状态中，人们只要让新郎和新娘结合在一起，祭拜过祖先便可，不必再举行大型的婚礼仪式。最后，“引路人”请“家长”将举行婚礼期间需要准备赠送的各种礼物嘱咐说一下。从这个时候开始，男方可以前往未来的岳父岳母或监护人家里做家务，而女方会为男子准备寝食，如果患病，女子还会看护他。

二、婚礼期间

古时柬埔寨女性无论是在家中，还是在社会上都具有较高的社会地位。男女谈婚论嫁时，男方不仅主动提亲，结婚也要征得女方的同意，这种习俗延续至今。按照传统，婚礼通常需在女方家中举行，热热闹闹地操办3天，这3天分别称为入棚日(ថ្ងៃចូលរោង)、定婚日(ថ្ងៃស៊ីកំណត់)和拜礼日(ថ្ងៃសំពះ)。

1. 入棚日

婚礼的第1天，男方的家人要到女方家附近或是院子里搭建举办婚礼的“婚棚”。婚棚使用竹子搭成，并铺有茅草，分成3个小隔间。一间是厨师做饭的炊事棚；另一间是用于宴客的迎宾棚；第三间是槟榔花棚，即新郎棚，直至婚礼的最后一天，新郎都住在其中。婚棚的彩门通常会着重装饰，门楣上有鲜花、结婚照等装饰。有的彩门前还立有两棵香蕉树，树上硕果累累，两穗香蕉被喷成金、银两色，寓意金玉满堂。在槟榔花棚前，还会搭建一个神龛。在搭建和装饰好婚棚之后，人们将所需的物资运送到婚棚里，开始准备饭菜和各种糕点，必不可少的糕点是香蕉粽和椰糕。因为在婆罗门教的信仰当中，人们将粽子当作湿婆生殖器的象征，而椰糕则代表湿婆妻子乌玛的生殖器；人们认为如果在结婚仪式上没有这两种食物，那么将会导致夫妻俩日后没有子嗣。新娘一方还在要家中精心装饰和准备一个婚礼用的“新房”或称“婚房”，在婚礼仪式结束后新娘和新郎会暂时居住于此。

婚棚搭好后不久，男方家请来乐队吹奏着欢快的高棉传统音乐“送郎曲”，新郎在其父母亲友的陪同下，带着席子、被褥和其他结婚用品来到女方家中，住进新郎棚。

入棚日当晚会举行这一天最重要的仪式，即“诵经仪式”。双方家人会请来僧侣在新房和槟榔花棚分别为新娘和新郎诵经祈福，也可以一起在新房诵经祈福。诵经时，村里的长老以及在场的所有村民，都会席地跪坐，双手合十，虔诚倾听，有的念念有词，为新人祈福，也为自己祈祷。新郎和新娘双手合十，并肩跪在僧侣面前虔诚地倾听，接受僧侣滴洒的圣水，以便消除晦气和疾病，获得平安和进步。僧侣不紧不慢地念诵经文，向新郎新娘祝福。整个诵经仪式约两个小时。

2. 定婚日

定婚日也称“正日”，是婚礼中最重要的日子。在这一天的凌晨4点，婚棚中的音乐就开始响起，新娘和她的伴娘们也会赶在这个吉时开始化妆。“4”在柬埔寨是个吉利的数字，结婚日期多选带“4”的日子；婚礼时间从4点开始；新娘新郎各有3个伴娘伴郎，加起来男女双方都是4个，负责迎送前来参加婚礼的宾客。等到男女双方的亲朋好友到来后，新娘的父母会把长辈们请到堂屋里举行“祭祖仪式”，告知祖先子孙已经找到了合适的人家准备出嫁。女方亲友还要举行吃定婚槟榔的仪式，一起吃象征幸福美满的槟榔，为新人祈福。

旧制规定，新郎新娘在开始婚礼仪式之前还要参加一个盛大的“沐浴仪式”。在高棉乐的伴奏下，主持仪式的阿嘉、新郎新娘双方父母以及挚友亲朋会簇拥着新郎新娘前往沐浴地点（通常是在一个临时搭起来的竹棚）完成沐浴净身的仪式，寓意二人将婚前所做过的错事、累积的罪恶清洗干净，一起迎接新的生活。“沐浴仪式”结束后还要举行“剃发仪式”。新娘的“剃发仪式”在新房举行，新郎的“剃发仪式”在槟榔花棚举行。随着时代的演变，在现代仪式中，两人的“剃发仪式”都可以在新房举行。按照传统，剃发师要手持剪刀和梳子，先唱歌跳舞，再剪下少许头发，放在蕉叶做成的小盒里扔掉，象征新郎新娘将以往所有不吉祥的晦气通通消除，从此一起开启生活崭新的篇章。接下来，人们还要向猴王祭拜，请他将这个消息告诉土地神。

到了晚上，人们要准备好水果，按照古代传统做成水果糕献给“家长”，然后为新娘举行“凿齿”（កាត់ធ្មេញ）仪式。接下来，男方准备好用纯银制成的银条作为彩礼。快要天亮时，人们请出夫妻恩爱、家庭和睦的3位女性，让她们用当天下午经过祈福的槟榔枝串成槟榔花塔。槟榔花塔一共3串，第1串最大，串有21片槟榔和21片蒌叶；第2串中等，串上12片槟榔和12片蒌叶；第3串最小，需串6片槟榔和6片蒌叶。

3. 拜礼日

第3天为“拜礼日”，是婚礼的最后一天。清晨时分，首先进行的是“吉时仪式”。身着传统民族服装的新郎和新娘会在婚礼主持的引领下来到婚棚神龛前拜祭，然后新娘进到拜礼堂的帷幕后面休息等候，新郎则在外面东而坐，等候“良辰吉时老人”的“召唤”，即吉时的到来。当太阳升起，吉时到来时，婚礼主持人三呼新郎的名字，新郎便向太阳跪拜3次。柬埔寨人民认为在选时仪式中被“吉时老人”召唤的时刻是最纯洁、最幸福的时辰，预示着新郎和新娘日后生活美满、幸福安康。吉时选好之后，人们便簇拥着新郎进入新房中行拜槟榔花礼。婚礼主持拿着剑走在最前，接下来依次是3位“尊长”、2位持烛者、3位端槟榔花者、拿彩礼者、端奶者、新郎、为新郎撑阳伞者，最后是乐师。到达楼梯口时，主持三呼新郎的名字，这是允许新郎进入新房的信号。这时与新娘关系亲密的妹妹或者弟弟会出来迎接新郎，并舀一瓢水给新郎洗脚，还要送上一片槟榔。新郎会给这个孩子红包，孩子便牵着新郎的手走进屋子。

人们会请新郎坐在一张席子上面朝东方，等待“家长”主持婚礼。在新郎面前，要放上槟榔花盘、烛台、两个盛有饭的碟子、一个猪头或者一只炖鸡、粽子和椰糕。然后新郎要向放在蒌叶枕头上的槟榔行合十礼。接下来一位“引路人”手持点燃的蜡烛去请新娘出屋，等候在外的人们会载歌载舞欢迎，并让新娘肩并肩坐在新郎的右边。有些地区还会有舞剑的仪式，然后主持会将剑交到新郎和新娘的手里。此时人们会围住新郎和新娘，举行转烛筒的仪式。这一仪式将由收取了彩礼、并且家庭幸福的5位男子和4位女子操办，他们依次将烛筒从右手传到左手，主持则在一旁诵经。这个仪式结束后，主持要向槟榔花行礼，而“家长”要用白色的棉线系住新郎和新娘的手，象征夫妻永结同心、永不分离，并向他们表示祝福。然后人们解开第2串和第3串槟榔花塔，将槟榔花和蒌叶分给亲友们，由亲友撒向新郎和新娘以表达对他们的祝福。此时新郎和新娘转身面对，人们呼喊着新郎和新娘的名字进入婚房，新郎持剑抓住新娘的凤尾裙跟在身后。进入婚房后，新娘拿槟榔和蒌叶请新郎吃，或者点烟给他抽。接着新郎和新娘会换下婚服，坐在屋子中间，用剑将席子割成两半。这个仪式结束后，新郎和新娘便去宴席上招待“家长”。在古代，人们要办两次较大的宴席，第一次是定婚日的下午，另一次则在拜礼日的上午。

到了晚上八九点的时候，人们在新婚夫妇的卧室里举行同寝仪式。人们会挑选两位上了年纪的女性来操办这个仪式，她们要准备好一碟鱼和肉、一碟甜点、一个花塔、一个嫩椰子。人们点上香烛祭拜祖先，然后舀出嫩椰汁喂新郎3勺、新娘3勺，最后让新娘剥香蕉喂给新郎吃，新郎亦要喂给新娘吃，这象征着夫妻互敬互爱直到永远。

三、结婚之后

婚礼举行三天后，人们会簇拥着新婚夫妇，带着槟榔、鱼和肉、甜点、烟叶去寺庙里布施，请僧侣诵经祈福，还请让僧侣为夫妇俩撒上槟榔花瓣，祝福他们今后平安幸福。然后，双方的父母带上子女一同到民政处，进行结婚登记，登记时还需要有两位证人在场。在此之后，双方正式结为合法夫妻，家人带着新婚夫妇去向双方的亲友问候，告诉他们这个好消息。柬埔寨古代的婚礼仪式程序繁多，时间冗长，而如今人们婚礼时只是举办其中最重要的仪式，举办时间也被缩短到了一天。

第四节　丧葬习俗

柬埔寨人将为逝者举行葬礼视作家庭成员应尽的责任，如果谁没有为逝世的亲人举行葬礼，将会受到社会的严厉批评，而且其本人以后也会感到后悔。

在扶南时期，人们哀悼的方式主要是剃发和剃须，而葬尸的方式有四种：水葬，将尸体放入河流中；火葬，火化尸体；土葬，掩埋尸体；野葬，将尸体放在野外，由动物吃掉。如果是火葬的话，人们通常会将火化后的骨灰放入一个骨灰盒，然后丢入河中。如果是国王的丧葬，骨灰盒将用金子做成；如果是大臣的丧葬，骨灰盒将用银子做成；而普通百姓的骨灰盒则用泥土做成。真腊时期，家人逝世后，子孙们要落发，痛哭流涕，绝食七日。人们将尸体火化后，富贵人家会收集骨灰放入金银制作的骨灰盒中，然后沉入深水中；穷苦人家会使用泥土做成的骨灰盒，但表面上要涂上各种颜色。也有一些地区，人死之后只是将尸体放到山林中，让鸟类和野兽来啄食。吴哥时期，周达观记载称：柬埔寨人死之后，人们并不把尸体放入棺材，而是放在一张席子上，盖上一块布，然后抬到野外。出了城后，到达一个偏僻的地方，人们将尸体放下后返回，让动物吃掉；同时他发现有一些人火化尸体，但在悼念时并不穿白色的衣服，仅仅是剃发而已。如今，柬埔寨人的丧葬大多采用火化的方式，同时家人会请僧侣前来为逝者念佛诵经，做佛事。在下柬埔寨地区（今越南南部地区，17世纪前属柬埔寨领土）的高棉人有着将尸体埋入土中一段时间后，举行“抬尸”仪式，将一些残余尸骨放入骨灰坛，摆放在家中或放入骨灰塔里的风俗。

除自然死亡外，死亡原因的种类有很多，如溺水、被勒死、雷击而亡，或者遭遇其他灾难的死亡等。人们把这样死去的人称为“非自然死亡的尸体”，即毫无准备就死去的人。按照传统，人们不会将这些“非自然死亡者”的遗体马上火化，而是将其掩埋起来，等到吉日将尸骨挖出，再举行葬礼。在现代社会中，由于缺少掩埋的土地，风俗习惯也随之发生了改变，“非自然死亡者”也可以举行火葬仪式。自然死亡者，如患病无法治愈或寿终正寝的老人，人们则会按照传统习俗举行葬礼。通常情况下，自然死亡者的葬礼与妇女生育和子女嫁娶一样，被看作死生之大事，有着严格的规程和隆重的仪式。

一、逝世前

在病人或寿终正寝者逝世前，人们要请一位或者四位僧侣来为将逝者诵经，还要请一位尊者来负责照看，直到将逝者咽气。在其弥留之际，逝者的兄弟姐妹、子孙后代和亲朋好友如果曾经做过对不起逝者的事，都要来请求其原谅。然后人们让逝者口里念着“佛祖保佑”，让他打起精神回忆自己曾经做过的善行，不要再牵挂家人和财产等物。

同时，家人还要开始准备逝者辞世后献给僧侣的食物、供品和其他葬礼所需用品。所有的这些活动和器物都要向将逝者展示，让他看见、知晓，使他对自己所奉献的功德感到满意。尊者准备好短烛、长烛、蕉叶袋、魂旗和6块由金、银、黄铜、贝叶或者白纸制成的薄片。当病人逝世后，要将这些薄片放在他的前额、头部、嘴唇、下巴、手部和胸前。在病人剩下最后一口气，濒临死亡时，尊者要点燃短烛。蕉叶袋则是人们用来装槟榔、蒌叶和香烛的，人们将这些物品准备好，当将逝者在身体越来越虚弱时，用来供奉家中摆放的舍利塔。人们还要用将逝者一手长[①]的白布做魂旗，有时在魂旗上留下空白，有时刻上格言，有时画上舍利

① 手，柬埔寨古代计量单位，从指尖至手肘的长度。

塔，在有些地区人们画上鳄鱼，用以代表猴王。人们将魂旗放在将逝者的床头，并将魂旗用棉线与佛像或舍利塔相连。大家相信当将逝者辞世之后，魂旗上还寄托着他的灵魂，直到他重新投胎转世。在逝者的周围和上方，人们还要系上白布，或者介绍佛祖一生经历和故事的画卷。

二、逝世后

当逝者断气之后，尊长合上逝者的眼睛和嘴巴，然后取出六块薄片放在规定的地方。此时人们点燃一支短烛放在床头，点燃五支长烛放在逝者的头、肩和脚旁。而在逝者快要逝世时点燃的那支短烛，现在由一盏小煤油灯代替。人们会准备好一篮稻谷、一把银钱、五手长白布、一串栀子花和一盏煤油灯，把它们放在逝者的脚下，然后在逝者的身体下方，人们会放上一块石头和一个水罐。人们认为用煤油灯来替代短烛继续燃烧，是生命之火熄灭之后从一个身体到新的身体的象征。按照有些地区的传统，人们会抓上一把泥土放入装稻谷的篮子里，表示身体将变成泥土，而且在很快的时间里将重生为一个新人。在逝者家门前，人们通常要挂上一面或者两面鳄鱼旗，表示这一家有人过世了。

依照传统，在把尸体放入棺材之前，人们要先用水清洗遗体。按照婆罗门教的信仰，人们每年都要到恒河洗罪一次，而清洁尸体更是在死后洗清生前的罪恶。柬埔寨人认为为遗体洗澡，是对逝者感恩戴德的表现，也可以消除尸体陈列时发出的异味。清洗之后涂上香水，为遗体梳头，先往后梳三次，再往前梳三次，表现在三生三世中的生死轮回。人们用五手长的白布在尸体身前折叠，用四手长的白布在尸体身后折叠，另外用四手长的布围在右肩上，然后用藤系住尸体的脖子、手腕和脚腕。这样系住遗体的做法源自于柬埔寨人的传统信仰，即是人们有三个尘世的愿望，即妻子(或丈夫)、孩子以及财产，如果谁了却了这些心愿，将会断绝生死轮回。然后人们将一枚金币或者银币放入遗体的嘴中，表示人死之后无法带走财产，即使是嘴里的银钱也是无法带走的。最后人们用一块长约一手的四角白布盖住遗体的脸，将遗体放到用十二手长的裹尸布做成的寿衣上，将遗体裹住之后，再用藤捆上放入棺材板里。在整个过程当中，会有僧侣在旁念诵佛经。

三、送殡和火化仪式

对于贫穷的家庭来说，火葬可以在当天举行；而对于比较富裕的家庭来说，可以将遗体陈列两三天。对于国王或者寺庙里高僧主持的遗体，人们会将其陈列很久才进行火葬。火葬当天，人们要筹备送殡队伍前往火葬场。在从放置地移动遗体前，人们要请僧侣手持裹尸布诵经；有时人们还要举行转烛筒仪式，围着棺材转三圈。依照传统，在移动遗体时，虔诚的尊长会用水罐敲碎石块，然后将水罐和石块扔掉。

送殡队伍通常包括僧侣、尊者、乐队、撒谷人、剃度者、点火者、顶烛者。僧侣在队伍前诵经开路，尊者手持魂旗，乐队演奏着悲凉的哀乐，身穿白衣的撒谷者（通常为女童，是逝者的孩子或者亲戚）跟随其后，将谷粒往右边撒一次，再往左边撒一次，撒向地里的谷粒象征着逝者的遗骨。之后是穿白衣的剃度者（通常为男童，也是逝者的孩子或者亲戚），他在火化前剃度出家为僧，表示报答对逝者的感恩之情。随后是抬着棺材的四位点火者（现在人们喜欢将棺材放在汽车上，故不用点火者抬棺）和顶烛者（通常为逝者的孩子或者满意的佣人），逝者的家人和亲朋好友跟在送殡队伍的最后。

到了火葬场之后，人们从火葬场的右边开始顺时针绕三圈表示对逝者的尊敬，然后将棺材放下，将头朝向西边。人们打开棺材盖后，尊者掀开裹尸布和遮脸布，一些逝者的子孙则将会遮脸布保存好，认为这会给他们带来幸福安康。然后人们砍断藤绳，请僧侣诵经，亲友们向遗体献上鲜花和香烛，以请求最后的宽恕。最后，尊者和四位点火者每人点燃一支火把，围着棺材走上三圈后便点火焚烧遗体。如果是达官贵族，人们还会在火化前念诵他的生平事迹以及亲友们对他的悼念词。

在火化遗体时，剃度者要在火堆前为逝者念经，以表达哀悼之情，感谢其生前的恩德。通常在遗体火化后，剃度者便可以还俗，有些地方则需等到第二天天亮才能还俗。五六个小时之后，遗体火化完毕，点火者用盖住棺材的布拍打火三下，表示消灾免难。尊者将施过咒语的水盛入水罐，点火者一人拿一个水罐沿顺时针方向绕三周，然后将火熄灭。随后人们将稻谷、豆子和芝麻撒在火堆上，为变身仪式做准备，这些撒在火堆里的谷物即是新生命种子的象征。

变身仪式会举行三次，以表示对三世的思考。首先，尊者用铲子将木炭做成一个人形，头朝东方，并且问："好了吗？"点火者回答说："没好。"于是尊者便再做一个头朝向西方的人形，问与之前相同的问题。点火者还是回答："还没有好。"第三次，尊者又会做一个头朝向东方的人形，再次问道："是否已经好了？"点火者这才回答："好了。"尊者用一杆蕉叶盖住人形，然后用五手长的白布铺在蕉叶上。最后，人们请僧侣或者尊者切开白布，由逝者的家人一起来捡拾遗骨，并用嫩椰汁、酸树汁清洗遗骨。在捡拾遗骨时，如果有哪一个子孙捡到了逝者的银钱或者牙齿，就要一直保存，因为这些银钱和牙齿被视作逝者赠予子孙的特殊礼物。人们会将清洗干净的遗骨放入一个小的骨灰盒里，供奉在家中，以表示对逝者的缅怀。

在火葬仪式的当天夜里，家人还要请僧侣诵经。次日早晨，人们要斋僧，以表示对逝者悼念。满七日和满一百日时，家人都要举行这个仪式。在举行完一百日的悼念仪式之后，家人可以将遗骨继续供奉在家中，也可以存放在寺庙里的骨灰塔中。自此之后，人们便可以在传统的节日中供奉祖先，举行祭祀来纪念逝者的恩德。逝者的直系亲属一般通过剃发，穿白色或者黑色的衣服这些方式表示哀悼。一般人们戴孝服丧一百天，也有的人会戴孝一年。

第五节 节日习俗

柬埔寨的节日大致可以分为传统节日、佛教节日、国家与世界性节日、皇族纪念日4种类型，如下表所示：

表3 柬埔寨节日

节日类型	节日名称	日期
传统节日	柬埔寨新年（បុណ្យចូលឆ្នាំថ្មីខ្មែរ）	公历4月14日—16日
	御耕节（ពិធីច្រត់ព្រះនង្គ័ល）	佛历六月下弦四日
	亡人节（បុណ្យភ្ជុំបិណ្ឌ）	佛历十月下弦一日至下弦十五日
	送水节（ព្រះពិធីបុណ្យអុំទូក បណ្តែតប្រទីបសំពះព្រះខែនិងអកអំបុក）	佛历十二月上弦十五日
	风筝节（បុណ្យខ្លែង）	佛历一月上弦十五日

续表

节日类型	节日名称	日期
佛教节日	麦加宝蕉节（បុណ្យមាឃបូជា）	佛历三月上弦十五日
	比萨宝蕉节（维莎迦节）（បុណ្យពិសាខបូជា）	佛历六月上弦十五日
	斋僧节	佛历六月上弦十五日
	加顶节បុណ្យកឋិន）	佛历十一月下弦一日 至十二月上弦十五日
	入夏节（入雨节）（បុណ្យចូលវស្សា）	佛历八月下弦一日
	出夏节（出雨节）（បុណ្យចេញវស្សា）	佛历十一月上弦十五日
	登笃节（បុណ្យតាំងតុ）	佛历十二月上弦十一日
国家与世界性节日	元旦	公历1月1日
	胜利纪念日	公历1月7日
	国际妇女节	公历3月8日
	国际劳动节	公历5月1日
	国际儿童节	公历6月1日
	独立日	公历11月9日
	宪法日	公历9月24日、29日
皇族纪念日	西哈莫尼国王生日	公历5月13-15日
	国母西哈莫尼克生日	公历6月18日
	西哈努克国王登基纪念日	公历10月29日
	国父西哈努克生日	公历10月31日

一、传统节日

1. 柬埔寨新年

新年是柬埔寨一年当中最隆重、最热闹的传统节日。柬埔寨等信奉小乘佛教的国家皆以佛历释迦牟尼的诞辰（佛历5月13日，公历4月14日—16日）为一年之始。每年4月，农民们收割完稻谷，开始庆祝丰收，在雨季到来之前进行休整，庆祝新年。柬埔寨新年为期3天，通常从4月13至15日或14至16日。人们会尽快结束工作，城里的人到寺庙里举行各种仪式，或者到近郊旅游，进城务工的人则纷纷返乡与家人团聚，或前往金边、暹粒、西哈努克市旅游。全国上下充满了欢乐、热闹、喜庆的节日气氛。

柬埔寨新年的第一天称为“守岁”（មហាសង្ក្រាន្ត，意为“离开”），又称“宋干节”，是人们准备结束旧的一年、进入新的一年的最后一天。百姓们在桌子备上香烛和供品，在神像或者佛像前跪拜三次，祈求神灵保佑平安。人们会用水在早上洗脸，在中午洗身子，晚上休息前洗脚，以获得好的运气。第二天称为“辞岁”（វ័នបត），人们将准备好的食物和新衣服送给老人、父母和对自己有恩德的人，还将食物施舍给穷人、佣人、无家可归者来积累功德。一家人会前往寺庙举行仪式祭拜祖先和对自己有恩德的人。第三天称为“新岁”（ឡើងស័ក），在这一天里僧人们举行隆重的浴佛仪式，将佛像擦拭干净，洒上象征幸福的香水，祈求佛祖保佑国泰民安。

新年前两三天，柬埔寨人民就开始在家中准备食物、打扫卫生、清洁屋舍，并用各种鲜花进行装饰，扎上彩带，挂上各种颜色的灯泡和灯笼来点缀。人们做好各式各样的点心，其中最常见的是竹筒糕（នំក្រឡាន），它是将大米、黄豆、豌豆搅拌在一起放入竹筒里蒸熟或者煮熟的糕点，十分美味可口。人们在家中准备好一张桌，摆上一对花塔、一对槟榔香蕉供品、五炷香、五支烛、两碗香水、五支槟榔、五束蒌叶、五支香烟，以及各种鲜花、饮料、糕点和水果，来迎接新年的神仙。柬埔寨的十二生肖依次是鼠（ជូត）、牛（ឆ្លូវ）、虎（ខាល）、兔（ថោះ）、龙（រោង）、蛇（ម្សាញ់）、马（មមី）、羊（មមែ）、猴（វក）、鸡（រកា）、狗（ច）和猪（កុរ）。人们根据历法算准新年到来的那一刻，与儿孙们围坐在一起点上香烛、滴洒香水，送走旧神迎来新神，祈求新年神仙保佑家庭成员平安健康、万事如意。人们还要将家中的各种水桶、水缸、水池里装满水，以便沐浴。

寺庙是柬埔寨人民欢庆新年的主要场所，新年期间全国各地的寺庙里会精心打扫，装扮得焕然一新，挂起佛教的五色旗，搭建彩棚迎接百姓。百姓们穿上节日的盛装，佩戴上各种各样的首饰，携带香烛、鲜花，特别是象征佛教的荷花和茉莉花，提上饭盒和水果一起前往寺庙礼佛斋僧，参加堆沙塔和浴佛仪式。寺庙主殿的地上铺好凉席迎接善男信女们前来布施，百姓们则将带来的饭菜盛到准备好的钵和盘里。德高望重的高僧不仅为信徒们礼佛诵经，祈求吉祥如意，还为他们滴洒圣水恩赐平安幸福。有些寺庙还在空地上摆上长桌，桌上依次摆放着金盘和银钵，人们纷纷排着队将饭食放入银钵，将钞票放入金盘，表示供奉，积功德。一些人会将逝世亲友的骨灰存放在寺庙里，因此人们借此机会都来清扫骨灰塔，祭拜祖先。新年第一天和第二天的下午通常会举行堆沙塔仪式，人们先将沙子搬运到寺庙里，然后堆成锥形尖塔，类似七级浮屠，沙塔堆得越高象征功德越大。在搭建好的彩棚里通常会堆起五座沙塔，中央最大的一座象征佛祖，四周的四座代表佛教、佛法、父亲和母亲，参加仪式的人们抓上细沙撒到五个沙堆上，象征获得沙一样绵绵不断的幸福和长寿，也预祝来年粮食满仓。沙堆上还要插上香烛进行祈祷，期望驱除厄运，祈求风调雨顺、五谷丰登。有些人还将钞票放在沙堆上，表达对佛教和长辈的敬意，也祈祷自己的心愿能够实现。在堆沙点附近还有举行浴佛仪式的彩棚，善男信女们把香水和茉莉花瓣放在清水中，然后把水从佛像的头顶缓缓倒下，佛祖沐浴过的圣水流进自备的容器中，人们便把浴过佛的水带回家，洒在老人、孩子和家人头上或者洗脸，祈求去病消灾，吉祥如意。

无论在乡村还是城市，柬埔寨人民都喜欢聚集在空地上，伴随着欢快的民间音乐一起跳起南旺舞，唱起欢快的歌曲，开展各类民间游戏来庆祝新年，如对歌、掷安哥子、抛布球、拔河、抓小鹰、踢毽子、抢姑娘、捉迷藏，等等，四处洋溢着欢声笑语。城里的年轻人还喜欢涌上街头，坐在摩托或者敞篷车上，带着水枪、水勺、水桶向过往的行人和车辆泼水表示祝福，将香粉抹到朋友或者其他人脸上。入夜后人们张灯结彩，挂上灯笼继续载歌载舞，各家电视台和电台连续播放庆祝新年的歌曲和舞曲，方便人们跳舞欢庆。大城市里还燃放焰火供人们观赏，传统新年的娱乐项目不断丰富。

除了寺庙和民间举行的各种传统活动之外，各级政府也会举行迎神仪式来祈福，并表演祝福舞等传统舞蹈，以弘扬国家的传统文化。柬埔寨国王会在王宫举行隆重的新年浴佛仪式，仪式通常在新岁这一天举行，僧王、高僧、皇族、政府高官、各国使节，以及其他贵宾都受邀参加。仪式上国王在王宫正殿前用事先准备好的香水和供品敬拜佛像和祖先，祈祷国王的德行在新的一年保佑柬埔寨王国国泰民安、国运昌盛。然后国王向释迦牟尼佛像献上供品和香水，并用香水沐浴佛像，祈祷佛祖保佑柬埔寨王国和柬埔寨人民新年平安吉祥，富足安康。

2. 御耕节

御耕节是柬埔寨王室举行的农耕纪念仪式，在每年佛历六月下弦初四（一般在公历5月）举行，如今已发展成全国性的节日。柬埔寨是传统的农业国家，自古以来都非常重视农业生产，御耕节展现了柬埔寨历史悠久的农业文化。相传古时候农民不知道何时耕种、种植何种作物才能够避免天灾获得丰收，于是国王根据宫廷婆罗门教占卜师的建议，在每年雨季到来之前亲自带领神牛在王家田地里举行耕作仪式，通过神牛所吃的食物来传达天神的旨意，引导农民们耕种，并祈求新年里风调雨顺、五谷丰登。

御耕节上主要有“御耕王”（ស្ដេចមាឃ）犁田、“麦霍”（ព្រះមេហួ）播种、神牛（គោឧសភរាជ）选择食物三项仪式。“御耕王”象征掌管天下农业的主神；“麦霍”意为“南方之母”，是播撒种子的仙女；牛在婆罗门教中是很神圣的动物，而且在柬埔寨是非常重要的农业生产工具，因此神牛择餐具有神圣的预示意义。古代柬埔寨国王常常扶犁开种亲任“御耕王”，但在安东时期（1841—1860年）国王不再亲自扶犁，而是由农业大臣代替了国王充当“御耕王”，其妻子通常充当“麦霍”。西哈努克亲王担任国家元首期间便亲自担任“御耕王”，其女儿则担任“麦霍”。柬埔寨内战期间，御耕节一度中断，新的王国政府成立之后，“御耕王”常由王族和国家主要领导人担任，“麦霍”则由他们的夫人担任。御耕节前人们要精心挑选种子和神牛，神牛由3对健壮的公牛充当，还要准备好3张耕犁，每一对神牛拉一张犁。柬埔寨农民使用的耕犁通常只有一个手柄，而御耕节上使用耕犁具有两个手柄，这也显示出“御耕王”的神圣身份。

御耕节前3天，5位婆罗门教祭司先要在王家田上的圆亭里举行祭神仪式。六月下弦初一的傍晚，祭司们首先祭奠土地神，祈求土地神赐予“圣田”举行仪式。“圣田”即王家田，位于金边王宫的北面，国家博物馆的东面。初二、初三的傍晚还在“圣田”里举行祭火仪式。在圣田周围能工巧匠们搭起5个颜色艳丽、光彩夺目的圆亭，亭内供放着湿婆神像，神像前是一个3层的小土山，山顶中央挖出一个四方形小坑，四壁涂上鲜牛粪，坑内放着9根干柴。祭神仪式开始后，“御耕王”点燃干柴，僧侣们诵经祷告，人们围绕土山，用树叶蘸着蜂蜜和牛油，往火坑里洒，同时把牛奶或牛油慢慢往里倒，以祈求神灵保佑五谷丰登，国泰民安。

节日当天，王国、文武百官、各国驻柬埔寨使节和外宾应邀在检阅台就座，百姓们则把整个王家田团团围住。身着盛装的游行队伍簇拥着“御耕王”和“麦霍”仙女，“御耕王”坐在轿子上，“麦霍”盘坐在吊床里，大臣们跟随其后，从王宫浩浩荡荡地前往王家田。到达后“御耕王”和“麦霍”先到王家田西北角的圆亭里祭拜湿婆神像，祭司吹响海螺，3遍之后表示御耕节仪式正式开始。“御耕王”扶着一张犁走在正中央，两名政府官员扶着其他两张犁跟在后面。在3张犁之后，“麦霍”和一群身穿传统民族服饰的少女把最优良的稻种向左右撒播，还有一位婆罗门祭司在后面泼洒圣水，口中念念有词，祈祷农业丰收。每耕作一圈，祭司便吹海螺为号。绕场三圈后，耕作仪式便告结束。随后犁田队伍走到东面供奉湿婆的亭子即观礼台前，把披红挂绿的神牛从犁上解下。亭子前并排摆放着7个银盘，分别盛着7种食物，即稻谷、青豆、玉米、芝麻、鲜草、水和酒。婆罗门国师将圣水洒在“御耕王”驾驭的两头神牛头上，祈求神牛带来好兆头，然后放开它们去任意挑选银盘里的食物，并根据神牛吃的食物来预卜一年的吉凶。如果神牛吃稻谷、青豆、玉米、芝麻就预兆风调雨顺，五谷丰登，哪一种粮食被吃得多，便预示着那一种庄稼就会有好的收成，吃得少则收成少；神牛吃鲜草，预兆牲畜将得瘟疫，谷米将会歉收，甚至发生饥荒；神牛喝水预兆发生水灾（一说雨量充沛，风调雨顺）；神牛喝酒预兆发生战争，匪盗横行。人们都默默期盼神牛多吃稻谷、青豆、玉米和芝麻，希望获得好的收成。随后，国师根据神牛所吃的食物向百姓们宣布神牛的预示，向神灵祭拜后宣告仪式的结束。

为了庆祝御耕节，柬埔寨全国放假一天，近年来西哈莫尼国王还在柬埔寨旧都吴哥地区主持过御耕节仪式，使这一传统节日得到了更好的传承和发展。

3. 亡人节

亡人节在每年佛历十月下弦初一至十五举行，是柬埔寨人民祭拜先人、追思亡灵的传统节日，也是柬埔寨最重要的节日之一。亡人节的来历源自在柬埔寨广为流传的祭鬼传说。在真腊时期，有一群商人乘坐商船途径一个荒无人烟的小岛，那时太阳已经落山了，大家无法继续赶路，便停泊在小岛边上过夜。在这座岛上有很多饿鬼经常在午夜出来觅食，饿鬼们发现商人们十分高兴，他们冲上船去要抓住商人饱食一顿。商人们被饿鬼的吵闹声惊醒后十分害怕，苦苦哀求饿鬼们不要吃他们，却无济于事。这时一位聪明的商人向鬼王乞求道：“请您放我们回去吧，我们家里的父母妻儿都在等着我们养活，你们吃了我们就等于杀了我们全家，请可怜可怜我们吧。”鬼王答道：“我们都是无依无靠的孤魂野鬼，几百年来从没有一个人来祭拜，给我们饭吃，我们都饥饿难耐，难得遇到你们，我们才能饱餐一顿。”商人恳求道：“你们现在吃了我们，只是撑饱一时，请放我们回去，我们一定年年为你们提供食品，祖祖辈辈、代代相传祭拜和供奉你们，再不让你们忍饥挨饿。”听了商人的话，饿鬼们思考良久，终于同意放他们回家。鬼王还吩咐道：“以后每年北风吹起时，我们就去你们那儿接受供品，你们把各种粮食，比如稻谷、豆子、芝麻、椰子、扁米、香蕉等等放在船上漂来供我们享用。如果食言，我们不会轻易饶过你们。”商人们再三保证，便开船返回家乡去了。后来他们将遭遇告诉了家人。之后的每年佛历十月下弦一日至十五日，大家就按照承诺准备好食物和果品，放在小船上让北风吹走供奉饿鬼们。柬埔寨人民世代相传，这一习俗便发展成为亡人节。

亡人节具有浓郁的佛教色彩，按照佛教的仪式举行。柬埔寨语中“普聚姆”(ភ្ជុំ)意为聚集、团聚，“奔”(បិណ្ឌ)意为饭团，指祭祀亡人的饭团，因此“普聚姆奔”(ភ្ជុំបិណ្ឌ)意即聚饭团，既是供奉先人和亡灵的饭团，也是供奉斋僧的饭团。亡人节共15天，第1天称为“奔一”(បិណ្ឌ១)，第2天称为“奔二”(បិណ្ឌ២)，依次类推，最后一天才叫做“普聚姆奔”(ភ្ជុំបិណ្ឌ)。柬埔寨亡人节的最后3天是公共假期，一家人无论远近都会聚在一起，祭拜祖先，并准备好食物，在第1天至第13天，百姓们根据自家的条件前去寺庙斋僧。每天凌晨4点左右，善男信女们纷纷前往寺庙，将糯米饭团、糕点、水果和蜡烛放入银盘中供奉僧侣，然后聚集跪坐在大堂里，双手合十聆听僧侣们吟诵招魂经。招魂经通常语调低沉、语速缓慢、语音悲戚，唤起人们的无限哀思。有条件的家庭每天都会到佛寺中斋僧，一天去几座寺庙里布施，条件不好的家庭在这15天内也至少要去一两座佛寺中祭拜亡灵，布施僧侣。因为柬埔寨人相信去的佛寺越多，积累的功德也就越多。

每年柬埔寨王室举行的“亡人节”仪式比民间更加的隆重，仪式通常从初十一开始进行。第一二天迎请高僧们前往王宫诵经，第3天下午开始为已故国王，尤其是最后驾崩的5位国王，即安东国王、诺罗敦国王、西索瓦国王、莫尼旺国王和苏拉马里特国王诵经直至翌日凌晨。第4天时，王族成员与文武官员举行仪式，恭请高僧诵经，祈求已故国王灵魂得以解脱，早登极乐世界。国王、王族和政府官员随后向先王塑像献花、祭拜，祝先王们在仙界享福。晚上9点还要举行超度亡灵仪式。最后，国王点燃先王塑像前的一对蜡烛，9位婆罗门法师开始诵经，并将盛在海螺里的圣水倒出为国王净手净足，国王亲自将一支柏叶放在先王塑像的左耳上，以示平安，祈求先王保佑国王和柬埔寨人民生活幸福。

佛历十一月上弦初一是"送鬼日"，早上天未亮，人们就摸黑来到河边，在用香蕉叶编成的小船上放上饭团、菜肴、糕点、果品等食物，让小船漂入河中随波而去，跪在岸边祈求亡灵乘船返回阴间，亡人节的仪式至此结束。如今，在亡人节上人们不仅祭奠先人，布施僧侣，还开展丰富多彩的活动，在乡村里会举行骑水牛、古典摔跤、古典棍术等多项比赛，城里人也趁着假期到名胜古迹旅游，走亲访友、郊游踏青。

4. 送水节

送水节是柬埔寨人民在每年佛历十二月月圆之时举办的赛龙舟、放河灯、拜月、吃扁米等仪式的统称。每年5月柬埔寨迎来雨季，湄公河水沿着洞里萨河灌入洞里萨湖，大量鱼虾在湖内繁殖，使洞里萨湖成为巨大的天然鱼仓。11月旱季来临时，洞里萨湖湖水回流入湄公河，柬埔寨进入捕鱼季节。两条河流同时还为沿岸的庄稼提供了丰沛的灌溉水源。11月水稻成熟，农民们开始准备收割稻谷。柬埔寨人民通过举办送水节来表达对母亲河的感恩，并庆祝收获季节的到来。

柬埔寨王国政府非常重视这一传统节日，每年都成立专门的庆典委员会，组织盛大的欢庆活动。送水节期间全国放假3天，各地人民都要举办大小不一的庆祝仪式。送水节的官方庆典通常在首都金边王宫对面的洞里萨河举行，规模浩大历时3天，各种活动热闹非凡。节日前一周金边市内张灯结彩打扫一新，洞里萨河边两岸彩旗飘扬，河边搭上了长长的浮宫和观礼台。节日期间全国各地成千上万的人们都涌入金边，大街小巷洋溢着欢乐祥和的景象。

节日第1天的白天，金边洞里萨河会举行龙舟赛的开幕式，各省各市的优胜队都前来参加初赛。柬埔寨人民举行龙舟比赛，是为了纪念吴哥时期阇耶跋摩七世带领高棉水军击败占婆军队的伟大胜利。在吴哥寺的浮雕上还刻有阇耶跋摩七世屹立船头，高举王剑，指挥水军英勇冲锋杀敌的恢宏场景。当天柬埔寨国王、政府高官、各国外宾端坐在金碧辉煌的观礼台上，河两岸人潮如织，比肩接踵。赛前一艘龙船引导参赛船只驶至河中央列好队形，随后先导船划向观礼台前，敬请国王点燃香烛，宣布比赛开始。龙舟比赛开始后，队长在船头挥舞着木棍呐喊做指挥，队员们在船上整齐有力划动船桨，十几支龙舟同江竞舸、你追我赶，气氛十分热烈。主持人在岸边用广播介绍着各支队伍的情况，号召群众们为选手们呐喊加油。到达终点后，选手们放下船桨，向观礼台和岸边的人们合十致礼，国王和贵宾起身热烈鼓掌，对选手们表示祝贺，主持人会带领人们高呼“国王万岁”和“柬埔寨万岁”，场面热闹欢腾。

夜幕降临后，洞里萨河上要举行游灯船和放水灯活动。首先下水的是王室和政府各部门的灯船，这些灯船造型别致，船头摆放着丰富的祭品，船身安放着用彩灯装饰的国徽、王室标志和各部门的徽标，灯船在河面缓缓漂过，五彩斑斓、流光溢彩。随后，百姓们纷纷将亲手精心制作的各式水灯放入河中，水灯上放着蕉叶包着的糯米团，糯米上插着蜡烛。数万只水灯在河中漂浮，顺流而下，烛光闪烁，仿似银河中的繁星点点。第2天白天举行划龙舟半决赛，晚上举行祭拜月神仪式和吃扁米活动。圆月东升时，河畔响起礼炮，人们首先举行祭月祷告，再把水灯放入河中，默默祈祷河水将一切病魔和灾难冲走，把安康和幸福带给人间。[①]扁米由糯米炒熟后舂扁制成，香脆可口，是柬埔寨人民钟爱的传统食品，也是送水节上必不可少的食物。第3天是最重要的一天，白天会举行龙舟决赛，参加决赛的队伍竞争更加激烈，场面更加热烈，国王或国家领导人会为冠军颁奖。晚上继续拜月、吃扁米、游灯船、放河灯，岸上燃放起五颜六色、绚丽多彩的焰火，人民欢呼雀跃，开始狂欢，将节日的气氛推向高潮。

5. 风筝节

制作风筝和放风筝活动在柬埔寨有着悠久的历史。早在扶南时期，风筝就随着中柬两国的商贸活动传入了柬埔寨，风筝在柬埔寨语里称为“ខ្លែង”，也包含“鹰”的意思，这与中国古代称风筝为“纸鸢”有着异曲同工之妙。聪明伶俐的高棉人将中国的风筝改造为更符合本民族特点的柬埔寨风筝，从那时起，放风筝成为了柬埔寨人的传统。拔婆跋摩一世统治时期的石刻碑文显示，风筝常与柬埔寨《罗摩赞》及摩诃婆罗多的故事这两部经典作为贡品敬奉给婆罗门教的神仙。柬埔寨传统风筝的类型主要有竹哨风筝或称为普农风筝(ខ្លែងឯក ឬ ខ្លែង ព្នង)、鹞

---

① 王士录著:《当代柬埔寨》，成都：四川人民出版社，1994年，第85页。

鹰风筝(ខ្លែង ប្រមង់)、口袋风筝(ខ្លែង ហោពៅ)、无尾风筝(ខ្លែង កណ្ដូង)、铃铛风筝(ខ្លែងកណ្ដឹង)、刺绣风筝(ខ្លែងប៉ាក់)等。竹哨风筝比其他类型的风筝更具有代表性，它的体积较大，只有成年人才能够放飞，竹哨风筝的制作工艺较为复杂，制成需要花费较多的时间。人们之所以将这种风筝称为竹哨风筝，是因为风筝头上装有一个竹哨，风筝在天上飞舞时，可以发出悦耳的声响，为节日时朗诵柬埔寨古代五言诗、六言诗或七言诗做伴奏。

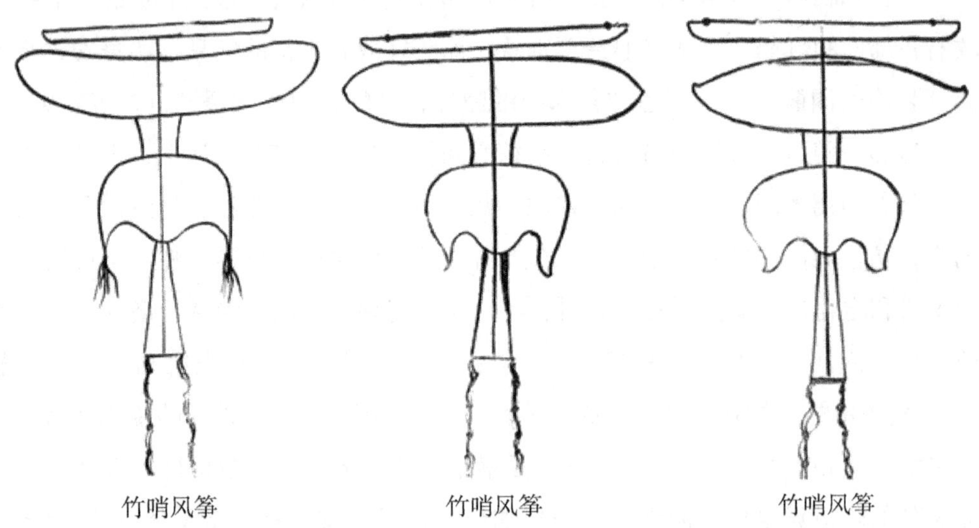

竹哨风筝　　竹哨风筝　　竹哨风筝

鹞鹰风筝通常在收割季节结束后，由小伙子或孩子在凉季来放。不过年轻男性也喜欢在女性的房子的周围放风筝来吸引他的伴侣，并吟唱情歌。

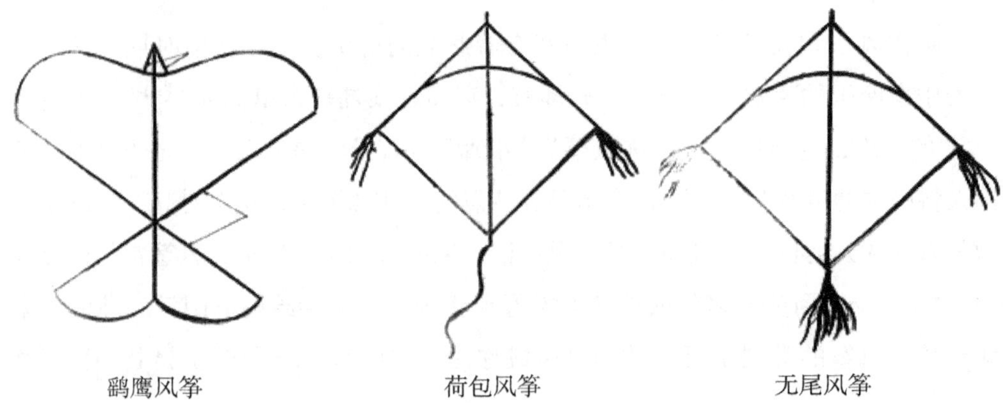

鹞鹰风筝　　荷包风筝　　无尾风筝

风筝节的形成与农业生产领域有着密切的关系。早在公元前400年，高棉人的祖先就制造出了竹哨风筝，并在收割季节的放风筝仪式上升放。古代高棉人存在的祖先信仰，使他们形成在雨季到来前祭拜祖先神的传统，祈求风调雨顺，以便粮食获得好收成；而在收割季节结束后，就举行放风筝仪式，来表示对祖先神的感恩，感谢祖先神给他们带来了丰厚的收成。那时期的风筝，支架由竹子制成，风筝表面布满树叶，像席子一样编成。扶南时期（1—6世纪）柬埔寨的农业在水利方面获得了巨大的发展。与此同时，扶南在宗教、文字和艺术方面受到了印度文化的影响。放风筝的传统得以继承，并且源于对祖先神和婆罗门教的信仰，高棉人用放风筝仪式来报答祖先神和风神帮助他们获得了好的收成。

在扶南时期，柬埔寨还处于母系氏族社会，因此风筝常常被视作女王或者母亲，而普农风筝也被人们称为"母子"风筝，"母"即代表女王，"子"则代表臣民。真腊时期（7—8世纪），柬埔寨的水利设施更加发达，在河口修建了较大规模的城市，农业发展更加良好，因此高棉人举行的放风筝仪式也比扶南时期隆重得多。但在真腊晚期，政治动荡，真腊被分成了水真腊和陆真腊，整个国家也陷入到爪哇人的统治当中，人民生活不得安宁，放风筝仪式也停止了。

吴哥时期是柬埔寨历史上的辉煌时期，阇耶跋摩二世将高棉子民从爪哇人的统治下解放出来。这一时期由于正确的水利政策，人民生活富足，安居乐业，婆罗门教和佛教在全国盛行。据中国元代使节周达观的记述，吴哥时期柬埔寨人在一年里可以耕种3～4次。由于农业的发展，放风筝仪式成为一个每年举行的重要王家仪式，按照婆罗门教的传统习俗，高棉国王在每年雨季的开端举行御耕节，来祈求土地神开启农耕季节。而在旱季来临时则举行放风筝仪式，来表达对风神的尊重和感恩，感谢他给人间带来了好天气，为农民们收割作物创造了好的条件。而据柬埔寨发现的石雕也表明，在吴哥时期，风筝曾经作为一种贡品贡奉神灵。

随着1431年暹罗士兵攻陷吴哥，吴哥王朝的鼎盛时期过去了，高棉文化也受到极大的打击，风筝也逐渐被人忘记，甚至成为一种不祥物，从那时起，宫廷里也不再举行放风筝仪式。直到哲塔一世国王时期（1576—1595年），才有柬埔寨人开始重新放风筝。葡萄牙人Quiroga de San Antonio在游历柬埔寨后写到：柬埔寨人用树枝做风筝架，架子上覆盖着纸张，而且这种风筝在升空后可以发出悦耳的声音。但宫廷的放风筝仪式并未恢复。巴隆·拉嘉四世国王（Barom Reachea IV，ព្រះបាទស្រីសុរិយោពណ៌，1603—1618年）在位期间，开始举行王家的放风筝仪式，并且仪式按照佛教的传统举办。安东国王继位（1840—1859年）后，非常重视振兴高棉文化，每年十一月上弦十二至十五日，安东国王都要按照佛教传统来举办放风筝的仪式。人们在王宫里建造5座仪式棚子，并请5位高僧坐在棚里诵经，每个棚子里放有一盏宫灯和一只风筝。举行该仪式是为了祭祀佛祖舍利塔，并祈求在收割季节不要下大雨或者发洪水，也是为全体柬埔寨人民祈求幸福和安宁。安东国王去世后，后世的国王不再举行这个仪式了，但作为一种娱乐活动，放风筝又重新在民间兴起。民主主义社会时期，柬埔寨农业获得了较大发展，放风筝的传统又逐渐恢复。人们总要请僧侣来诵经，并祭拜神灵，祈求风和日丽，以便农民收割庄稼，获得丰收。收割季节前后，无论是城里人还是乡下人都喜欢在空地或田野里放风筝。

1970年至1993年间，无情的战火再次席卷了柬埔寨的国土，人们也看不到放风筝仪式的热闹场面。直到1994年，柬埔寨的风筝节才得以恢复。如今，每年由文化与艺术部举办的风筝节不仅汇聚了全国各地的放风筝高手互相竞技，也吸引了很多外国选手前来切磋，人们将各式各样的风筝自由放飞，沉浸在无比欢乐的气氛中。风筝节不仅成为柬埔寨人民继承和发扬高棉文化的民族节日，也成为了吸引各地游客的旅游节会。

二、佛教节日

佛教是柬埔寨的国教，全国80%的民众都信奉佛教。柬埔寨人民笃信佛教，总是按照佛陀的教诲做事。因此，柬埔寨很多节日都与佛教相关，其中比萨宝蕉节（បុណ្យពិសាខបូជា）、麦加宝蕉节（បណ្យមាឃបូជា）、入夏节（បុណ្យអាសាធបូជា或បុណ្យចូលវស្សា））、出夏节（បុណ្យបវារណាកម្ម或បុណ្យចេញវស្សា）便是佛教四大节日。

1. 比萨宝蕉节

比萨宝蕉节（又称维莎迦节，卫塞节）是纪念释迦牟尼诞生、成道、涅槃的重大节日。“比萨”、“维莎迦”、“卫塞”均指佛历六月，“宝蕉”则是敬奉、供奉之意。南传上座部佛教传统上认为佛陀诞生于公元前623年、成道于公元前588年、涅槃于公元前543年，佛陀一生中这三个最重要的事件都发生于佛历六月十五月圆之日，只是年份不同。1999 年12 月，联合国大会采纳了由斯里兰卡等16国提出的倡议，将卫塞节正式确定为联合国卫塞日（United Nations Day of Vesak），倡议每年举行全球性庆祝活动，以显示佛陀自觉、觉他、觉行圆满之智慧光辉照耀全球，并借以发扬佛陀慈悲平等之教义，倡导世界和平。[①]

比萨宝蕉节在斯里兰卡和印度自古既有，而柬埔寨则是19世纪中期，1855年安东国王在位时才开始举办这项庆祝活动。根据柬埔寨的传统，比萨宝蕉节通常夜间在寺庙里举行。夜里各个寺庙中会点起灯笼，佛塔上灯火辉煌，男女老幼广大信众纷纷拿着贡品、鲜花、香烛热闹地聚集在一起。从当晚一直到天亮，人们一起在佛寺里听僧侣讲述佛陀的生平，诵经布道，从而更加坚定对佛三宝的信仰。

2002年，柬埔寨的佛祖舍利从金边移到干丹省的佛教圣地、皇家王陵乌栋山后，每年官方的比萨宝蕉节庆祝活动通常在乌栋山举行。节日当天，僧侣和信众组成声势浩大的游行队伍，花车开道，车上放着金光闪闪的佛像，广播里播放着佛祖事迹、佛经和佛乐，弘扬佛法精神。信徒们则手持贡品、莲花、香烛一齐前往乌栋山，向舍利塔供奉敬拜。国王或政府官员参加敬拜仪式后，要聆听高僧诵经，并向僧侣们布施，祈求国泰民安、风调雨顺、吉祥如意。节日的庆祝活动通常一周，全国各地的佛寺也会张灯结彩，僧人们日夜诵经说法，百姓们纷纷前往佛寺礼佛、受戒、听法，以纪念这一隆重的节日。而众多的年轻人也会选择在比萨宝蕉节来临之际落发为僧，以报答父母的养育之恩，同时通过出家学习佛教教义，在道德和人格方面接受佛教教育。

2. 麦加宝蕉节

麦加宝蕉节（又译麦卡宝蕉节）是佛教传统的节日，在每年佛历三月十五日举行，“麦加”即佛历三月的意思。相传公元前588年，佛祖释迦牟尼在世时，1 250位阿罗汉不约而同地在王舍城竹林精舍聚集，听佛陀宣讲波罗提木叉诫，即佛教出家众所应遵守的戒律。佛陀的弟子的集会，也称为四方佛会，四方佛会必须具备4个条件：（1）当天是佛历三月的满月日；（2）1 250名比丘事先并无约定，自然而然地一齐聚集在佛陀的住处；（3）所有的比丘都是经佛陀剃度的；（4）所有的比丘都是阿罗汉。具备上述条件的集会只有一次，这是佛陀一生当中举行的唯一一次佛教大会，佛祖在这次大会上向与会者宣讲了11条戒律，让他们作为修行和生活的方式，并向信众传播，使他们了解佛教。这11条戒律用巴利语称为“Patimokkha（ឱវាទបាដិមោក្ខ）”，意为“脱离苦难的指引（解脱烦恼的必由之路）”，

① 学诚主编：《法音》，2008年第2期，第51页。

汉语译作“通诫偈”，即“诸恶莫作，众善奉行，自净其意，是诸佛法！”[①]每一名佛教徒都应学习并执行。集会后，佛陀将舍利弗收为第一位佛门弟子，目犍连作为第二个弟子，因此麦加宝蕉节也是纪念僧伽成立的节日，信奉上座部佛教的国家都把这一天作为佛教重大节日，举行仪式来纪念。也有另一种传说称佛陀在集会上宣布自己将在3个月后涅槃，因此人们举办麦加宝蕉节来纪念他。

柬埔寨人开始举办麦加宝蕉节的年份与比萨宝蕉节相近，通常夜间在寺庙里举行。按照传统，僧侣们要在进入前绕行佛殿3周。人们将供品放在佛像前，然后点燃香烛。人们聚齐后，由一位最年长的僧人宣讲戒律，然后由两位坐在供品前的僧侣来颂扬佛陀的恩德，之后由一位僧侣讲述佛陀生平的故事。称颂佛的恩德与讲述佛的故事交替进行，直到天明。最后，信众们向僧侣们布施，节日才结束。

近年来，柬埔寨政府通常在乌栋山举行麦加宝蕉节。节日当天，广大柬埔寨民众及信徒从全国各地齐聚乌栋山，参加盛大的麦加宝蕉节法会。柬埔寨两派僧王、政府官员率领僧侣、佛教徒手捧圣物和贡品，围着舍利塔绕行3圈，并向舍利塔上香敬拜，向僧侣布施，祈求平安吉祥，诸事如意。之后由僧侣们诵祈福经，祈求佛祖保佑国泰民安、风调雨顺。而在麦加宝蕉节期间，全国佛教信徒则会举行各种佛教仪式，积累功德，接受佛祖的教勉和保佑。

3. 入夏节

入夏节（入雨节、守夏节）是佛陀在世时期流传至今的佛教节日，入夏节从佛历八月下弦一日开始，为期3个月，直至十一月上弦十五日出夏节时结束，这一阶段的3个月统称为“守夏节”或“腊期”。入雨或守夏开始的时候，通常是南亚或东南亚国家的雨季开始时，相传雨季湿润多雨、道路湿滑，僧侣们外出时不方便，而且出寺传教或化缘时常常踩坏了百姓的庄稼，踩踏到微小的虫子。僧侣踩踏到的植物或者动物很快就会死去，这引来了民众的批评，百姓们对此十分不满。佛陀心生怜悯，因此规定在雨季期间，僧侣们不得离开寺庙外出，应在寺庙中静心学习佛法，持守戒律。当然在特殊的情况下，僧侣也可以出寺，比如他们的父母、师长生病或者过世了，或是被信众请去诵经，但外出不得超过一周。如果在守夏期间，哪一位僧侣违反了规定，在出雨节时将不会得到加顶节时信众施

① http://www.camsinchew.com/node/20446?tid=5

与僧侣的僧衣。

由于入夏节期间僧侣不得外出化缘，因此佛教徒们纷纷前往寺庙向僧侣们布施斋饭和生活用品。如果一些佛教徒忙于生计或工作，也可以出资请其他人代为去寺庙里布施。柬埔寨历的入夏有两个阶段，第一阶段从佛历八月十六日至十一月十五日，第二阶段从九月十六日至十二月十五日。如果由于繁忙错过了第一阶段，佛陀允许僧侣们从第二阶段开始入夏。八月十五日，入夏节前一天是比丘们的忏悔日（斋戒日）。忏悔结束后，比丘们聚集在一起进行讨论，这时应吩咐沙弥们前来聆听。寺庙的长老会提醒众僧，明天就是八月十六日，即入夏节了，并告诉比丘和沙弥统一的时间，以便一起聚集在寺庙里。最重要的是擦洗佛像，并准备好入夏时所用的坐褥。入夏的时间通常选择从入夏节当天的下午开始，入夏的比丘和沙弥们应当做好以下准备：在入夏节前几天应将袈裟，即三衣（大衣、上衣和内衣）洗净晾晒；不应出远门，如果出去了，也应赶在八月十五日忏悔日当天回来。而信徒们则会在入夏节那天，准备好雨季浴布（雨季时洗澡用的浴布），还有香油、香烛、食物、饮料布施给将要守夏的僧侣们，来迎接入夏节。僧侣们则会对信徒们真诚的信仰表示感谢。到了下午，僧侣们将在寺庙里准备好上午清洁干净的坐褥，并摆好使用的水、饮用的水，以及香烛花束等供品。时辰一到，将以钟鼓为号，所有的比丘和沙弥穿上袈裟，进入寺庙，僧侣们应在此时供述自身违反教规的罪过，向佛祖叩拜请求恕罪。在叩拜佛祖之后，僧侣们开始念诵巴利语的入夏经，开始守夏。

4. 出夏节

守夏3个月后，在佛历十一月上弦十五日那天，要举办“出夏节”或“自咨仪式”。僧侣们要虚心接受彼此之间的批评，在守夏的3个月期间，如果谁犯下了什么错误，违反了什么规定，无论是看到、听到或猜疑的，都要说明证据，以便让犯错的僧侣改正自身的错误，更好地修行。僧侣们在出夏时举办自咨仪式，这源自一个传说：那时，佛陀在舍卫城的祇园精舍传法。一群比丘一起在一座寺庙里守夏，他们彼此间是非常亲密的朋友。比丘们思考着：在守夏时该如何归复平和，没有争吵，同时化缘也没有困难呢？最后比丘们一致同意不要互相说话和讨论，如果要交流时，便以动作为号。约定好后，比丘们便不再说话，直到3个月期满。出夏后，比丘们整理好钵盂和袈裟前往舍卫城祇园精舍参拜佛陀。佛陀见到他们便问道：你们能否忍受苦难？行为举止是否正当？在守夏期间你们协调一致，毫无争吵，是否感到愉悦呢？比丘们回答：我们在守夏时协商一致，不说话，不讨论，没有相左的意见，感到很愉悦。佛陀听后说道：你们以这样的方式守夏，实际上是高兴不起的，但你们却认为守夏很高兴。你们的守夏就像人们饲养的家畜，或是浑浑噩噩的人的生活，但仍认为自己活得很开心。比丘们啊！你们不应成为一座哑巴寺，这是旁门左道，不能让你们心灵得到净化，纯净清澈！批评完后，佛陀教诲比丘们说：在寺里装聋作哑是违反教规的，因此本尊允许你们在守夏结束后自咨，对看到、听到或怀疑的过错互相讨论。

佛陀会在守夏期间前往天上修行布道，3个月后重返人间。因此人们要举行隆重的仪式，准备丰盛的供品来迎接佛陀。通常出夏节在下午或晚上举行，守夏满3个月的僧侣们聚集到佛殿上敬拜佛三宝，并陈述有无违反教规。佛教徒们要请僧侣宣讲佛陀一生的故事，这样才算功德圆满。晚上僧侣们则会为信徒们讲佛本生经。第二天早晨，信徒们便排好队伍，将准备好的斋饭、米汤和其他供品依次放入僧侣们的钵盂中。之后人们聚集到一个大操场上，听僧侣念诵戒律，并入定沉思。

作为中南半岛上的后进国家，世界最不发达的国家之一，柬埔寨在近代经受国家民族的各种苦难后，现在又在现化代与全球化浪潮的席卷下经历着新的摇摆与彷徨。所幸，这个国家没有在大起大落中割断历史。柬埔寨民众的国民性、国家的气质，受佛教教义和民间信仰的影响都可谓深远，传统习俗始终在国民生活中扮演着底层秩序纲领的角色，使得其民风相对淳朴，民族政策、对外政策都较为缓和。从本章所列林林总总的习俗、仪式、节日中我们可以看到，这个民族、这个国家的文化始终散发着其独特的气质，异彩纷呈，值得我们去发现探索。编者希望，柬埔寨人民能够在半岛上、在世界民族之林，找到适合自己的位置，将这些传统习俗发扬光大，为世界文化图卷，添上自己美妙的一笔。

第七章　物质文化

文化是人类创造的一切物质产品和精神产品的总和。马克思主义哲学原理认为，物质决定精神，经济基础决定上层建筑。广义的人类文化可划分为物质文化、行为文化和精神文化。物质文化涵盖了人类文化的所有物化形式。一些学者认为：物质文化反映了人与自然的物质转换关系，由物化的知识力量所构成，包括人类对自然加工时创制的各种器具，是可触知的具有物质实体的文化事物，即人们的物质生产活动方式和产品的总和。[①]而人类学家则认为物质文化仅指人工制品，而将体现于其中的技术、观念、知识等归属于精神文化范畴。[②]在我们的传统观念里，也通常根据物质生产和精神生产这两种基本生产形式，把文化分成物质文化和精神文化，物质文化包括全部物质活动及其结果，即日常生产工具、居住地点、生活用品、服装、交通工具，等等；精神文化包括意识和精神生产，从思想认识、伦理道德、教育培养，直至法学、哲学、文学、伦理学、自然科学、艺术、宗教，等等。

因此，物质文化即是指为了满足人类生存和发展需要所创造的物质产品及其所表现出的文化现象，包括饮食、服饰、建筑、生产工具、交通工具，等等，它们是文化要素或者文化景观的物质外在表现。本章将介绍柬埔寨的饮食、服饰、建筑文化，以及柬埔寨的世界物质文化遗产。

第一节　饮食

世界上不同的国家和民族拥有不同特色的饮食文化，饮食文化中具有浓郁的民族性和地域性。地理环境是创造文化的自然基础，柬埔寨的饮食文化也深受自然环境的影响。柬埔寨土地肥沃、降水充沛、日照充分，十分适于农作物和热带经济作物的生长，大米和一种发酵过的鱼酱（Prahoc）是柬埔寨人的主要食品。此

① 吴克礼著:《文化学教程》，上海外语教育出版社，2002年，第65页。

② 陈国强著:《简明文化人类学词典》，杭州：浙江人民出版社，1990年，第320页。

外，一些芳香神秘的根茎、块茎常常被用在凉菜和汤菜中，带有明显的柬埔寨特色。全国大大小小的河流湖泊为柬埔寨人民提供了丰富的渔业资源，因此淡水鱼在柬埔寨人的饮食中占有很大比例。此外，柬埔寨地处于亚洲的中心地带，印度文明和中国文明在此交会，柬埔寨历史上曾受法国及泰国、越南等国文化的影响，因此其饮食文化中也一定程度上显现出外来文化的特征。

一、主食

大米是柬埔寨人的主食，养育了千千万万的柬埔寨人民，柬埔寨将大米形象地称作“白金”，体现了人民将大米视为珍宝，以及对富足生活的向往。柬埔寨种植的稻谷可分为水稻、旱稻和浮稻。水稻在柬埔寨灌溉条件较好的平原地区广泛种植，由于温度和光照适宜，可以达到一年三熟。旱稻主要在东北山区和西北高原地带耕种，每年一季，产量较低。浮稻则主要在湄公河和洞里萨湖沿岸河水泛滥区种植，其特点是品质优良，绿色天然。马德望省是柬埔寨的主要稻谷产地，出产全国最好的大米。

柬埔寨大米种类繁多，如茉莉香米、苏马里香米、隆多香米、姜花米、娘坤米、娘明米，等等。在国际市场中苏马里香米、茉莉香米和隆多香米均被列为第一等级，姜花米、娘坤米和娘明米则被均列入第二等级，其中以茉莉香米和苏马里香米最为有名。柬埔寨茉莉香米，是一种长粒型大米，白色半透明，光滑油润，散发出奇特的香味，并因煮熟后会散发出淡淡的茉莉花香而得名。茉莉香米煮熟后米饭晶莹剔透、饭香浓郁、极富弹性、口感柔软、口味醇香、营养丰富，且味甘性平，具有补脾、健胃、清肺等功效，被柬埔寨人视为稻米中的精品。柬埔寨香米的种植需要特殊的土壤结构，只有在湄公河流域与洞里萨湖之间冲积生成的半沙质半粘土上才适合种植。由于柬埔寨农业基础薄弱，大多数农户依然使用原始的人力栽种方式，因此柬埔寨稻米产量较低。加之柬埔寨稻谷加工业比较落后，因而大量稻谷被泰国和越南米商收购，加工后出口到其他国家。由于大米在人民生活和国民经济中占据重要的地位，近年来柬埔寨政府也十分重视大米的生产，帮助农民们增加稻米的产量，如今除自给自足之外，柬埔寨每年还有300吨的大米出口到国际市场。此外居住在山区和高原地区的柬埔寨人除了稻米之外，还以玉米、白薯、蚕豆等杂粮作为主食。

二、副食

一方水土养一方人，湄公河和洞里萨河不仅灌溉了河流沿岸的农田，还为柬埔寨人民提供了品种丰富的水产品。柬埔寨人最喜欢吃的食物是鱼，鱼虾是主要副食。柬埔寨全国各条水系纵横交错，大大小小的河流湖泊都盛产鱼虾。洞里萨湖是柬埔寨最大的湖泊，也是东南亚地区最大的天然淡水湖，因盛产鱼类，被柬埔寨人誉为“鱼湖”。它由三部分组成：泥沼平原、小湖和大湖。泥沼平原是一块面积广大的沼泽地，其中有许多沙质小岛；小湖在泥沼平原北部，长35公里，宽28公里；大湖在小湖的北部，长75公里，宽32公里。洞里萨湖湖面面积受季节影响很大，在每年12月至次年6月的旱季，水位仅有1～3米，面积约2 500平方公里；在每年7月～11月的雨季，水位可达10～14米，面积约为1万多平方公里。洞里萨湖区周围是成千上万亩灌溉条件很好的良田，同时该湖也是世界上最富饶的淡水鱼类产地之一，是柬埔寨的经济核心区域，渔业资源十分丰富，沿岸的省份都是名符其实的鱼米之乡。旱季时湖底露出的淤泥，成为农民播种稻谷的肥沃良田，雨季时杂草中的昆虫和微生物沉入湖底，成为滋养鱼类的天然饲料，加之湄公河水冲积物质所带来的养份，使得湖中滋生了大量的鱼虾。得天独厚的自然条件，是大自然对柬埔寨人民最大的恩赐。雨季各种鱼类在湖中繁殖生长，旱季柬埔寨进入了繁忙的捕鱼季节。在收获季节，家家户户纷纷买好鲜鱼，将鱼刮鳞、去掉内脏、用盐腌制，再风干加工成糟鱼、咸鱼、鱼干，有的做成鱼酱和鱼露，存在罐子里留待日后慢慢食用。柬埔寨三大美食——大头虾、笋壳鱼和软壳蟹都是营养丰富、味道鲜美的水产品。大头虾个大味鲜，每年成群结队地沿河游到柬越边境后，便会重新游回柬埔寨境内，根据这一生活习性，当地人把大头虾誉为“爱国虾”。此外，平时在河岸边或集市上也常可以见到售卖各种烤鱼、河虾饼、蚌壳的小贩，满足了当地人和游客的多样需求。柬埔寨海岸线长约443公里，暹罗湾是柬埔寨从事海水养殖和海洋捕捞的重要场所。各种海鲜如蛤、蚶、蟹、虾、小龙虾、鱿鱼、墨鱼、石斑鱼等等都十分丰富。据统计，2011年柬埔寨人年均鱼的消费量约52.4公斤，其中淡水鱼占51.4公斤、海鱼占1公斤，靠近河流湖泊地区的居民的年均鱼肉消费量则达到了76公斤，这足见鱼在柬埔寨人民日常饮食中的重要性。而由于农业技术落后，柬埔寨本国生产的蔬菜无法满足国内市场需求，有近一半需要从邻国越南和泰国进口。日常食用的蔬菜包括白菜、空心菜、黄瓜、丝瓜、冬瓜、苦瓜、豆角、玉米笋、竹笋、芥蓝、蘑菇，等等。烹饪方式除了生吃、炒菜之外，还可以煮汤或做成炖菜。

三、配料

民以食为天，食以味为先。柬埔寨盛产很多天然的香料，柬埔寨人在烹饪时自然而然地将这些香料添加到食物中，以增添菜肴的口感。如黑胡椒，是炒菜、烧汤、腌制烤肉的必备调味料。而贡布省的胡椒最为著名，其特点是香气怡人，是世界各地美食家的最爱。而生长在豆蔻山脉的丛林豆蔻或野生豆蔻也是常见的香料。马德望省的黄姜，常和汤和米饭食用。酸角（罗望子）、南姜、生姜、香茅、柠檬叶也是烹饪高棉菜必不可少的调味品，而在高棉炖菜中几乎都能见到咖喱。

此外，柬埔寨人在就餐时十分喜欢添加各种作料、蘸料和蘸酱。如：腌鱼酱(ប្រហុក)，它是柬埔寨的国民作料。腌鱼酱是一种经过发酵的鱼酱，味道辛辣，可以在许多高棉菜里使用，已成为高棉菜的组成部分之一，既可以作为单独的菜肴品尝，也可以作为蘸酱使用。腌鱼酱的做法很多，譬如煎腌鱼酱，通常用牛肉或猪肉和辣椒混合在一起煎炸。也可以用生黄瓜、茄子、豆角或其他蔬菜叶蘸着和蒸熟的米饭一同食用。而包腌鱼酱和烤腌鱼酱则是用蕉叶将酱料包住，然后放在炭火或岩石上烧烤食用。如果没有腌鱼酱时，人们会用虾酱（កាពិត）来代替，这是一种经过发酵的虾糊。鱼露也是高棉菜肴里广泛食用的汤料和蘸酱料。

作料作为一种酱料来自印度，由各种香料经过切碎、混合、研磨制成糊状，根据人们不同的口味，采用了不同的香料，常用的有香茅、豆蔻、八角、丁香、肉桂、肉豆蓉、黄姜、南姜、大蒜、柠檬叶，等等。制作作料是正宗高棉风味菜肴必不可少的工序。柬埔寨作料主要分成“特制作料”和“御制作料”两大类别。“特制作料”可以按照不同菜肴的特点采用香料，常常包含基础配方之外的额外成分，例如“搅拌汤”中需要有烟熏味的炒米；而“阿莫克（អាម៉ុក）”中有时则省略黄姜，以青柠叶替代。有时人们还用咖喱粉来制作“特制作料”。“御制作料”起源于宫廷菜肴，采用的香料比较统一，与“特制作料”的区别是芫荽、青柠叶等辅料通常会捣成糊状。居住在国外的柬埔寨人通常使用柠檬叶代替青柠叶，因为在柬埔寨之外，青柠叶并不常见。

四、水果

柬埔寨盛产热带水果，椰子、香蕉、菠萝、菠萝蜜、芒果、柠檬、火龙果、杨桃、蛇皮果、糖棕果都十分受人喜爱。其中名贵水果榴莲和山竹口味独特、营养丰富，被誉为热带“水果之王”和“水果之后”。鸡蛋蕉是柬埔寨的国果，柬埔寨人常在各种仪式上将它作为献给神灵的祭品。高棉谚语“生病时用大象祷告，病好后用香蕉来敬奉”，说明香蕉在柬埔寨十分受欢迎。鸡蛋蕉源自印度，大多数沿着湄公河生长，在柬埔寨已有相当长的种植历史。除果实种植给农民家庭带来收入外，香蕉树还有很多用途，比如树桩是制作面粉(淀粉或碳水化合物)的原材料，特别是在食物临时缺乏的时候，香蕉茎可割下来喂猪、奶牛和黄牛等。香蕉叶可用来包装蛋糕或食物，而香蕉花则可用来作为新鲜的蔬菜或用于烹煮。椰子也是柬埔寨人最喜欢的水果之一，不仅椰肉可以吃，椰汁可饮用，椰壳还可以做成各种工艺品。老年人和女性还喜欢嚼槟榔。

五、饮食习惯

柬埔寨人民大多信奉佛教，忌杀生，因此不太吃动物肉，而喜欢吃素菜。并且由于气候湿热，人们倾向吃各种酸、辣、甜的食物，以及生菜、凉拌菜、生肉和刺激性强、味道浓郁的菜肴。进餐时通常添加鱼露、葱、姜、蒜、香菜、辣椒和胡椒等调味品，菜里习惯放些辣椒，常喝鱼汤、酸汤、香汤和咖喱汤，汤里放辣椒、鱼露或鱼酱。通常普通百姓一日三餐，僧侣一日两餐。早餐通常吃稀饭、米线(又称果条)、炒饭。普通家庭日常餐饮主要食米饭、烤鱼、汤和应季的蔬菜和色拉。传统上，柬埔寨家庭就餐时一般有3个至4个菜，包括一个汤，其他菜肴每一款都有一种味道，如酸、甜、苦、咸。然后配以辣椒酱或鱼露，供就餐者自己选择，满足不同的口味需要。柬埔寨百姓的菜肴都比较简单，素菜是各种蔬菜、色拉和水果，荤菜一般是各种鱼，如烤鱼、红烧鱼、酸菜鱼、鱼汤等，有条件的家庭还吃鸡肉、猪肉、牛肉，柬埔寨人忌食狗肉、兔肉。

传统的柬埔寨家庭进餐时全家席地而坐，不需桌凳，饭菜和餐盘摆在席子上，饭前净手，用手抓取饭菜，将饭菜包在准备好的生菜叶里，蘸上作料进食，且以右手为净，左手为秽。柬埔寨人不喜爱喝淡而无味的粥，富有人家一般在粥里放入鸡鸭肉丝或肝脏，普通家庭也会放入鱼干或鱼酱等。柬埔寨人民还喜欢在各种节日期间用糯米做成各式各样的糕点、竹筒饭，与芒果、榴莲、椰奶片一同食用，不仅作为供品供奉神仙、布施僧侣，还用于待客和自己享用。如在拜月节上吃的扁米，就是把糯米炒熟后舂扁做成的一种食品。由于天气炎热，饮酒在柬埔寨十分普遍，人们都酷爱喝啤酒或者黄酒。

随着整个社会生活的变化和外来饮食的影响，柬埔寨人民的饮食方式也有了较大的改变，如越来越多的人开始在进餐时使用筷子、刀叉和勺子，菜肴的品种也渐趋丰富。特别是上层人士和城镇居民表现尤为明显，他们大多喜爱吃中国菜、越南菜、泰国菜和西式菜肴。柬埔寨一些菜肴还受到周边国家的影响，如从中国传入的各种米粉、印度传入的咖喱、葡萄牙和西班牙带来的红辣椒和花生，用糖和椰油代替香精的做法则是受到越南的影响。而法式面包（法国的传统长棍面包）则早已在柬埔寨生根发芽，成为柬埔寨人民饮食的一部分，尤其是早餐时间，小贩或是头顶或是推车穿行在街头巷尾售卖法式面包。在面包上抹上果酱，夹入香肠、鸡蛋、蔬菜，就着一杯加上糖精、炼乳或冰块的咖啡一起食用，对于柬埔寨人来说就是一餐美味。此外，啤酒、黄油、香肠、咖啡、巧克力、洋葱、胡萝卜、花椰菜、马铃薯等外国食品也被柬埔寨人民食用。

六、特色食品

柬埔寨菜肴是世界上最古老的美食之一，特点是形式简约、食材新鲜、遵从时令、因地制宜。柬埔寨菜肴擅长将不同口味、材料和温度的食材在一餐中和谐地搭配，菜肴中还会使用适量的香草、香叶、腌菜、蘸酱、食用花卉，及其他配菜和调味品，不像泰国菜那么辛辣，也没有越南菜那么甜腻，具有低调、优雅的高棉民族特色。最具特色的柬埔寨食品有柬埔寨米线、米粉、阿莫克鱼等。

柬埔寨米线由细米粉制成，口感细腻、爽滑可口。汤料由椰子末、花生、虾末、鱼末加上黄咖喱熬制而成，口味特别，荤菜可以选择牛肉、鸡肉或海鲜，再加入生菜、青菜、豆芽等蔬菜即可食用，食客还可以根据自己的口味添加咖喱、柠檬汁、辣椒等调味品。

受到中国和越南烹饪技术的启发，柬埔寨将米粉也制成了独具特色的菜肴。广东粉（មីកាតាំង）就是一种传统的中式柬埔寨面食。人们将宽米粉、蚝油、鸡蛋、玉米尖、胡萝卜、芥蓝、蘑菇和牛肉一起翻炒，也可以把牛肉换成海鲜、猪肉或者鸡肉。广东粉的肉汁可以选择湿润、中等或干燥。做这道菜时，先将米粉炒熟，将肉和大蒜炖成肉汁，然后将蔬菜和肉放入肉汤中。在粉上还会撒上酱料和炒蛋。可乐粉（មីកុឡា）是一种缅甸风格的素菜，由细米粉、酱料、大蒜、韭菜蒸煮制成。

与腌制的蔬菜、切成片的鸡蛋、甜酸鱼酱、花生酱一同食用。炒粉(មីឆា)则是一种鸡蛋炒粉。

阿莫克鱼是一道柬埔寨名菜，人们选取肥美的鲜鱼，刮鳞去骨，切成薄片，再把盐、蒜、香菜、黄姜、辣椒等香料混在一起捣成细末，然后倒入盛放鱼的碗里，淋上椰汁，打入鸡蛋，不停搅拌，直至鱼肉与酱料充分混合，成粘稠状，最后放入香蕉叶做成的碗里，蒸至固体状，撒上柠檬香草和些许辣椒，一道温润湿嫩的阿莫克鱼便做好了。

此外在大小的集市或旅游区，小贩还常出售各种油炸昆虫，如油炸蜘蛛、蚕蛹、蝗虫、龙虱(水蟑螂)、蝎子，等等，这些油炸昆虫营养丰富、口感香脆，蘸上椒盐，挤上柠檬汁，别有一番风味。

第二节 服饰

服饰是人类社会发展的结晶、物质文明的成果、精神文明的呈现。从蒙昧时期用兽皮、树叶遮身蔽体，进化到文明时代用麻棉丝帛穿着搭配，服饰的作用从起初的遮羞护体，逐渐演变出装饰美化功能。人类作为社会群体，其服饰也具有社会化特征，世界各国不同的民族基于生存环境、文化习俗、宗教信仰、审美情趣等的差异，其服饰的发展变化也不尽相同，反映出沉淀在各民族服饰中的种种文化心态、宗教观念等文化内涵。柬埔寨传统服饰也随着历史的不断前进而发展变化，在不同时期和地域，社会各阶层的服饰呈现出不同的样式和特点。服饰的发展主要经历了以下一些时期：

一、发展简史

1. 扶南时期(68—550年)

扶南是柬埔寨第一个王国，该时期服装的样式与印度服饰相似。直至一位扶南国王应中国使节的请求，要求自己的臣民穿上布裙，布裙才在扶南国普及开来。尽管衣服有些相似之处，男人和女人穿着的服饰也有所不同。

男性：所有男性穿着完全印度风格的服装。一般人们会穿着插尾裙，受到印度风格的影响比现在更强。国王、王族、贵族会选用从中国进口的丝织品，穿着富有个性的着装，以体现自己的风格，例如用一块薄薄的布缠在腰上，就像印度男子用的腰布一样。平时，皇族和贵族通常上身裸露，下身着凤尾裙。从古代绘画中还可以发现一些男子上身有纹身。随着印度教在全国蔓延，国王喜欢用不同颜色的长角皇冠来加冕，显示他们的权威。

女性：女性则喜欢选择适合她们自己颜色的布裙，然后用美丽的金腰带系在腰间。当时最流行的布匹是一种塑身、有褶皱的丝缎（សំពត់សារហាប់），这是一种由金银丝线和丝线混织有凸出图案的布匹，由国内昂贵的丝绸制成。她们上身赤裸，但喜欢使用颈部的装饰环来炫耀美丽的珠宝，例如木质或金质的大三角耳环，或像手镯一样的耳环。在民间流行短发和直发，王族则喜欢发髻。与富人不同，穷人只是穿简单的稻草裙、兽皮裙或棉布裙。平时也没有首饰装扮，但是发型与富人相近。

2. 吴哥前时期（550—802年）

这一时期的服饰与扶南时期相似，但是仍有自身的风格，根据真腊遗迹普寺（Vat Phou，位于今老挝巴塞省境内）保留的浅浮雕可以发现，真腊时期的民族服饰与扶南时期截然不同，尤其是头饰，冠巾只有国王保留。

男性：男子扎发髻，并编成扶南时期的风格。下身仍然穿着布裙，不过样式发生了变化，同时男性还会带上一条围巾。这一时期的男性通常赤裸上身，露出肌肉，并手持利剑，以显示男性的力量。

女性：女子也要扎发髻，并喜欢用茉莉花、玫瑰花插在头上做装饰。她们还会用金子做成圆形花冠，带在头上美化自己。女性上身尽管仍旧裸露胸部和腹部，但会在脖子下佩戴一条围巾。下身穿着布裙或印花纱笼，还会系上金色的腰带。这一时期，王宫里的侍女还开始用围巾从右肩向前包裹住背部和腹部。

3. 吴哥时期（8—14世纪）

吴哥时期在柬埔寨历史中具有强大的影响，并且将高棉文化传播到其他国家，这时期比前期的印度风格更显示出高棉风格。根据周达观的描述如下：

男性：他们裸露胸膛，赤脚行走，只用一块布在腰上缠住下身。这一时期，人们也常佩戴金色的腰带。其他普通人穿着短的丝布，腿上还有一个口袋，颜色有金色、黑色和白色。人们不再使用金腰带，而喜欢用水布扎在腰间，或穿着纱笼。发型主要有直发或扎发髻。

女性：女性通常不穿上衣，不穿鞋子，穿着传统的布裙和纱笼。她们的布裙和纱笼比男性略长，有很多结。普通女性通常没有发饰，有些会戴金戒指或手镯和金属带。富有的女性会使用金扣带盖住上半身。

4. 吴哥后时期(14世纪以后)

自阇耶跋摩七世后，在柬埔寨国内佛教的影响逐渐盛过印度教，这种影响在服饰上也有所体现。经过多年战争，柬埔寨人民在失去原来的生活方式的同时，逐渐接受邻国的影响，不同于前三个时期，这时女性已经开始穿着上衣。

男性：大多数男性赤裸上身，除非有较多的钱购买衣服。普通男子的服装类似插尾裙的包裹布，有几种颜色，长度一直到他们的大腿，紧紧的围住下肢，使他们可以便于劳作。贵族或国王总是穿着圆领衬衫，前面有长长的褶皱，两边有4个口袋。这一时期，大多数男性留长发。

女性：这一时期的女性喜欢用华丽的装饰服饰来取悦自己。年轻的女性倾向于穿宽大的布料，环绕身体大概2米的旗袍风格，露出腹部的一小部分。根据经济条件差异，这种布料由厚且软的棉制作而成，一般由些许颜色和很多银块装饰。她们还披有一块又大又软又秀丽的披肩在肩膀或垂落至背中央，并绕在手臂上。她们在裙子周围套一块围巾称为“垂布”，这块围巾通常选用她们最喜欢的颜色，特别是有花印在轻丝和更结实的棉上，人们习惯称这种印花为“Kean”。“垂布”前面总是褶起，使一边更高以便在上端打结，由黄金或金属带绑住。发型方面，女性一般把头发盘起成圆髻或散落，去寺庙时把头发褶提高，回来再放回至肩膀，用漂亮的花或夹子束起。像年轻女性一样，年长的、有地位的女性也喜欢穿戴织物环绕上身部，但是织物装饰较少，也没有那么迷人的色彩。她们配上自己喜欢的垂布，一般在前面褶起，仅把上褶边放到另一上边或穿围裙戴一些饰品，饰品是由银、金等金属制作的贵珠宝，如手镯、项链、耳环等。与年轻女性不同的是，年长女性多是盘发髻。

二、传统服饰

柬埔寨有三种主要的丝绸纺织品：纱线扎染丝织物、绫罗(ហូល)，斜纹图案丝织物，及纬线扎染丝织品。这些丝织布料的图案由天然或合成纤维编织而成，然后再染色。用不同的颜色重复该过程，直至图案形成。红色、黄色、绿色、蓝色和黑色是最常用的颜色。绫罗布主要用于下身服饰，和插尾裙布一样。而幔帐绫罗（Pidan Hol）常用于宗教仪式上作为礼仪幔帐。

丝织品一直是柬埔寨古代文化的重要组成部分。据记载，茶胶省人民早在扶南时期就开始制作丝织品，吴哥古迹中的浅浮雕、周达观的记载都表明柬埔寨人民在古代已经会使用织布机来编织布匹。自古以来，柬埔寨妇女便学会了复杂的编织方法，能够编织出复杂的图案，其中一种就是编织绫罗，其中还涉及在纺织之前在丝绸上对图案进行染色的技术。柬埔寨纺织工人还发明了独特的不均匀的斜纹纺织技术，尽管现在尚不清楚他们为什么会采取这样不同寻常的方法。古代浅浮雕提供了详细的织物图案场景。丝织品通常在柬埔寨被当做传家宝，在婚丧嫁娶时使用，或作为寺庙的装饰。

柬埔寨蚕丝生产有着悠久的历史和传统，而且与我国桑蚕所结的是白色蚕茧不同，柬埔寨桑蚕结的蚕茧为金黄色，蚕茧缫出的丝更加粗硬，光泽度好。用柬埔寨蚕丝织成的丝绸制品最大的特点是光泽鲜亮、质地挺括，适于制作各种礼服，还可以织制纱笼、水布、蚊帐，及各种色织绸和色织锦。通常蚕农在蚕结茧后会立即用活蛹缫丝，因此缫制的蚕丝仍然保留了鲜艳的色彩。在干丹省、贡布省、磅湛省、波罗勉省有大量的蚕农，不少家庭一家有几台织机，不仅成年妇女，还有很多男性，甚至儿童都是纺织能手。柬埔寨的丝织业基本依靠手工家庭作坊支撑，虽然技术落后，生产力不集中，但取材天然，环境清洁，不同家庭织造的产品花纹与图案各不相同，极具民族特色。近年来，柬埔寨政府正在与拥有先进丝织技术的国家合作，保护和发展柬埔寨彩色蚕丝丝织业。

布裙是柬埔寨的民族服装。布裙的穿着可以追溯至扶南时期，据称扶南国王在中国使节的建议下要求其臣民穿着布裙。布裙因颜色、造型、尺寸等分为不同种类，各社会阶层的人可按需选择。典型的布裙被称为纱笼、围裙或筒裙，是柬埔寨人的传统便服，穿着十分方便。纱笼通常使用方格布、印花布或丝绸制成，布料一般长约2米、宽约90厘米，两边缝合。穿着时套进纱笼后，围系腰间即可，状似裙子。古代纱笼围好后叠缝在中间，现代纱笼叠缝在侧面。纱笼是男子和少女的常服，在家中穿着，成年女子不需劳动者也可以穿用。柬埔寨布裙形式种类多种多样，其中有代表性的包括：

1. 插尾裙（សំពត់ចងក្បិន）

插尾裙在柬埔寨具有悠久的历史，吴哥寺中石雕上的仙女也穿着这种服饰。插尾裙高贵典雅，曾是上层社会妇女穿着的首选。20世纪后，人们不再分等级，插尾裙成为重大庆典、婚礼等正式场合和喜庆仪式上的礼服。插尾裙男女都可以穿着，用料质地良好，布长3米、宽90厘米至1米。穿着时首先将裙布围在腰间，上面两角对齐拉紧，然后在腰部把裙掖紧，用金属腰带系上。这时上两角下垂，再从边缘开始向里卷，卷成一个布卷，从双腿之间拉向身后，将裙尾掖进背后的裙腰。

2. 丝织帛裙（សំពត់ផាមួង）

丝织帛裙以往只有一种颜色，是斜纹布，现在发展到有52种颜色。丝织帛裙通常用料讲究，一般采用最昂贵的柬埔寨优良品质黄丝，织造多达22针。现在的帛裙图案不仅吸取了古老的丝绸图案，还有花卉、几何等现代造型。

3. 凌布裙（សំពត់ហូល）

凌布是典型的传统纺织品。凌布裙有两种类型，一种是筒裙，使用的编织技术早期受到印度的影响，主要为斜织法，经过数百年的发展，已经形成了纯正的高棉艺术风格。凌布裙有200多种图案和3～5种颜色（黄色、红色、棕色、蓝色和绿色），图案通常是动物、几何或花卉式样。在19世纪，凌布裙被传入泰国宫廷作为典礼时的裙装。

帛布和凌布都被认为是来源于乌东时期的布料，“Phamuong”一词来源于泰语，“Pha”意为织物，“muong”意为紫罗兰色。高棉文化首先对暹罗社会产生了影响，泰国人民接受了柬埔寨的布裙，并且对它进行了发展形成了丝织帛裙，然后传回柬埔寨。这反映出柬泰文化的相互影响作用。

4. 仙女裙（សំពត់ទេពអប្សរអង្គរ）

仙女裙又叫阿普莎拉仙女裙，是高棉帝国时期一种著名的布裙式样。在吴哥寺中的浅浮雕上就发现了这种服装。人们通常把仙女裙紧紧地系在腰上，并用金腰带系上。穿着时在布裙中部叠一个长褶，翻转进穿着者的小腿。裙子的下摆打了结，腰间有两个结，左边较长，右边较短，更具装饰性。仙女裙已不再出现在柬埔寨人们日常穿着中，而只在跳阿普莎拉仙女舞时穿。

5. 垂裙（សំពត់សម្លយ）

垂裙是一种日常穿着的、偏中性男女适宜的长裙。古时，“索姆路依”（សម្លយ）一词多指黑色，无彩色；现在有时被认为是软的、薄的织物，具有类似蜡染纱笼一样的装饰和图案，虽然它更小一些。垂裙细而柔软，穿着时通常打一个结，使其类似插尾裙。然而，穿着时需要在左侧或右侧打一个结，像纱笼一样。另一种类似的布裙，主要是妇女穿着，被称为“沙洛依(Saloy)”，在中间打结，并在膝部套住，便于腿脚行动。

6. 织锦(绣花锦)裙(សំពត់ចរបាប់)

织锦裙是一种丝绸长裙，并绣有金线。穿着的人群主要有高棉古典舞中的女性、新婚夫妇、御耕节仪式上御耕王的妻子麦霍的扮演者。

7. 丝线裙(សំពត់សៃសយ)

丝线裙是一个单色裙搭配金色或银色绣带沿下摆的服装。如今，这种裙子在老挝妇女和高棉人的穿着中较为普遍。

8. 勒巴克裙(សំពត់ល្បើក)

勒巴克裙是一种长的丝绸绣裙，如今主要在结婚仪式上穿。在络韦时代穿着勒巴克裙的主要是柬埔寨贵族。

9. 方格裙(សំពត់អន្លូញ)

方格裙是一种长裙，带垂直条纹，黑白或红黑色相间，农村的老人或农民经常穿着，类似于缅甸腰布(罗衣)。

10. 森裙(សំពត់សេង)

森裙是一种短绣花丝绸裙子。

柬埔寨的上衣通常称作“袄乌”(អាវ)，即衬衫。传统的柬埔寨衬衫是在14世纪以后才出现的。衬衫主要有以下几种：

1. 展衣(អាវចងពង់)

展衣其实是一块布，颜色多种多样，在13世纪末兴起。这种衣服最初由女性穿着，用来掩盖胸部，剩下腹部裸露。这种穿着方式称为“展蓬”(ចងពង់)，即首先盖住背部，布的两端在胸部连接，卷起来打结。后来，它逐渐演变成“德洛鲁姆衣”(Aov Tronum)，即一块粗布盖在胸口，再紧紧包裹住上半身。有时，这种服装的穿着风格与展衣相似，不过“德洛鲁姆衣”不像展衣那样会裸露更多肌肤。在四面河时期，“德洛鲁姆衣”是深受年轻富有女性的喜爱。今天，它仍是高棉古典舞蹈的一种重要的服装。

2. 筒衣(អាវបំពង់)

筒衣是一种外形像圆筒一样的长衬衫，穿着时从头部套入，兼有越南奥黛(Ao Dai)和印度无领长袖衬衫的特征。一般的筒衣都有领口，长度从脖子到胸部，也有纽扣，类似印度的无领长袖衬衫。衬衫的中部，即胸部下方位置比较狭窄，但在衬衫的下摆处有一个类似奥黛的小而隐蔽的切口，使衬衫的下部变得又宽又大。大部分筒衣长度到达膝盖，少部分到大腿。从洛韦至乌东时期，这种服装在贵妇人中非常受欢迎。

3. 长袖筒衣(អាវបំពង់វែង)

现在长袖筒衣除在一些仪式上穿着之外，已不常见了。如只出现在农村的入闺房仪式，或一些国家级别的典礼(如御耕节)上。人们在寺庙的壁画上发现从前这种衣服很流行。此外，居住在柬埔寨的少数民族也非常喜欢穿这种衣服，如磅清扬省的占族人。这种衣服形似筒衣，但是袖子更长，而且袖口比较薄。从前的女性无论老幼都喜欢穿着这种服装，如果在家中或地里干活时，人们喜欢穿黑色布料做成的筒衣，因为易于清洗，看上去也更耐脏。在干农活时，长袖筒衣不仅能够遮荫蔽日，还可以防止被野草刮伤。而在节日穿着时，人们喜欢使用色彩艳丽的布料，如从中国进口的绸缎，而且剪裁也更精细。

4. 蓬袖衫(អាវដៃប៉ោង)

蓬袖衫是洛韦时期的一种传统宽松上衣。柬埔寨语中“ដៃប៉ោង”有“膨胀的短臂”之意。这种衬衫通常有一排纽扣。在那个时期只有最富有的女人才能穿这种衣服。

5. 图案褶皱衫(អាវផ្នត់ក្បាច់)

图案褶皱衫主要由富有的年轻女性在正式场合穿。它通常装饰着一排花一样的褶裥，往往搭配领口和袖口使其整体具有相同风格。通常人们认为这种衬衫是在络韦时期出现的。这件衬衫有类似缅甸的风格，因为它可能是受到缅甸文化的影响。

6. 绣衣(អាវប៉ាក់)

绣衣是最近在柬埔寨流行的女性时尚衬衫。这是一种传统柬埔寨风格的娘惹[①](kebaya)服装，在棉布上织有手工金丝刺绣，有其自身独特的风格。过去，这种衬衫只有白色满绣，现在则拥有更多的颜色，织有金丝刺绣，并设计成深受柬埔寨女性，尤其是年轻和中年女性喜爱的时尚造型，更修长，还带有一些装饰。绣衣已经成为当代柬埔寨的民族服装，很多柬埔寨少女在国内外的特殊

① 娘惹服饰在马来传统服装的基础上，结合中国传统花边修饰，加上西洋风格的低胸衬肩。

场合穿着这种服装来作为柬埔寨的代表。这种衣服通常和凌布裙配穿，有时也和插尾裙配穿。

除了服装外，柬埔寨还有一种非常重要的传统布料——水布（ក្រមា），即一种方格围巾。自1世纪混填时期，水布就成为柬埔寨十分普遍的一种服饰，它是柬埔寨人民日常生活和装饰的必备之物，用途非常广泛。一块水布通常长1米、宽85厘米左右，样式可以是白布、花布、方格布或花条布。在乡村农民们根据实际需要，可以将水布围住下身当作裤子，围住脖子当作围脖，缠在头上当作头巾，或是系在腰间当作汗巾。出太阳时用来披在头上遮阳，洗澡时用来当替换的短裤，妇女头上顶物时可用来当垫子，夜里还可盖在身上御寒。水布多由棉布制成，也有用丝绸织成的水布，主要是当礼物送给贵客。

三、服饰习惯

由于地处热带，气候炎热，柬埔寨人通常身着单衣，简约朴素。男子上身着无领直扣开襟衫，式样与中国对襟短衫相似，在天气炎热的时候一般不穿上衣；女子着紧身开襟齐腰短上衣，下身着纱笼或筒裙，装饰物有水布，通常不戴帽子。

在柬埔寨还有用服装颜色代表星期的古老风俗。古代柬埔寨人用星宿和颜色表示一周中的每一天：星期日代表太阳使用红色；星期一代表月亮使用橙色；星期二是火星使用紫色；星期三代表水星使用浅绿色；星期四代表木星使用灰白色；星期五代表金星使用蓝色；星期六代表土星使用栗色。人们穿着的衣服也根据这一风俗每天更换不同的颜色，但由于白色在柬埔寨象征死亡，因此星期四改穿绿色服装。如今在日常生活中，柬埔寨人已不再严格遵照这样的风俗穿着，只有在举行宗教仪式和国家庆典时仍旧保持这种习俗。

独立后，柬埔寨人开始穿鞋，逐渐改变了赤脚行走的习惯。柬埔寨人都喜欢穿拖鞋，普通百姓无论男女老少，无论在什么场合都经常穿。政府官员、有社会地位、富人家则爱穿皮鞋。女子通常穿凉鞋或高跟鞋。而在农村人们还是喜欢打赤脚。此外，僧侣和佛教徒认为佛堂和禅房是圣洁之地，除僧侣以外任何人都无权穿鞋入内，因此信徒进入之前，要把鞋脱在外面的台阶上。而进入高脚屋时，人们会将鞋脱在楼梯下，进入设在高脚屋中的佛堂时，僧侣也要脱鞋入内。

随着社会的发展和外来文化的影响，现代柬埔寨人的衣着已有了很大的变化。人们喜欢穿着各式衬衣、T恤、西装、运动衣，下身穿着裤子已经相当普遍，女性服饰更加形式多样、艳丽多彩。同时为了防晒，爱美的年轻人更喜欢穿着长袖。

第三节　民居

建筑也是一种重要的文化载体，一个民族的社会制度、生产活动、日常生活、宗教信仰、美学艺术等方面都可以通过民居或多或少地体现出来。

一、建筑材料

柬埔寨气候湿热，雨量充沛，各种热带林木生长茂盛，为修建房屋提供了丰富的建筑材料。柬埔寨传统民居以木制为主，通常粗大的圆木用作柱、梁等承重构件；木板或竹篾可以用作门、墙，或者铺成地板；茅草、棕榈叶或其他植物的叶子可以覆盖在屋顶当做遮蔽物，或制成窗户。根据屋主身份地位和家庭财富的不同，建造房屋的材料也不同。从前，贵族和富有的家庭会用石头、砖瓦建造，商人和殷实的家庭建造木瓦结合的房屋，一般家庭则用木头、竹子和树叶作建造材料。而贫穷的人只能住在茅屋里，这种简易房通常用小木头和树叶搭建。随着生活水平的提高，有条件的家庭逐渐使用现代建筑材料来建造传统的高脚屋，如用坚固的水泥桩替代了木桩，用石梯替代了木梯，用砖石墙替代了棕榈叶墙，用石棉瓦替代了茅草，使整栋高脚屋更为牢固结实。

二、房屋结构

高脚屋是柬埔寨的传统民居，即“人处其上，畜产居下”的干栏式建筑，其结构简单、功能实用，一般使用木材或竹子建造，分作上下两层，不仅能够避免热带的潮湿气候和雨季水患，而且能够防范茂密丛林中毒蛇猛兽的侵袭。高脚屋的下层使用数根木桩作为支撑，木桩高度通常达2~4米，底端埋入地下几十厘米深。高脚屋的下层用于放置农用器具、晾晒农作物、饲养家畜和家禽，或者作为厕所。木桩上铺有木板，在木板上建造上层房屋，下层和上层由木梯相连，楼梯下常放有大的水缸，供洗脚用，如果穿鞋应在上楼梯或者进入屋内前把鞋脱下。上层房屋使用竹板或木板作为外墙，用棕榈叶编制的内墙将整层分隔成几个房间，包括客厅和卧室。有的房屋客厅前建有宽敞的阳台，阳台上有屋檐遮盖。客厅也是起居室，是一家人用餐、娱乐、待客的地点，里面供有佛龛，摆着电视，地板上铺有席子或兽皮，人们进餐和娱乐时都席地而坐。一家人中父母合住一间房，女孩有单独的卧室，男孩一般睡在客厅或其他空地上。柬埔寨人认为东方是幸福的地方，因此他们睡觉时通常头朝向东边。房屋的四周都有窗户，便于通风，使屋内空气更加通畅舒适。屋顶呈人字形，使用棕榈叶、茅草或稻草铺盖。一般家庭都在楼梯下或院子里的空地上使用简易炉灶做饭，有的家庭在高脚屋后建有简易厨房。由于天气炎热，村民们在高脚屋旁还会搭建简易凉棚，凉棚呈长方形，四周由木桩支撑，顶上铺有茅草，像一把大伞可以遮阳避雨。日间人们在凉棚中干家务活、进餐和休憩，夜里则回到高脚屋睡觉。

三、传统民居

虽然高棉民居具有众多不同的风格，但大体都是干栏式房屋，其特别之处在于屋顶的结构和装饰，这也是划分高棉房屋的主要依据，传统类型包括：

1. 广东屋（棚屋）

广东屋或棚屋广泛分布于柬埔寨全国各地，尤其是湄公河沿岸，大多数中国移民在这些地方安家落户。“Kantaing”是一个汉语音译词，意思是“广东”——中国的一个省份。高棉人过去常称从广东来的中国人为“Chen Kantaing”，“Chen”意思是中国人。这种房屋风格是从广东来的中国人引进柬埔寨的，并根据当地的气候条件作了一些调整。他们在柬埔寨建造的房屋用支柱在下面支撑着，而不是直接建在地面上。广东屋有一个倒“V”型屋顶，一个简单的长厅带有两面山墙（护墙），但没有扩展的遮阳蓬。根据屋主的身份不同，广东屋有两个、三个或四个支柱在长轴线上。更富有的屋主在其房屋建更多的支柱。

2. 斜型屋

“peth”来自于柬埔寨语中的“banhchheth”，意思是“倾斜的”，用于指四坡屋顶。斜型屋是1950年以来高棉人最普遍选用的风格。斜型屋通过屋顶的形式来识别，其中没有山墙（护墙），没有横梁支撑屋顶。所有的梁都是由房屋的主支柱来支撑的。斜型屋相对其他风格有更高的墙，窗户开立于房屋周围墙上部。

3. 高棉屋

高棉屋是留给高级官员、富人或佛教寺院的僧侣居住的。高棉屋的特征在于它有独特的屋顶，具有两层，并且彼此完全分开。下层屋顶有四个类似于斜屋的斜面。上层是广东屋型中的倒“V”型屋顶，有两个斜面，其末端各有山墙。有了这两个山墙，高棉房屋具有很好的通风性。

4. 撑棚屋

撑棚屋有一个扩展的遮阳蓬，作为房屋前部的搁架。这让屋顶上部平整，留有一小山墙足以给房屋良好的通风性。在房屋的后部通常会空出以便扩展。撑棚屋前部的搁架用来为门口避雨，并为前廊提供了一个用作起居室的棚屋。在古代，到了晚上，所有家庭成员聚集在房屋前部的阁间讨论和聊天。在满月的夜晚，他们可以坐在那里看月亮，长者给孩子们讲述民间故事。

5. 鸡眼型屋

鸡眼型屋和撑棚屋类似。但撑棚屋只有一个正面的遮阳蓬，而鸡眼型屋有两个遮阳蓬，一个在前面，一个在后面。它还有两个山墙，可以提供很好的通风性。鸡眼型风格的房屋一个缺点是它不具有可扩展性。

6. 双顶屋

顾名思义，双顶屋具有两个屋顶。这种房屋来源于南岛语族的先民，通常是大富大贵人家的住宅，具有更大面积的装饰物和壁板上的雕刻，而房屋的设计和房屋形状与其他高棉房屋没有什么大的区别。双顶屋也具有斜顶，由山形墙装饰，屋顶的艺术风格类似吴哥寺的艺术风格，中间有两排柱子，两边由走廊衔接，以便减轻重量。

在蒙多基里省，特别是离“杉玛楼洛”(សែនមនោរម្យ)不远的地方卜依族的房屋大多数都还保留着传统的形状和结构(图1)。这种房屋紧贴地面，呈椭圆形，屋顶下垂几乎贴着地面，屋子前后都有一个门可以进出。结构上完全没有什么复杂的设计，即人们在每边使用两排柱子，前者作为放板子或棚子(格子)的支撑物，板子和棚子具有多种用途(图2)。

图1

图2

在屋内摆放的各种生活用品中，酒缸排列在一旁，还有铜锣、铙钹，这些用具都是一年中经常在各种仪式中使用到的工具(图3)。如果有妇女要生孩子，人们会在房屋旁边建一间小屋，或用竹篾或水布遮住屋里的板子或格子，隔出一个小房间给母亲和婴儿(图4)。至于烤火架，人们直接做在格子上(图5)。值得一提的是，与柬埔寨一般炎热的环境截然不同，蒙多基里省比较寒冷，尤其是晚上。因此，他们会直接在家里地面上放置烤火架煮水或烧火烤火。(图6)

图3

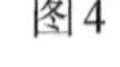

图4

图5

图6

有一点非常重要，并值得关注，即稻谷仓。这个谷仓在两边阳台的中间，一直随着中轴线延伸(图7)。谷仓具有非常重要的意义。在新建房屋时，人们会先修建谷仓。(图8~10)。

图7

图8

图9

图10

四、农村村落

柬埔寨的农村的村庄通常建在平原上、田野间、山脚下及河岸旁。在人口稀少的村庄，每家房屋之间相隔较远，房前屋后就是自家的农田。在人口稠密的村庄每家独门独户，用篱笆围住，包括庭院、房屋、凉棚、厨房等生活设施。柬埔寨古训里也有关于地块设计的建议，如：房屋必须朝东向，主门和楼梯不能朝南或西向，水池和水井不能处在房屋的西向，等等。柬埔寨人民喜爱鲜花，房前屋后都会种上花卉美化环境，有的还种有各种果树和蔬菜。水井或水池在屋舍周围，每家每户的高脚屋下是大水缸。在农村，水缸是家庭财富的象征，水缸越多的家庭，则家境越好。鸡圈和猪圈在房屋后面，还有喂牛的干草垛。而厕所一般修建在远离房屋，靠近篱笆的地方。山地高棉人部落的住宅与平原高棉人的住宅有所不同，他们常常一家近亲合住一幢长屋，一个村寨由几十幢长屋组成。

柬埔寨境内河流密布，洞里萨湖丰富的渔业资源滋养孕育了成千上万的柬埔寨人民。在河口湖畔建造的高脚屋通常会建有更高的木桩，以防止房屋被洪水淹没。还有一群逐水而居的越族人，他们的住宅别具一格，多漂浮在水面上，称为浮屋。几十幢浮屋便组成了水上渔村。浮屋底部由数十条粗壮的圆木连接而成，圆木旁捆着空汽油桶，以增强浮力。上层使用棕榈叶或木板围住，并分隔房间，屋顶使用棕榈叶铺盖。浮屋能够随着河水上涨而上浮，随着河水下落而下漂，避免了洪水的威胁。浮屋还可以用绳索拴在岸上，以免被洪水冲走。人们则依靠小舟往返于浮屋和陆地及各个浮屋之间。富有的渔家还将房屋建在大型木船上，这样抵御风浪的能力更强。

近代以来，西方房屋式样传入柬埔寨，城市居民所住的房屋与农村截然不同，一般都是单层或多层砖石结构的房屋。由于受法国殖民统治的影响，柬埔寨城镇住房具有显着的法国风格。

第四节　世界物质文化遗产

物质文化遗产也称为“有形文化遗产”，即传统意义上的“文化遗产”。联合国《保护世界文化和自然遗产公约》规定，物质文化遗产主要包括历史文物、历史建筑、人类文化遗址。被联合国提名的文化遗产必须符合以下一项或者多项标准才能列入《世界遗产名录》，即：(1)代表一种独特的艺术成就，一种创造性的天才杰作；(2)能在一定时期内或世界某一文化区域内，对建筑艺术、纪念物艺术、城镇规划或景观设计方面的发展产生过大影响；(3)能为一种已消逝的文明或文化传统提供一种独特的至少是特殊的见证；(4)可作为一种建筑或建筑群或景观的杰出范例，展示出人类历史上一个(或几个)重要阶段；(5)可作为传统的人类居住地或使用地的杰出范例，代表一种(或几种)文化，尤其在不可逆转之变化的影响下变得易于损坏；(6)与具特殊普遍意义的事件或现行传统或思想或信仰或文学艺术作品有直接或实质的联系。[①]柬埔寨目前有吴哥古迹和柏威夏寺古迹两处遗迹被列入了《世界遗产名录》。1992年吴哥古迹群被列入世界文化遗产，

① http：//whc.unesco.org/

该古迹群分布在暹粒省400平方公里范围内，包含了高棉王国从9—15世纪历代王朝的都城和大量寺庙。被列入文化遗产后，古代柬埔寨的建筑艺术更广为人知，并获得了更好的保护。2008年7月10日，联合国教科文组织宣布将位于柬埔寨柏威夏省柬泰边境的柏威夏寺列入世界遗产名录，它入选依据是：柏威夏神庙具有极佳的地势，建筑充分融合自然景观与宗教功能，寺内精致的石雕更无愧为柬埔寨古代文明的瑰宝。

吴哥时期是柬埔寨古代文化发展史上最辉煌的时期，该时期建筑艺术也发展到了顶峰。吴哥王朝于15世纪衰败后，吴哥古迹群也在不知不觉中淹没于茫茫丛林，直到400多年后的1861年被法国博物学家亨利·穆奥发现才重现光辉。人们开始广泛了解和深入研究这一代表了古代高棉建筑艺术最高水平的伟大遗迹。周恩来总理1956年访问柬埔寨参观过吴哥古迹后称赞说："它体现出柬埔寨人民自古以来的创造天才和智慧。而吴哥寺、吴哥通及女王宫无疑是吴哥时期建筑艺术的最杰出代表。"

一、吴哥寺

吴哥寺又称小吴哥，由苏利耶跋摩二世（1113—1150年）主持修建，兴建于12世纪上半叶吴哥王朝的鼎盛时期。吴哥寺整体宏伟壮观，局部精巧细致，无论是建筑技巧，或是艺术成就都达到了极高的水平。吴哥寺是柬埔寨的灵魂和标志，作为国家象征它被镌刻在柬埔寨的国旗上。柬埔寨民间谚语"木屋住人，石屋住神"，表明只有神才有资格居住在用岩石建造的宫殿里。神是永恒不灭的，经受风雨和时间侵蚀的岩石最适合代表这种永恒的力量。而吴哥寺即是苏利耶跋摩二世为供奉印度教三大主神之一的毗湿奴而修建的神庙。

吴哥寺坐东朝西，呈中心对称布局，包括护城河、外郭、内城和寺庙主体四大部分。最外围是宽阔的护城河，河面宽190米、东西长1 500米、南北长1 350米。外郭是一道长方形的围墙，其中满是郁郁葱葱的树木，形成一片长方形的绿洲，环抱着内城和寺庙。护城河的正西和正东都有一条宽阔的石板路通向内城的西大门和东门。沿着通向西大门的大道可达内城，内城墙东西长1 025米、南北宽802米、高4.5米。围墙正面中段是230米长的柱廊，中间树立着三座塔门。三座塔门顶部呈塔冠形，中间高两边低，呈山字形。长廊将正中的塔门与左右两边的塔门相连，长廊由两排石柱支撑，间以石柱棱窗装饰，顶部天花板上雕刻着莲花图案，廊壁上雕刻着跳舞的仙女和骑兽的武士。城墙包围着82公顷的土地，里面是巨大的寺庙广场，广场的南北两侧各有一座藏经阁和一个池塘。由西塔门通向寺庙山门的大路，长约350米、宽9.5米，高出地面1.5米，路面由砂岩石片铺砌而成，路两旁竖立着七首那伽守护神。路的尽头是内城城门，进入城门后便是十字王台，王台连通着吴哥寺的主体建筑。

吴哥寺将以台基、回廊和角塔为特征的"吴哥风格"的建筑特点发挥得淋漓尽致。寺庙的主殿全部修建在一座石砌的台基上，台基共三层，每一层四周都建有石砌回廊围绕。回廊上刻着浮雕，第一层回廊中的浮雕尤为精美。每层台基之间用陡峭的石阶连接，阶梯上以石屋顶覆盖。除回廊上饰以浮雕外，石塔、石门楼上面也都刻有大量美丽的图形装饰。可以毫不夸张地说，吴哥寺的几乎每一块石头上都有浮雕，或镌刻着玲珑纤细的装饰，整个寺简直就是一件巨大的石雕艺术杰作。[①]吴哥窟的装饰浮雕丰富多采，它刻于回廊的墙壁及廊柱、窗楣、基石、栏杆之上，令人目不暇接。吴哥窟室内回廊上的石刻浮雕至今保存完整，画面宏大、形象逼真、雕刻细腻。浮雕题材主要取自印度的两大史诗《罗摩衍那》和《摩诃婆罗多》，东墙是"搅乱乳海"的传说，北墙是毗湿奴同天魔作战的故事，西墙是"神猴助战"的传说，南墙则是高棉人与泰族入侵者的战斗情景。这些精美的浮雕层次分明、手法细腻，将神话故事刻画得栩栩如生，这些浅浮雕再现了毗湿奴的光辉业绩，使人们似乎身临其境，被浓厚的婆罗门教神话所感染，感受到毗湿奴大神的伟大力量，进而对毗湿奴的功德充满赞颂之情。吴哥寺的中心是一座金刚宝座塔。金刚宝座塔在两层宽大的平台上，每层平台的边沿有一圈复廊，角上有亭，第二层平台的角亭的顶子高耸成塔。每边有门，西面是正面，两层的平台分别有门，串连成纵横两条轴线，各级有回廊相连。底层回廊东西215米、南北187米，廊壁布满精美雕刻，二层回廊的四角有四座小宝塔。主殿中央塔高42米，距地面65米，塔身与塔顶均布满莲花蓓蕾型的雕饰。这些宝塔象征了印度神话里宇宙的中心须弥山。

吴哥寺全部建筑用巨大的砂石砌成，完全依靠石块表面形状的规整以及自身重量结合在一起，无灰浆或其他粘合剂。整座建筑构图完整，造型稳定、中心突出、主次分明，整体布局规模宏大、比例匀称，细部装饰独具匠心、瑰丽精致，

① 陈显泗著:《柬埔寨两千年史》，郑州：中州古籍出版社，1990年，第417页。

凝结了高棉人民的智慧和汗水，无愧为人类文明史中的伟大宝藏。

二、吴哥通

吴哥通也称为大吴哥或吴哥城。在9—15世纪，吴哥通一直是吴哥王朝的首都。吴哥通自9世纪开始建造，建成后曾毁于战火，现今的吴哥通遗迹于阇耶跋摩七世在位时期（1181—约1215年）重建。吴哥城的布局继承了古代高棉人的宗教信仰，延续了吴哥时期的建筑特点，城外是宽约百米的护城河，象征着宇宙的大海，城内的巴戎寺象征宇宙中心须弥山。吴哥通王城呈正方形，由坚固的城墙包围，城墙高约7米、厚3.8米，由巨大的石块砌成。王城共5座城门，东南西北各一座，能够通向城中央的巴戎寺；另一座城门名为"胜利门"，位于东北部，能够直通城内的皇宫。这些城门高约20米，门上建有巨型四面佛像，佛像面含微笑，凝视四方。城门外各有一座横跨护城河的大桥，桥宽约15米，两旁立有石像，一边是面目慈祥的修罗像，一边是面目狰狞的阿修罗像，每边27尊，石像高2米半，跪坐于地，手中紧握着那伽蛇身，如《罗摩衍那》中"搅乱乳海"情节一般。吴哥城内建有宫殿、庙宇、宝塔、民居等建筑，鳞次栉比，庄严雄伟。现存的包括巴戎寺、空中宫殿、巴恩寺、圣牛寺、癞王台、战象台等建筑。吴哥通王城是一座雄伟壮丽、富庶繁盛的都城，在当时的世界上也是名列前茅的。[①]

而位于城中央的巴戎寺无疑是吴哥通最璀璨的一颗明珠。巴戎寺是印度教与佛教建筑的结合体，起初修建目的是祭拜湿婆神，随着国家宗教信仰改变为大乘佛教，最终建成了一座佛寺。巴戎寺外形呈塔林型，共分为三层。第一层是东西长160米、南北长140米的回廊，回廊上雕刻着造型丰富的浅浮雕，既有国王出征的飒爽英姿，两军交战的壮烈厮杀，也有寻常百姓的生活百态，洞里萨湖的旖旎风光，展现该时期高棉人民的政治、军事、经济、文化生活面貌。第二层回廊东西长80米、南北长72米，回廊石壁上的雕刻以印度神话和林伽崇拜为主。巴戎寺的第三层基台呈十字形，上面耸立着49座造型巨大的四面佛雕像，连同第一层5个塔门上雕像，一共54座四面佛雕像，象征着高棉帝国鼎盛时期全国统治的54个省份。每座佛像拥有朝向东南西北四个方向的四张笑脸。高棉人认为四面佛的原型即是阇耶跋摩七世本人，佛像的笑容安详而肃穆，这便是蜚声国际的

① 陈显泗著：《柬埔寨两千年史》，郑州：中州古籍出版社，1990年，第424页。

“高棉的微笑”。

三、柏威夏寺

柏威夏寺位于柬埔寨柏威夏省柬泰边境，是吴哥时期典型的山庙[①]建筑，据寺中石雕记录寺庙名为“ភវល័យ ស្រីសិខារេស្វរៈ វិរស្រមនិងតបស្វិរន្ទស្រម”，意为供奉湿婆神的寺庙。柏威夏寺建于柬泰边境的扁担山脉南面625米高的悬崖之上，由吴哥王朝第四位君主耶苏跋摩一世于889年动工兴建，历时200多年，约在1152年苏利耶跋摩一世在位时正式完工。[②]整个建筑沿着山麓由北至南、自下而上一线展开，由于山脉成南北走向，因此与柬埔寨其他古代寺庙不同的是，其山门并不是朝向东面，而是朝向北方。整座寺庙分为四个部分，大大小小的殿宇分布在整座山上。长达896米的中轴线上，由向上的石梯和甬道连接，甬道两旁立有林伽、狮子和那伽石像。第一部分从山脚的寺门至第一座塔门，寺门口有两尊石狮守护。寺门至第一座塔门有一条石道，石道尽头是向上的石梯，石梯下的基座上竖立着雌雄两条高达两米的那伽神蛇，蛇身则延石梯扶手蜿蜒而上。第二部分从第一座塔门至第二座塔门，第二座塔门比第一座塔门更高大，东西两边是四方形的侧殿，各有四个小门可供出入。塔门的山墙上装饰着精美的婆罗门教特色的雕刻。中间有一条宽阔的石道，长350米、宽10米。距塔门约80米的石道旁还有一座四方形的水池，水池长33米、宽20米、深10米，有石阶可以下到池底。第三部分从第二座塔门至第三座塔门，这座塔门最高最大，塔门两边修建的侧殿规模更大。其间的石道长110米，石道两旁每隔4米就立有一个巨大的石柱。进入塔门后的第四层由两部分组成，前部是一座有3个小门的塔门，塔门左右两边各有一座藏经阁；后部则是柏威夏寺供奉湿婆神的主殿，主殿四周建有围墙，人们通过殿前的走廊连接的北门进入主殿祭拜湿婆神。走廊采用尖顶覆盖，覆盖顶部的石块高达6米。主殿的南门风格与北门相同，但仅是一扇装饰门。目前，柏威夏寺的主体建筑虽然大部分已经损毁，只剩下残垣断壁，但其古朴壮观、宏大庄严的建筑风格仍让人叹为观止。

---

① 古代柬埔寨依山势而建的供奉印度教神灵的寺庙。

② *The Temple of Preah Vihear-Proposed for the inscription on the World Heritage List*（*UNESCO*），.http：//www.pressocm.gov.kh/publishing/Preah_Vihear_English.pdf.

参考文献

中文参考文献

[1][美]露易斯·本尼迪克特著，王炜译:《文化模式》，北京：中国青年出版社，2007年。

[2][美]罗杰·M. 基辛著，北晨编译:《当代文化人类学概要》，杭州：浙江人民出版社，1988年。

[3][美]马文·哈里斯著，黄晴译:《文化的起源》，北京：华夏出版社，1988年。

[4][美]鲁本·本尼迪克特著，张燕、傅铿译:《文化模式》，杭州：浙江人民出版社，1988年。

[5][英]阿诺德·汤因比著，刘北成等译:《历史研究》，上海人民出版社，2000年。

[6][苏]尼·切克萨罗夫、伊·切博克萨罗娃著，赵俊智、金明译:《民族·种族·文化》，北京：东方出版社，1989年。

[7][英]霍尔著，中山大学译:《东南亚史》(上、下册)，北京：商务印书馆，1982年。

[8][法]乔治赛·岱司著，蔡华、杨保筠译:《东南亚的印度化国家》，北京：商务印书馆，2008年。

[9][新加坡]丘新民著:《东南亚文化交通史》，新加坡：亚洲研究学会，1984年。

[10][新西兰]尼古拉斯·塔林等著，贺圣达等译:《剑桥东南亚史》，昆明：云南人民出版社，2003年。

[11][英]迈克·克朗著，杨淑华、宋慧敏译:《文化地理学》，南京大学出版社，2005年。

[12][美]卫·钱德勒著，许亮译:《柬埔寨史》，北京：中国大百科全书出版社，2013年。

[13][日]日本宝石出版社编著，张军伟译:《走遍全球——柬埔寨和吴哥寺》，北京：中国旅游出版社，2012年。

[14][宋]赵汝适著，杨博文校释:《诸蕃志校释》，北京：中华书局，2000年。

[15][宋]赵汝适著:《诸蕃志》(卷上，真腊国)，乾隆朝刻本。

[16][宋]周去非著:《岭外代答》，北京：中华书局，1999年。

[17]《蛮·真腊隋书》，卷八十二，北京：中华书局，1997年。

[18][元]周达观著，夏鼐校注:《真腊风土记》，北京：中华书局，1981年。

[19][魏]王弼、[晋]韩康伯注，[唐]孔颖达疏:《周易正义》，阮元校刻《十三经注疏》影印本，北京：中华书局，1980年；点校本，北京大学出版社，1999年。

[20]陈国强著:《简明文化人类学词典》，杭州：浙江人民出版社，1990年。

[21]陈鹏东著:《东南亚各国民族与文化》，北京：民族出版社，1991年。

[22]陈显泗著:《柬埔寨两千年史》，郑州：中州古籍出版社，1990年。

[23 陈显泗等编著:《中国古籍中的柬埔寨史料》，郑州：河南人民出版社，1985年。

[24]陈正祥著:《真腊风土记的研究》，香港中文大学出版社，1976年。

[25]程裕祯著:《中国文化要略》，北京：外语教学与研究出版社，1998年。

[26]方汉文著:《比较文化学》，桂林：广西师范大学出版社，2003年。

[27]方汉文著:《西方文化概论》，北京：人民大学出版社，2010年。

[28]徐行言著:《中西文化比较》，北京大学出版社，2004年。

[29]冯文慈著:《中外音乐交流史》，长沙：湖南教育出版社，2001年。

[30]顾海著:《东南亚古代史中文文献提要》，厦门大学出版社，1990年。

[31]贺圣达著:《东南亚文化发展史》，昆明：云南大学出版社，1996年。

[32]胡兆量、阿尔朗·琼达等编著:《中国文化地理概述》，北京大学出版社，2009年。

[33]卡门著:《柬埔寨——五月盛放》，北京：中国青年出版社，2004年。

[34]李晨阳、瞿健文等编著:《列国志：柬埔寨》，北京：社会科学文献出版社，2010年。

[35]李中华著:《中国文化概论》，北京：中国文化书院，1987年。

[36]卢军、郑军军、钟楠著:《柬埔寨概论》，广州：世界图书出版公司，2012年。

[37]覃圣敏著:《东南亚民族：越南、柬埔寨、老挝、泰国、缅甸卷》，南宁：广西民族出版社，2006年。

[38]覃主元等著:《战后东南亚经济史(1945—2005年)》，北京：民族出版社，2007年。

[39] 王恩涌著:《文化地理学导论:人·地·文化》,北京:高等教育出版社,1991年。

[40] 王士录著:《当代柬埔寨》,成都:四川人民出版社,1994年。

[41] 吴克礼著:《文化学教程》,上海外语教育出版社,2002年。

[42] 杨曾文著:《当代佛教》,北京:东方出版社,1993年。

[43] 余定邦著:《东南亚近代史》,贵阳:贵州人民出版社,1996年。

[44] 余思伟著:《中外海上交通与华侨》,广州:暨南大学出版社,1991年。

[45] 于在照、钟智翔主编:《东南亚文化概论》,广州:世界图书出版公司,2014年。

[46] 张岱年、方克立著:《中国文化概论》,北京师范大学出版社,2004年。

[47] 张锡振著:《当代东南亚政治》,南宁:广西人民出版社,1994年。

[48] 张英著:《东南亚佛教与文化》,北京:中央民族大学出版社,1999年。

英文参考文献

[1] Alexandra Kent and David Candler: *Reconfiguring Religion, Power and Moral Order in Cambodia Today*, Copenhagen: NIAS Press, 2008.

[2] Bertrand, Kidier: *The Names and Identities of the Boramey Spirits Possessing Cambodian Mdiums*, Asian Folklore Sudies, 2001.

[3] Brandon, James R: *Theatre in Southeast Asia*. Cambridge: Harvard University Press, 1967.

[4] Craig A. Lockard: *Southeast Asia in World Hstory*, Oxford: Oxford University Press, 2009.

[5] Gordon Mathew: *Global culture/individual identity: searching for home in the cultural supermarket*, Rouedge, 2002.

[6] Cravath, Paul Russell: *Earth in Flower: An Historical and Descriptive Study of the Classical Dance Drama of Cambodia*, Ph. D. Diss., Unversity of Hawaii, 1985.

[7] David J. Steinberg. *Cambodia: Its People, Its Society, Its Clture*, Human Relations Area Files,Inc, 1959.

[8] Grant Ross, Helen and Collins, Darry Leon: *Building Cambodia: New Khmer Architecture 1953—1970*, Bangkok: The Key Publisher Co. Ltd. , 2006.

[9] Groslier,Bernard Philippe and Arthaud, Jacques: *Angkor: Art and Civilzation*, New York: Frederick A. Praeger, 1966.

[10] Ian Harris: *Cambodian Buddhism: History and Pactice*, Honolulu: University of Hawaii Press, 2005.

[11] James R. Brandon ed: *The Cambridge Guide to Asian Theatre*, Cambridge: Harvard University Press,. 1993.

[12] John Bowman: *Columbia Chronologies of Asian History and Clture*, Columbia University Press, 2000.

[13] John Marston, Elizabeth Gthrie: *History, Buddhism, and New Religious Movements in Cambodia*, Honolulu: University of Hawaii Press, 2004.

[14] Miettinen, Jukka O: *Classical Dance and Theatre in Southeast Asia*, Oxford UniversityPress, 1993.

[15] Nicholas Tarling: *The Cambridge History of Southeast Asia*, Cambridge University Press, 2008.

[16] Phim, Toni Samantha and Thompson Ashley: *Dance in Cambodia*, New York: Oxford Universit Press, 1999.

[17] Ross, Russell R., ed. *Cambodia: A Count Study*, Federal Research Division, Library of Congress, 1987.

[18] Shapiro, Toni: *Dance and the Spirit of Cambodia*. Ph. D. Diss. , Cornell Univrsity, 1994.

[19] S. Ja, S. J: *World Conqueror and World Renouncer: A Study of Buddhism and Polity in Thailand Against a Historical Background*, Cambridge University Press, 1976.

[20] Technology Integration Diision: *Khmer Cultural Orintation*, Defense Language Institute Foreign Language Enter, 2009.

[21] Victor Lieerman: *Strange Parallels: Southeast Asia in Global Context*, Cambridge University Press, 2003.

柬文参考文献

[1] កែវ ណារុំ.កម្រងវប្បធម៌ខ្មែរ（高棉文化集）.ឯកសារប្រើប្រាស់ផ្ទៃក្នុង.២០១០.

[2] គង់ សុខហេង.ឈ្វេងយល់អំពីទឹកក្នុងអារ្យធម៌ខ្មែរ（对高棉文明中水的思考）.ភ្នំពេញ៖រោងពុម្ពពេជ្រណៃត.២០១០.

[3] ជ័យ ចាប.វប្បធម៌ទូទៅ（文化概论）.ឯកសារប្រើប្រាស់ផ្ទៃក្នុង.២០១០.

[4] ជៀប សុផល.ប្រវត្តិសាស្ត្រនៃប្រទេសកម្ពុជា(柬埔寨历史).ភ្នំពេញ: រោងពុម្ពសុខលាភ.២០០៨.

[5] ត្រឹង ងា.អរិយធម៌ខ្មែរ（高棉文明）.ថ្នាក់ទីបញ្ចប់ កម្មវិធីថ្មី.១៩៧៥.

[6] មីសែល ត្រាណេ.ប្រាសាទភ្នំព្រះវិហារ（山庙神殿）.២០០៨

[7] មីសែល ត្រាណេ.ប្រព័ន្ធគំនិតខ្មែរ(ភាគ ១)（高棉人思想体系）, ១៩៩៨.

[8] មីសែល ត្រាណេ.វប្បធម៌ ចេនឡា(ពីស.វ.ទី៦ដល់ទី៨នៃគ.ស)（从公元 6 世纪到 8 世纪的真腊文化）.ភ្នំពេញ.២០០៣.

[9] មីសែល ត្រាណេ.វប្បធម៌អង្គរបុរី ពីស.វ.ទី១ដល់ស.វ.ទី៦នៃគ.ស(ភាគ ទី១)（公元 1 世纪到 6 世纪的吴哥波利文化）.២០០៥.

[10]មីសែល ត្រាណេ.វប្បធម៌ អារ្យធម៌ខ្មែរ សម័យបាយ័ន ស.វទី១២ដល់ដើមស.វទី១៣នៃគ.ស(ភាគ ទី១)（从公元 12 世纪到 13 世纪初巴扬时期的高棉文明）.២០០៨.

[11]លី សុវី.វប្បធម៌-អរិយធម៌ខ្មែរ（高棉文化与文明）.បោះពុម្ពលើកទី២.២០០៧.

[12]ពន់ ឆាយ.វប្បធម៌-អរិយធម៌ខ្មែរ（高棉文化与文明）.សំរាប់ប្រើប្រាស់ផ្ទៃក្នុង.២០០៨.

[13]ពេជ្រ ទុំក្រវិល.របាំខ្មែរ（高棉舞蹈）.Toyota Foundation.២០១០.

[14]ពេជ្រ ទុំក្រវិល.ល្ខោនខោល（面具戏）.

[15]ពេជ្រ ទុំក្រវិល.ស្បែកធំ（大皮影戏）. Cornell Southeat Asia Program and UNESCO. ១៩៩៥.

[16]យិន គឹភាណ.ប្រភពវប្បធម៌ អរិយធម៌ ចរិតខ្មែរ（高棉文化的起源与特征）. ២០១០.

[17]លី ធាមតេង.សិក្សាសង្ខេបអំពីអារ្យធម៌ខ្មែរ（高棉文明研究概要）.១៩៦៥.

[18]សរ សារុន. វប្បធម៌និងអរិយធម៌ខ្មែរ（高棉文化与文明）.សំរាប់ថ្នាក់ទីបញ្ចប់ ថ្នាក់ត្រៀមឧត្តមសិក្សា.១៩៧០.

[19]សុង ស៊ីវ.ចលនាអារ្យធម៌（文明运动）.២០០៥.

[20]ហួត រេចស្វ.វប្បធម៌ អរិយធម៌ខ្មែរ（高棉文明）.សំរាប់ថ្នាក់បញ្ចប់និងថ្នាក់ឧត្តម.១៩៧៥.

[21]អង្គការអប់រំវិទ្យាសាស្ត្រនិងវប្បធម៌នៃសហប្រជាជាតិ.ឧបករណ៍តន្ត្រីបុរាណកម្ពុជា（柬埔寨古代乐器）.២០០៣.

[22]អាដេម៉ារ ឡឺក្លែរ. ប្រវត្តិសាស្ត្រប្រទេសកម្ពុជា: ចាប់តាំងពីសតវត្សទី១នៃគ្រិស្តសករាជរហូតមក（柬埔寨历史——从公元 1 世纪起）.២០០៥.

[23]អាំង ជូលាននិងព្រាប ចាន់ម៉ារ៉ាជាដើម.កម្រងអត្ថបទក្នុងបណ្តាញពត៌មានវប្បធម៌ខ្មែរ(លេខ១)（高棉文化信息集 1）.Friends of Khmer Culture,Inc.២០០៥-២០០៨.

[24]អាំង ជូលាននិងព្រាប ចាន់ម៉ារ៉ាជាដើម.កម្រងអត្ថបទក្នុងបណ្តាញពត៌មានវប្បធម៌ខ្មែរ(លេខ១)（高棉文化信息集 2）.២០០៦-២០០៧.

后　记

柬埔寨文化在世界文明史上算是一个早慧的儿童，有着悠久的历史，曾经创造了璀璨夺目的文化成就，在人类文化史上书写过自己浓墨重彩的一章。这其中的代表作仅闻名于世的吴哥时期，便可比肩欧洲中世纪文明的光辉。然而，柬埔寨文化也可算是一个早夭的青年，在15世纪前后的衰败，竟然可以使这一支蔚为大观的文明，湮没在丛林中达4个世纪之久。加之近现代史上所遭受的诸多苦难，这个古老的东方国度对世界而言，显得异常陌生神秘，它的文化及文化产品，对我国的学术界和普通读者而言，几乎无闻。

为了全景式地再现柬埔寨文化的图景，本书从柬埔寨文化的滥觞讲起，介绍柬埔寨的地理环境与自然资源概况，民族与种族成分；从理论上分析柬埔寨文化形成的自然地理、社会历史条件；梳理柬埔寨社会发展的主要历史阶段，分析其文化的主要成就。本书在写作时，力求在翔实的资料基础上，用明白晓畅的文字来讲述，配以一定的理论分析，希望能够把柬埔寨丰富的文化现象在一册图书之中完整展现，启后学者以思考，能够适合各种形式的讲授与使用。

由于柬埔寨文化的特性，在西方已有不少相关研究成果问世。我们的原则是尊重、吸收学术界认可的研究成果，并力求有所突破，把我们从第一手资料出发提炼出的最真实可靠的文化事实、最新最前沿的学术心得呈现出来。在编写过程中，我们所引用的资料尽量注明出处，若因疏漏而未能一一列出的，在这里特表感谢及歉意。

本书为解放军外国语学院博士生导师钟智翔教授主持的国家级教学成果二等奖项目“东南亚方向系列教材”之一，由解放军外国语学院亚非语系统一策划和组织编写。亚非语系主任、博士生导师钟智翔教授作为本书的策划人，对本书的总体立意、学术规范、撰写要求等给予了宏观建议和指导，博士生导师孙衍峰教授作为文化研究的资深学者，也对本书的框架建构提出了中肯的建议。钟楠作为本书的主编，负责全局内容、结构的具体设计和统稿。编写组成员以解放军外国语学院亚非语系柬埔寨语教学组成员为主，还有国内关注或从事柬埔寨文化问题研究的同行。本书执笔者及具体分工如下：钟楠负责绪论，第一章第一、二、四节，第三章第一、三、四、五节，第四章，第五章第二、三、四、五节；卢军负责第六、七章；帅洪福负责第二章；唐专新负责第一章第三节；崔蕊负责第五章第一节；姚吉祥负责第三章第二节。

本书的出版得到了解放军外国语学院亚非语言文学专业博士学位授权点、亚非语言文学国家特色专业建设点以及世界图书出版广东有限公司的大力支持，谨在此一并致以诚挚的谢意。尽管我们付出了很多努力，但由于学术视野及知识水平有限，书中不妥和错误之处在所难免，敬请学界同行、评论家不吝批评指正。

编　者

2014年6月

解放军外国语学院